먹는물이 위험하다

과불화화합물을 쫓는
집념의 르포

먹는물이
위험하다

모로나가 유지 지음 | 정나래 옮김

산지니

머리말

1930년대에 태어난 나의 어머니가 전쟁[*] 무렵을 떠올리며 자주 들려주던 이야기가 있다. 당신의 아버지, 그러니까 나의 할아버지가 앞으로는 누구나 손쉽게 물을 마실 수 있는 시대가 온다고 호언장담했다는 것이다. 그러면서 당시에는 흔치 않던 수도를 이렇게 표현했다고 한다.

"돌리면 쏴아!"

수도꼭지를 돌리기만 하면 마치 마법처럼 어디에서든 물이 나오게 되리라는 말이었다. 우물에서 물을 길어 쓰는 일이 당연하던 시절의 에피소드다. 성인이라면 누구라도 쉽게 예상할 수 있었던 미래였는지도 모른다. 하지만 어머니에게 그 말은 일찍 세상을 떠난 아버지의 위대함을 반추할 수 있는 몇 안 되는 기억 중 하나였으리라.

그 후 할아버지의 '예언'대로 수도는 나라 전체로 퍼져 나갔

---

* 태평양 전쟁을 의미한다.

다. 얼마 지나지 않아 수도꼭지는 레버형으로 바뀌어 굳이 돌리지 않아도 물이 나왔다. 언젠가부터는 수도꼭지에 정수 장치를 다는 일이 당연해지더니 어느덧 안전하고 맛있는 물은 정수기를 설치하거나 생수를 구매해야 얻을 수 있는 사치품이 되었다.

내가 물과 관련한 정보를 접한 것은 3년쯤 전의 일이었다. 수돗물이 발암성 물질로 오염되어 있을지도 모른다……. 신문 기자인 나는 부엌에서 나오는 물이 어디에서 오는지 거슬러 올라가 보기로 했다.

처음에 내가 들은 설명은 "오염은 없다. 수돗물은 안전하니 안심하고 마셔도 된다"였다. 하지만 떠오르는 의문을 하나씩 풀고 진상을 파헤치는 동안 숨겨져 있던 진실이 조금씩 드러나기 시작했다. 이른바 과불화화합물이라는 생소한 화학물질에 따른 오염이었다.

과불화화합물은 음식이 눌어붙는 것을 방지하기 위한 프라이팬 코팅이나 햄버거 포장지, 화장품, 비옷, 카펫 등 다양한 생활용품에 포함되어 있다. 물이나 기름이 쉽게 스며들지 않는다는 대체 불가한 편리함 덕분에 반세기 이상 사용됐다. 그러나 폐기된 과불화화합물은 지면에 흡수되어 지하수를 오염시켰다. 일부는 먹는물에 섞여 사람들의 몸에도 들어갔다.

과불화화합물은 원자끼리 단단히 결합되어 있어 분자 구조를 파괴하기 어려우므로 시간이 흘러도 사라지지 않고 자연환경이나 인체에 축적된다. 다만 건강에 어떤 영향을 미치는지는 의견이 갈린다. 인체에 미치는 영향이 불분명하다는 이유로 일본 정부는 오랫동안 과불화화합물의 수질 관리 기준을 설정하지 않았다. 기준이 없으니 조사하지 않고, 조사하지 않으니 실태 파악이 안 되고, 실태를 모르니 어떠한 조치도 취하지 않는다. 혹은 조사하더라도 발표하지 않는다. 그러니 일부 사례를 제외하면 오염은 없는 일로 치부해 왔다. 작위(作爲)와 부작위(不作爲)가 겹쳐 문제 자체가 사실상 가려진 셈이다.

취재를 이어가는 동안 '가려진 오염'의 실체가 밝혀졌다. 더불어 모습을 드러낸 것은 일본이라는 나라가 안고 있는 위기의 심층이었다.

이 책은 생명과 이어진 물의 오염을 고발하는 보고이자 일상생활에서 피할 수 없는 화학물질을 되돌아보는 고찰이며 건강에 직결된 정보의 은폐를 다룬 기록이기도 하다. 혹은 기능을 상실한 국가의 모습을 그린 논고로 보아도 좋다.

우선은 과불화화합물, 편리한 한편 골치 아픈 이 화학물질을 이해하기 위해 영화 한 편을 소개하면서 이야기를 시작하고자 한다.

* 책 내용에 등장하는 인물의 경칭은 생략했다.
* 이 책은 2018년 4월부터 2021년 3월에 걸쳐 『아사히신문』 특별보도부에 근무하며 취재한 내용을 바탕으로 집필했다. 제1장부터 제4장, 제10장, 제12장, 마지막 장에는 동료 기자인 후지야마 게이, 스즈키 사이코와 함께 취재한 내용을 포함했다.

머리말

차례

| 마지막 장 | 오염과 은폐 | 262 |

* 일러두기
각주는 모두 옮긴이의 것이고, 원주는 괄호 또는 미주로 표기하였다.
영화·TV 프로그램·노래 제목·법령명은 < >, 논문·문서명은 「 」, 신문·잡지·학술지·도
서명은 『 』로 표시하였다.

1장

🌢

영원한
화학물질

프라이팬에 숨어 있던 '폭탄'

모자 아래 백발이 성성하고 오버올 작업복에 때묻은 점퍼를 걸친 농부는 먼 곳을 응시했다. 푸르스름하게 풀로 뒤덮인 들판은 무수히 많은 소 무덤으로 울퉁불퉁했다. 몸에 꼭 맞는 감색 코트 차림의 변호사는 농부 옆으로 다가서며 물었다. 지금까지 몇 마리나 죽었는가.

"190마리입니다."

소들은 근처를 흐르는 시냇물을 마신 뒤 미친 듯이 발광하다 하나둘 죽어 갔다. 농부는 가족이나 다름없는 소들을 제 손으로 일일이 묻었다고 말했다.

부근에서 공장을 운영하는 대형 화학 기업에 문의하자 "화학 물질은 사용하지 않았다"는 답변이 돌아왔다. 주 정부나 중앙 정부와 수차례 협상한 끝에 겨우 미국환경보호청(United States Environmental Protection Agency, 이하 EPA)이 조사에 나섰지만 조사 결과는 알려주지 않았다. 그러는 동안에도 소들은 차례차례 죽어 나갔다. 기업에서도 정부에서도 만나주지 않자 마지막으로 찾아간 곳이 바로 오랜 지인의 손자인 이 변호사가 일하는 사무실이었다.

영화 <다크 워터스(Dark Waters)>[1]는 미국 동부 웨스트버지니아주에서 일어난 과불화화합물 오염 사건을 추적하는 어느 변호사의 고군분투를 그린 작품이다. 존 덴버의 유명한 포크송 <Take Me Home, Country Roads>로도 잘 알려진 이 지역에서 약 20년 전 발생한 실제 사건을 바탕으로 한 이 영화는 2019년 가을, 미국에서 개봉했다. 주인공인 변호사 역은 배우 마크 러팔로가 맡았다.

한편 변호사는 농부의 주장을 듣고 반신반의하며 홀로 조사에 착수했다. 그리고 목장이 세워지기 전 이 땅을 소유하고 폐기물 처리장으로 사용했던 화학 기업으로부터 자료를 건네받았다. 사무실 천장까지 쌓인 기록을 읽어 내려가는 동안 하나둘 의문이 생기기 시작했다. 지역 주민들을 만나 이야기를 들을수록 의심은 짙어졌고 마침내 증거를 손에 넣었다.

공장에서 프라이팬 눌음 방지 가공 공정에 테플론이라는 과불화화합물을 사용했고 공장 근로자와 자녀의 건강에 이상이 발생했다. 공장 측은 그 사실을 잘 알면서도 계속 테플론을 사용함은 물론 폐수가 섞인 슬러지를 대량으로 폐기물 처리장에 폐기했다. 그 결과 폐기물 처리장의 토양과 주변 시냇물 등이 오염되어 소들이 미쳐 죽어 갔다. 화를 입은 것은 소뿐만이 아니었다. 웨스트버지니아주 경계를 흐르는 오하이오강 유역 주민들에게서도 원인을 알 수 없는 건강 피해가 속출했다.

그러나 화학 기업에 책임을 물으려면 과불화화합물과 질병의 인과 관계를 증명해야만 했다. 변호사는 기업을 상대로 집단 소송을 제기해 객관적인 건강검진[2]이 이루어지도록 승인을 받아냈다. 건강검진 대상자는 오하이오강 유역에 사는 주민 7만여 명으로, 원고와 피고 양측이 동의한 3명의 과학자가 막대한 시간을 들여 검진 결과를 분석하고 검토했다. 그리고 드디어 투쟁을 매듭지을 결론에 도달했다. 영화의 클라이맥스에서 과학자가 변호사에게 분석 결과를 전하는 장면이 그려진다.

사무실 책상 위에 놓인 전화가 울리자 변호사는 전화기로 눈길을 던지고 잠시 망설이더니 세 번째 벨이 울리는 도중에 수화기를 들었다.

"우선 이 전화를 거는 데 7년이나 걸린 점을 사과드려야 할 것 같습니다."

수화기 너머의 목소리는 자신을 밝히기에 앞서 사죄의 뜻을 전했다. 얼굴은 비추어지지 않은 채 여성의 목소리만 흐른다. 화면에 비친 변호사는 전화 상대에게 누구인지 묻는다.

"저는 카렌 프랭크 박사입니다."

7만 명의 건강검진 결과를 분석하는 과학자 중 한 명이다. 변호사의 눈빛에 놀라움이 번지고 여성의 목소리는 이어진다.

"다시 한번, 정말 죄송합니다. 이렇게 오래 기다리시게 해서……."

변호사는 왼쪽 손에 쥔 수화기를 끌어안듯이 오른쪽 귀에 댄 채 수화기 저편에서 들려오는 말을 막으며 무슨 일이 있었는지, 어떤 일이 일어나고 있는지, 무엇을 밝혀냈는지 알려주겠냐고 물었다.

"물론입니다. 지금껏 유례없는 방대한 데이터였습니다. 사상 최대 역학 조사겠지요. 그리고 분명해졌습니다. 우리는 인체가 C8에 지속적으로 노출되면 여섯 가지 질병에 걸릴 수 있다고 결론 내렸습니다……."

피고인 대형 화학 기업이 프라이팬 눌음 방지 가공을 위해 사용한 물질이 주민들의 건강에 악영향을 끼쳤다는 사실이 증명된 것이다. 그 물질, 즉 과불화화합물은 원소기호 C로 표시되는 탄소 8개에 불소가 결합한 구조이므로 줄여서 C8이라고 불렀다. 안도했는지 숨을 작게 몰아쉬고 지그시 눈을 감은 변호사의 귀에 여섯 가지 질병의 이름이 차례로 흘렀다.

"신장암, 고환암, 갑상샘 질환, 임신 중독증, 고콜레스테롤혈증, 궤양성 대장염. 원고 중 3,535명이 이미 이들 질환에 시달리고 있고 그 수는 앞으로 더 증가할 가능성도 있습니다. 당신 덕분에 모두 검진을 받았고 의료비도 청구할 수 있습니다."

프랭크 박사의 다정한 목소리가 마지막으로 이렇게 말했다.

"You did good."

무척 훌륭한 일을 해냈군요.

농부 한 사람의 주장에 떠밀려 홀로 시작했던 싸움은 이후 1차에서 3차에 이르는 집단 소송으로 이어졌고 결국 피고인 대형 화학 기업은 주민들의 보상 요구를 받아들였다. '듀폰(DuPont)'이 주민들에게 지급한 총 보상액은 약 8천억 원으로 사실상 원고의 승리였다.

'영원한 화학물질'과 여섯 가지 질병

C8이라 불리는 물질의 정식 명칭은 과불화옥탄산(Perfluorooctanoic Acid, 이하 PFOA)이다. 수천 종에 이르는 과불화화합물 중 대표적인 물질이다. 그 밖에 과불화옥탄술폰산(Perfluorooctane Sulfonate, 이하 PFOS)이라 불리는 물질도 있다. 내가 이 용어를 처음 접한 것은 <다크 워터스>가 미국에서 개봉하기 1년쯤 전의 일이었다.

오키나와*에서 취재를 마치고 돌아오는 길에 미군 기지 환경 오염 실태를 감시하는 비영리단체의 대표인 가와무라 마사미가 이런 말을 꺼냈다.

"혹시 '피포스'라고 들어보셨습니까?"

고개를 갸웃하며 되물으니 알파벳 네 글자로 PFOS라 쓴다고 덧붙였다. PFOS는 인공적으로 만든 화학물질로, 물에도 기름에도 쉽게 스며들지 않는 물성 때문에 다양한 용도로 사용해왔다. 머리말에서도 언급했듯이 프라이팬이나 밥솥, 햄버거 포장지, 비옷, 방수 스프레이, 카펫, 캠핑 장비와 같은 생활용품을 비롯해 자

---

* 沖縄, 일본 최남단에 있는 현. 일본에서도 특히 미군 기지가 많은 지역이다.

동차 부품이나 반도체 제조 공정, 항공기용 포소화약제* 등 산업 분야에 이르기까지 일일이 나열하기도 힘들 정도로 다양한 곳에 쓰인다. 따라서 '어디에나 있는 화학물질(Everywhere Chemical)'이라고 불린다. 아울러 쉽게 분해되지 않고 잘 축적되는 특징 때문에 자연계에 배출되면 토양에 잔류해 계속해서 지하수를 오염시킨다. 따라서 '영원한 화학물질(Forever Chemical)'이라고 불리기도 한다. 원자 간 결합이 강해 분자 구조를 파괴하기 어려운 탓에 시간이 지나도 사라지지 않는 특성이 장점인 한편 골치 아픈 단점인 셈이다. 가와무라 대표는 말을 이었다.

"나하**와 인근 지역에 공급되는 수돗물의 수원에서 PFOS가 고농도로 검출되었습니다. 특히 가데나 기지***에서 흘러나오는 물이 합류되는 지점 하류에서 농도가 급격히 높아집니다. 범인은 포소화약제겠지요."

포소화약제는 항공기 사고와 같은 대규모 화재를 진압할 때 사용하는 약품이다. 기름 위에 막을 형성해 화염이 산소와 접촉하는 것을 막는다. 미군 기지 내에서 정기 소방 훈련을 할 때 이곳저곳에 뿌린다.

"PFOS가 포함된 포소화약제가 수돗물의 수원을 오염시키고 있습니다."

---

* 미세한 기포를 통해 연소하는 물질의 표면을 공기와 차단해 불을 끄는 물질. 대규모 화재나 야외에서 소화 효과가 커 공장, 공항 등에서 널리 사용된다.
** 那覇, 오키나와현 중심 도시.
*** 오키나와 나하 북부의 미 공군 기지.

다만 과불화화합물이 건강에 미치는 영향을 두고 세계 공통의 판단은 유보된 상황이다. 영화에서도 그려졌듯 7만여 명의 건강검진을 통해 PFOA는 신장암이나 고환암 등 여섯 가지 질병과 관련이 있다는 사실이 밝혀졌다. PFOS 역시 어린이의 성장 발달에 악영향을 미치거나 면역 기능을 저해한다는 연구 결과가 각국에서 여러 건 발표된 바 있다. PFOA와 PFOS 모두 먹는물 등을 통해 체내로 유입되면 그 양이 반으로 줄어들기까지 수년이 걸린다. 그런데도 세계보건기구(WHO)는 과불화화합물이 건강에 미치는 영향을 두고 어떠한 의견도 내지 않은 채 확실한 것은 알 수 없다는 말만 되풀이하고 있다.

　　1960~1970년대에 벌어진 베트남 전쟁에서 미군이 베트남에 뿌렸던 고엽제가 이후 심각한 건강상의 피해를 일으켰다는 사실은 잘 알려져 있다. 하반신이 서로 붙은 채 태어난 베트·도끄 형제는 고엽제 피해의 상징과 같다. 물론 고엽제에 포함된 맹독성 물질 다이옥신의 영향과 포소화약제에 포함된 과불화화합물의 영향을 동일선상에 두고 볼 수는 없다. 그러나 아무리 시간이 지나도 사라지지 않는 '영원한 화학물질'이라니 쉽사리 걱정을 거두기도 어렵다.

　　'미군 기지가 얽혀 있다면 취재하기는 만만치 않겠지만 진상을 파헤쳐 볼 가치는 충분하다.'

　　후텐마 기지*가 내려다보이는 카페에서 이야기를 나누며 나는

---

* 오키나와 나하 북부의 미 해병 항공 기지.

　　　　　　　　　　　　　　　　1장　영원한 화학물질

생각했다.

"일본에서는 이미 다 끝난 일인걸요"

학창 시절을 돌이켜보면 이과 과목은 젬병이었다. 고등학교 2학년 물리 시험에서 100점 만점에 7점을 받았고 화학도 겨우 낙제점을 면했다. 수헬리베붕탄질산……. 원소 기호도 제대로 못 외웠고 아는 화학식이라고는 H_2O가 전부였으며 책을 들여다보기도 전에 거부 반응을 일으킬 정도였다. 기자가 된 뒤에도 화학 분야를 취재한 적은 없었다. 그런데도 과불화화합물의 뒤를 쫓아 보자고 마음먹은 까닭은 가와무라 대표가 했던 말이 머릿속에 계속 맴돌았기 때문이었다.

"21세기판 고엽제가 되는 건 아닌지 모르겠네요…….'"

2019년 봄, 화학 젬병인 기자는 마이너스에서 출발했다.

서둘러 조사해 보니 과불화화합물 오염 현황을 다룬 문헌은 거의 없었고 '미지의 화학물질'이라고 주목받던 10년쯤 전의 문서만 눈에 띄었다. 아무래도 선생님을 뵙고 가르침을 청하는 수밖에 없어 보였다. 신문 기자의 뻔뻔함을 무기로 전문가를 찾아다니기로 했다. 한 공중 보건 전문가를 만나러 가니 대번 냉담하게 되물었다.

"흠, PFOS 말인가요? 어째서 지금 그걸 물어보시죠? 일본에서는 이미 다 끝난 일인걸요."

PFOS는 2009년도에 잔류성유기오염물질을 규제하는 UN 스톡홀름 협약에서 규제 물질로 정해졌고 다음 해에는 일본에서도 <화학물질심사규제법>의 규제 대상으로서 제조·사용이 원칙적으로 금지되었다. 따라서 강이나 바다 같은 자연환경에서는 거의 검출되지 않는다. 오키나와 지역 신문의 보도를 제외하고 최근 데이터나 연구 논문을 찾을 수 없는 이유 역시 이 때문이라고 했다.

하지만 인터넷으로 검색해보면 과불화화합물의 위험성을 다루는 영어 논문은 여럿 나온다. 미국 전체에서 오염된 물을 1,000만 명 이상이 마셨다는 기사도 있다. 얼마 전에는 EPA가 과불화화합물의 규제를 강화하는 「PFAS 행동 계획(PFAS Action Plan)」[3]을 발표했다. 이때 PFAS란 PFOS와 PFOA를 포함한 모든 종류의 과불화화합물을 총칭하는 말이다.

바다 건너에서는 한창 사회문제로 다루어지고 있다고 설명해도 눈앞에 앉은 전문가는 그다지 와닿지 않는 모양이었다.

"그런데 일본에 PFOS 목표치가 있던가요? 한 100ng/L쯤 되려나……."

후생노동성*은 수돗물 수질 관리를 위해 유해물질을 3단계 카테고리로 나누어 감시하도록 지자체에 요청하고 있다. 엄격한 순서대로 나열하면 '수질 기준 항목', '수질 관리 목표 설정 항목', '검토 필요 항목'이다. 과불화화합물은 건강에 미치는 영향을 두고 국제 사회의 공식적인 판단이 유보되었다는 이유로 가

---

* 일본의 중앙행정기관 중 보건·위생·노동에 관한 업무를 담당하는 곳.

장 느슨한 기준인 '검토 필요 항목'으로 분류되었고 전문가와 만났을 당시에는 목표치도 정해지지 않은 상태였다. 전문가가 이러한 기본적인 정보조차 혼동한다는 사실은 과불화화합물이 이미 안중에 없다는 사실을 방증하는 것이리라.

하지만 미국과 유럽에서 현재진행형인 문제를 일본에서 과거형으로 치부해 버려도 괜찮을까. 심지어 오키나와에서는 미군기지에서 발생했다고 보이는 오염이 이미 보도된 바 있다. 그러니 전문가의 견해라고 해서 곧이곧대로 받아들일 수는 없는 일이었다.

문제는 여전히 현재진행형

EPA에서 근무하던 연구원이 있다는 소식을 듣고 이바라키현 쓰쿠바시에 있는 국립환경연구소를 찾아갔다. 현재 환경위험·건강연구센터에서 인체노출실태연구실 실장을 맡고 있는 나카야마 쇼지는 체내로 유입된 화학물질의 영향을 연구하는 전문가다. EPA의 요청으로 2005년부터 6년 동안 과불화화합물 같은 화학물질에 인체가 노출되었을 때 어떤 영향이 나타나는지를 연구했다.

과불화화합물 오염은 이미 다 끝난 일일까. 나카야마 실장은 검은 안경테 너머로 눈을 가늘게 뜨며 입을 뗐다.

"벌써 15년 전 일입니다만 제가 EPA에서 일하기 시작할 때도 과불화화합물 오염은 미국에서 '끝난 일' 취급을 받았습니다.

PFOS의 위험성이 제기되자 제조업체가 생산을 중단했고 PFOA 제조업계도 자발적으로 2015년까지 PFOA의 제조·사용을 95%까지 줄이겠다고 협정을 맺었기 때문이지요."

이 협정은 미국 기업인 3M·듀폰과 일본 기업인 다이킨공업·아사히글라스(현 AGC) 등 8개 업체가 2006년 EPA의 지도하에 체결했다. 이에 따라 오염 문제가 곧 해결되리라 보고 연구 현장에서는 PFOS·PFOA 관련 예산이 줄고 연구원들이 설 자리도 서서히 좁아졌다.

"저도 그중 하나였지요."

나카야마 실장은 웃었다. 하지만 동료들은 침묵하지 않았다.

"듀폰이 제조 금지된 물질과 다른 종류의 과불화화합물을 대체 물질이라며 사용하고 있다는 사실을 밝혀냈습니다."

동료 연구원 두 사람이 노스캐롤라이나주를 흐르는 강의 여러 지점에서 채취한 샘플을 분석한 결과 그때까지 알려지지 않았던 과불화화합물을 발견했다. 아울러 지류가 합류되는 지점의 상류와 하류 간 농도가 크게 차이 난다는 사실도 확인했다. 배를 타고 지류를 거슬러 올라가 보니 눈앞에 듀폰의 공장이 나타났다.

새로운 물질을 연구해 보니 PFOS에는 사용하지 않았던 산소 원자를 결합해 더 분해하기 쉬운 구조를 띠고 있었다. 독성 시험을 빠져나갈 수 있도록 개조한 셈이다. PFOS와 PFOA가 아니더라도 독성이 비슷한 새로운 과불화화합물을 여전히 사용하고 있다. 이대로라면 오염은 끝나지 않는다……. EPA의 연구원들이 이 사실을 증명하면서 과불화화합물 연구는 부활했다.

과불화화합물은 원소 기호 C로 나타내는 탄소가 4개에서 13개까지 이어진 물질이다. 그중 규제 대상으로 지정된 C8은 탄소고리 8개가 이어져 있다. 고리가 길수록 분해되기 어렵고 잘 축적되므로 고리를 더 짧게 만들어 사용하고 있다고 한다. 나카야마 실장은 덧붙였다.

　　"그러니 과불화화합물 오염은 여전히 현재진행형입니다."

　　이 말을 뒷받침하기라도 하듯 얼마 뒤 일본 정부가 움직였다. 후생노동성은 2019년 6월, 과불화화합물의 수돗물 수질 관리 기준이 될 '목표치'를 정한다는 방침을 세웠다. 앞서 언급한 공중보건 전문가가 과불화화합물이 건강에 미치는 영향에 대한 국제사회의 공식적인 판단이 유보되었다며 목표치 설정에 소극적인 태도를 보인 지 3개월 만의 일이었다.

　　어쨌든 목표치가 설정되면 이목이 쏠리고 일본 내 PFOS 제조·사용 금지 조치 이후 멈췄던 시계가 다시 움직이기 시작할 것이다. 게다가 오염의 실태가 밝혀진다면 나쁜 일은 아니다. 이렇게 과불화화합물 오염은 나에게도 말 그대로 현재진행형의 테마가 되었다.

2장

🟠

감추어진
지하수 오염

　오키나와에서는 미군 가데나 기지와 얽힌 과불화화합물 오염
이 심심치 않게 보도되었다. 그렇다면 도쿄도, 즉 주일미군사령
부가 있는 요코타(橫田) 기지에서 같은 일이 일어나고 있다고 해
도 이상하지 않을 터였다. 올림픽이 열리는 수도 도쿄의 먹는물
이 오염되었다면 충분히 알릴 가치가 있다.

　요코타 기지가 있는 다마(多摩) 지역은 흔히 '수분(水盆)'이라
불리는 무사시노 평지*에 자리 잡고 있으며 '도쿄 물 명소 57선'
중 38곳이 모여 있다.

　나 역시 다마 지역이라고 하면 풍부한 물이 떠오른다. 내 본가
는 다마 지역 동쪽에 있는 미타카시(三鷹市), 그중에서도 다마카
와 상수** 근처이고 메밀 소바로 유명한 진다이지(深大寺)에도 자

---

* 도쿄를 중심으로 넓게 펼쳐진 간토평야의 일부 지역을 부르는 말.

** 에도 시대인 1600년대 중반에 생활용수를 확보하기 위해 만든 수도용 개천.

주 들렀다. 초등학교 고학년 때는 주말마다 구니타치시*에 있는 대학교 운동장에서 대학생 형한테 축구를 배웠다. 초등학교, 중학교는 고가네이시**에 있었고 사회 수업 시간에 다치카와시***에서 남동쪽으로 이어진 절벽 지형을 따라 걸은 적도 있다. 그러니까 나는 성인이 되어 본가를 떠날 때까지 20년 남짓 다마 지역의 물을 마시며 살았다.

도쿄는 오염되었나

오염되었다면 지하수부터일 것이다. 'PFOS', '도쿄', '지하수'……. 키워드를 입력하고 검색하는 동안 자주 등장하는 기관명이 있었다. 바로 도쿄환경과학연구소(이하 도환연)였다. 1968년에 도쿄공해연구소라는 이름으로 설립되어 현재는 공익재단법인 도쿄환경공사의 산하 단체로서 도쿄도의 환경 행정을 보완·지원하는 조사 연구 활동을 담당한다. 말하자면 싱크탱크와 같은 존재다.

도환연이 처음으로 과불화화합물을 조사한 시점은 2003년이었다. 국립환경연구소와 함께 다마강 수질을 조사하던 중 다마 지역 내 하수처리장의 상류와 하류 간 PFOS 농도 차가 크다는

---

* 国立市, 다마 지역 중부에 있는 도시 이름.
** 小金井市, 다마 지역 중부에 있는 도시 이름.
*** 立川市, 다마 지역 중부에 있는 도시 이름.

사실을 발견했다. 요컨대 하수처리장으로 하수를 흘려보내는 다마 지역이 오염원일 가능성이 있었다.

그로부터 7년 후 도환연은 조사 대상을 지하수로 확대했다. 잔류성유기오염물질 규제를 논의하는 UN 스톡홀름 협약에서 PFOS의 제조·사용이 제한되고 일본에서도 <화학물질심사규제법>에 따라 PFOS의 제조·사용이 원칙적으로 금지된 때였다. 2010년도부터 2013년에 이르는 4년 동안 도쿄도 내 취수정 237곳을 조사한 결과가 논문 「도쿄도 내 지하수의 과불화화합물 오염 실태와 토양 침투 실험을 통한 거동 분석」[1]에 정리되어 있다.

조사 결과에서 물 1L에 포함된 PFOS·PFOA의 양을 살펴보면 다마 지역에서 높은 수치가 연이어 나타난다. 다마 지역 동부의 조후시(調布市)에서 381, 고마에시(狛江市)에서 240과 132, 다마 지역 중부의 다치카와시에서 272와 237, 구니타치시에서 233, 다마 지역 서부의 훗사시(福生市)에서 183 등이다. 단위는 1g의 1억분의 1을 의미하는 ng(나노그램)으로, 수영장에 소금 두세 알 정도를 녹인 농도이다. 반대로 말하면 그 정도의 미량으로도 독성이 나타난다는 뜻이다.

당시 일본에는 과불화화합물의 수질 관리 기준치가 없었으므로 미국 EPA가 정한 권고치와 비교해 보았다. EPA 권고치는 하루 2L의 물을 70년 동안 마시더라도 건강에 영향이 없다고 여겨지는 값으로 먹는물 1L당 PFOS와 PFOA를 합쳐 70ng이다. 다마 지역의 여러 곳에서 이 수치를 넘겼다. 도환연이 조사한 지하수가 마시기 위한 용도는 아니라고는 하나 EPA 권고치의 최대 5배 이상에 달하는 값이 검출된 셈이다. 논문의 끝부분 '결론 및 고찰'에는 이렇게 적혀 있다.

"PFOS·PFOA 모두 비교적 높은 농도로 검출된 지점이 있다. (…) 도 내에는 이들 외에도 많은 취수정과 샘물이 존재하므로 (…) 더 상세한 오염 실태 조사가 필요하다. (…) 장래를 고려해 지하수와 샘물을 포함한 물 오염 실태를 파악해 둘 필요가 있다."

이 말대로 조사는 계속되었을까. 인터넷에서는 자료를 찾을 수 없었다. 그렇다면 직접 찾아가 보자.

"추적 조사가 필요하다"

도환연은 도요초역에서 도보로 10분도 채 걸리지 않았다. 도쿄역에서 동쪽으로 약 5km 떨어져 있고 스미다강과 아라카와강 사이, 해발 고도 0m 이하인 제로미터지대다. 지하철역에서 나와 운전면허시험장 앞을 지나고 경시청* 제9기동대의 널따란 부지를 끼고 코너를 돌았다. 조금 더 걷자 콘크리트로 지은 5층 건물이 왼쪽에 나타났다.

경비실에 방문을 알리니 잠시 뒤 옅은 녹색 근무복에 은테 안경을 쓴 남성이 엘리베이터에서 내렸다. 환경위험연구과에서 주임연구원으로 일하는 니시노 다카히로로, 앞서 말한 논문의

---

* 도쿄도를 관할하는 경찰 기관명.

28

제1저자다. 2003년, 과불화화합물이 다마강에서 검출되어 주목받기 시작하던 해에 연구소에 들어갔다. 갓 입사한 니시노 주임도 곧장 PFOS·PFOA 조사에 착수했고 이후 여러 편의 논문을 썼다.

3층 연구실 안쪽에 놓인 응접용 소파에 니시노 주임의 상사인 환경위험연구과장까지 세 사람이 마주 앉았다. 나는 지하수 조사 내용을 설명해 달라고 말을 꺼냈다.

"제가 조사한 바에 따르면 일본에서는 오키나와를 제외하고 과불화화합물 오염은 거의 보도된 적이 없습니다. 그런데 니시노 주임님이 도쿄의 지하수를 조사하고 계신다는 사실을 알고 관심이 생겼습니다."

이야기를 듣는 두 사람의 얼굴이 얼핏 굳어진 듯 보였다. 지난 연구 성과를 물었을 뿐이건만 경계하는 이유는 무엇일까. 의아하게 생각하며 말을 이었다.

"도쿄도 내 지하수 오염을 다룬 논문을 읽어 보니 결론 부분에 '추적 조사가 필요하다'라고 쓰셨더군요. 하지만 인터넷에서는 이후의 조사 결과를 찾지 못했습니다. 추적 조사를 진행하셨나요?"

한순간 니시노 주임의 미간에 주름이 잡히고 표정도 어두워졌다.

"그게, 예산이 넉넉지 않아서……."

설명에 따르면 도환연이 실시하는 연구는 도쿄도 환경국에서 위탁받아 수행하는 연구와 연구소 자체적으로 수행하는 연구로

나뉜다. 지하수 오염 조사는 전자에 해당한다. 말의 뉘앙스로 추측하건대 추적 조사는 연구소 내부에서 승인받지 못했거나 연구 위탁자인 도쿄도가 승인하지 않았다는 뜻 같다. 그러나 더 이상의 설명은 없었다.

도환연의 상위 조직은 도쿄도에서 독립한 도쿄환경공사다. 하지만 도쿄환경공사의 이사장 자리에는 도쿄도에서 퇴직한 인사가 앉는다. 사실상 도쿄도의 뜻에 따라 움직일 수밖에 없는 연구 기관일까.

몇 번을 되물어도 대답은 나오지 않았다. 감출 만한 정보라고 생각하지 못했던 만큼 완고한 태도가 더욱 뇌리에 남았다. 동시에 의심이 싹텄다. 실제로 조사는 했지만 농도가 높아 밝히지 않으려는 것은 아닐까.

뜻밖의 정보

얼마 후 나는 다시 도환연을 찾아갔다. 바쁘다며 거절하는 니시노 주임을 억지로 불러내어 재차 물었다. 아니, 추궁했다는 말이 더 맞을지도 모르겠다.

"고농도 PFOS로 지하수가 오염되었다는 사실을 확인했다면 그다음에는 어떻게 농도가 변화하는지 실태를 파악하려고 했을 텐데요. 심지어 논문에 '더 상세한 오염 실태 조사가 필요하다'라고 니시노 씨 스스로 쓰셨잖아요. 그런데 어째서 추적 조사를 하지 않으셨습니까?"

환경위험연구과장은 침묵을 지키고 있는 니시노 주임을 흘끗 쳐다본 후 마지못해 입을 열었다.

"실은 조사를 하는 중입니다."

처음 듣는 말이었다. 설명에 따르면 2010년부터 4년에 걸쳐 진행된 조사가 끝나고 1년 뒤인 2015년부터 조사를 재개했다. 앞으로 몸을 기울이는 나를 말리기라도 하듯 니시노 주임은 덧붙였다.

"지금도 연구를 진행하고 있는 상황이라 결과는 말씀드릴 수 없습니다."

세금을 들여 실시하는 도쿄도의 사업이라면 마땅히 도민에게 결과를 알려야 하는 게 아닌가.

"아니, 그러니까 아직 최종 결과가 나오지 않았으니까요……."

농도가 높아졌는가. 긍정도 부정도 하지 않았다. 그럼 농도가 낮아졌는가. 대답하지 않았다. 나도 입을 다물고 말을 골랐다. 숨 막힐 듯한 분위기에 지쳤는지 과장이 뜻밖의 말을 흘렸다.

"지하수 농도는 높아지기도 하고 낮아지기도 하고 일정하지 않아서 경향을 파악하기가 어렵습니다. 그래서 결과를 말씀드릴 수 없다고 하는 겁니다."

그럼 언제쯤 분석이 끝나는가. 물어도 대답은 없었다. 결과가 어떻든 공개는 할 수 있지 않은가. 아니면 지하수 농도가 낮아질 때까지 공개를 미룬 채 오염을 방치하려는 속셈일까. 고개를 숙이고 한동안 말이 없던 니시노 주임이 잠시 뒤 입을 뗐다.

2장 감추어진 지하수 오염

"이곳은 연구 기관이기 때문에 조사하는 것까지가 저희의 일입니다."

조사 대상 지역은 다마 지역 전체인가. 조사 지점은 몇 군데인가. 대답하기가 망설여지는지 아니면 갈피를 못 잡았는지 대답이 없었다. 다시 한번 표현을 바꾸어 물었다. 지금까지 조사한 취수정과 같은 곳에서 조사하고 있는가. 그러자 니시노 주임이 보일 듯 말 듯 고개를 끄덕였다. 조사 대상 취수정은 몇 군데인가. 머뭇거리는 틈을 타 곧장 질문을 덧붙였다.

"양손으로 셀 수 있을 정도인가요?"

끄덕였다.

"그럼 한 손으로는요?"

대답 대신 내 질문을 가로막으려는 듯 손바닥을 내보였다.

"자꾸 이러시면⋯⋯."

아무래도 도환연은 2015년 이후에도 이전에 조사했던 취수정 중 몇 군데에서 측정을 계속 이어오고 있는 듯했다.

"평소에 늘 하는 업무라면 말씀해 주셔도 문제없지 않습니까? 아니, 감추시는 게 오히려 문제 아닌가요?"

그래도 대답은 돌아오지 않고 내 목소리만 허공으로 흩어졌다. 생각해 보면 도환연 연구원은 위탁받은 조사를 할 뿐이고 결과를 어떻게 활용할지는 도쿄도가 결정한다. 더군다나 니시노 주임만큼 오랜 기간 도쿄의 과불화화합물 오염을 쫓고 있는 연구원도 없다. 더 캐묻는 일은 도리가 아니라는 생각에 나는 자리에서 일어섰다.

취재 거부와 정보 공개

"PFOS·PFOA 추적 조사 내용을 알고 싶습니다."

도쿄도에서 지하수 수질 관리를 담당하는 환경국 화학물질 대책과에 전화와 메일을 통해 여러 차례 요청했다. 그러나 좀처럼 이야기가 진척되지 않자 직접 만나 담판 지을 요량으로 도청을 찾아갔다. 제2청사 20층에 있는 환경국 응접실에서 마주한 화학물질대책과장은 부드러운 어조였지만 태도만큼은 완고했다.

"아직 조사가 진행 중이어서 결과를 말씀드릴 수 없습니다."

도환연과 같은 설명이었다. 이해할 수 없는 논리를 되풀이하는 이유는 조직 차원에서 이미 공개하지 않는다고 결론 내렸기 때문이리라. 그렇다고 물러설 수는 없었다.

"그럼 조사는 언제 끝납니까?"

"모릅니다."

"지하수 농도가 완전히 떨어질 때까지 공개하지 않을 작정입니까?"

"모릅니다."

"이 조사의 예산은 해마다 편성합니까, 아니면 여러 해 분을 한꺼번에 편성합니까?"

"해마다 편성합니다."

"그럼 사업의 측면에서 본다면 해마다 결론을 내린다는 말 아닙니까?"

　　　　　　　　　　　　2장 감추어진 지하수 오염

"맞습니다……. 하지만 말씀드릴 수 없습니다."

진전 없이 쳇바퀴만 도는 대화에 지쳤는지 화학물질대책과장이 말을 꺼냈다.

"무슨 말씀을 하셔도 제 입으로는 알려 드릴 수 없습니다. 저는 말씀 못 드리니까 정보공개청구를 하세요."

허를 찌르는 말이었다. 취재에는 답변하지 않겠지만 정보공개청구를 하면 원하는 자료를 얻을 수 있을지도 모른다는 뜻인가. 취재에서 정보 공개 여부를 스스로 판단해 답변하면 보도 내용에 따라서는 질책이나 비판을 받을 우려가 있다. 하지만 행정기관이 작성해 내부적으로 공유하는 문서를 원칙적으로 공개하게끔 정한 정보공개청구를 이용하면 개인의 판단에 책임을 물을 일도 없고 판단의 책임 역시 조직이 진다.

애초에 기자란 취재를 통해 시민 대신 행정기관에서 답을 얻어 시민에게 되돌려주는 사람이다. 이것이 '매개'라는 뜻을 지닌 미디어의 역할이다. 취재 거부는 시민에게 설명할 책무를 내팽개치는 처사이다. 극단적으로 말하면 미디어의 존재 의의를 근본에서부터 부정하는 행위라고 볼 수 있다. 어쨌든 화학물질대책과장은 자신에게 책임이 돌아올 가능성이 있는 한 스스로 공개 여부를 결정할 뜻은 없어 보였다.

취재에는 응할 수 없다. 대신 정보공개청구를 해달라…….

똑같은 대사를 나는 이후에도 셀 수 없이 많이 들었다. 이는 과장 한 사람만의 태도도, 특정 과·부·국만의 태도도, 도쿄도만의 태도도 아니었다. 후생노동성, 환경성*, 방위성** 등 중앙 정부도 마찬가지였다. 시민에게 설명할 책무를 공무원이 손쉽게 방기할 수 있는 이유, 즉 미디어의 존재를 무시할 수 있는 이유는 행정기관의 엄격한 정보 통제 때문만은 아니리라. 미디어가 수행해야 할 역할을, 안타깝지만 제대로 수행해내지 못하고 있다는 증거는 아닐까. 마땅히 해야 할 질문을 하지 않고 감추어진 진실을 덮어둔 채 행정기관의 정보 조작을 묵인한다. 요컨대 보도해야 할 일을 보도하지 않는다는 의미일 것이다.

나는 때마침 『아사히신문』의 특별보도부라고 하는 팀에 속해 스스로 정한 주제를 내 재량으로 조사할 수 있었다. 특별히 담당하는 꼭지가 없었으므로 매일 마감에 쫓기지도 않았다. 그런 만큼 이번 취재를 간단히 포기하지 않겠다고 다짐했다.

'설명할 책임의 방기'라는 벽에 부딪힐 때마다 정보공개청구를 거듭했다. 그야말로 행정기관 창고 안에 잠들어 있던 말 없는 증언자들을 찾아 헤매는 작업이었다. 물론 문서가 존재하지 않는다는 이유로 '공개 불가'가 나온 일도 적지 않았다. 그래도 취재로는 알 수 없었던 진실의 파편이 하나둘씩 드러났다. 나중에 세어보니 과불화화합물과 관련해 내가 넣은 정보공개청구 건수는 100건이 넘었다.

---

* 일본의 중앙행정기관 중 환경에 관한 업무를 담당하는 곳.
** 일본의 중앙행정기관 중 국방과 관련한 업무를 담당하는 곳.

2장 감추어진 지하수 오염

5년 새 농도는 2배로

가장 처음 정보공개청구를 넣은 곳은 사실상 취재를 거부한 도쿄도 환경국이었다. 홈페이지에서 내려받은 청구서에는 이렇게 썼다.

"도쿄도 내 취수정을 대상으로 실시한 PFOS·PFOA 추적 조사 관련 문서 일체"

환경국이 어떤 문서를 작성해 보관하고 있는지 몰라 특정 문서를 콕 집어 말하기가 곤란했으므로 '문서 일체'라고 써서 그물을 펼쳐둔 셈이다. 도쿄도에서는 청구서 접수 이후 2주 이내에 정보 공개 결정을 내린다. 초조한 마음으로 기다린 끝에 드디어 약 50장 분량의 문서가 손에 들어왔다.

문서에 따르면 도환연 주임연구원 니시노의 말대로 2015년 이후 추적 조사가 실시되었다. 조사 대상은 1차 조사 시 측정했던 도쿄도 내 237곳 중 특히 농도가 높았던 취수정이었다(표1 참조).

표1
〈1차 조사〉 단위: ng/L

	다치카와시	고마에시①	고마에시②
2010년	272		
2011년		240	
2012년			132

〈추적 조사〉

	다치카와시	고마에시①	고마에시②
2015년	569	-	-
2016년	499	-	108
2017년	453	240	45
2018년	284	260	67

1차 조사에서 가장 높은 농도인 272ng/L가 측정되었던 다치카와시 취수정에서는 추적 조사 첫해인 2015년에 569ng/L로 나타났다. 1차 조사 이후 5년 새 농도가 2배 이상 껑충 뛴 셈이다. 이후 천천히 농도가 감소하고 있기는 하지만 8년이 지나도 1차 조사보다 높은 수치가 유지되고 있다.

추적 조사 두 번째 해에는 고마에시②, 세 번째 해에는 고마에시①까지 조사 대상 취수정을 늘렸다. 고마에시②는 2012년의 1차 조사로부터 6년이 지난 2018년에 1차 조사 결과의 절반으로 농도가 감소했지만 고마에시①은 1차 조사 7년 뒤 농도가 소폭 증가했다. 지난번 취재 시 도환연 측의 '경향이 일정하지 않다'는 말은 이런 상황을 지적하는 것이다.

어찌 됐든 요코타 기지에 인접한 다치카와시 지하수에서 고농도의 PFOS가 계속해서 검출되고 있다는 사실을 확인했다.

2장 감추어진 지하수 오염

도쿄도 환경국의 추적 조사 반대

사실 추적 조사를 두고 도환연과 도쿄도 환경국은 의견이 서로 달랐다. 2015년 4월 14일에 환경국이 작성한 「도쿄도 내 지하수의 과불화화합물 추적 조사와 관련하여」라는 문서에 조사를 수행하게 된 경위가 적혀 있다.

도환연은 1차 조사를 통해 과불화화합물의 농도와 분포 범위를 확인했으므로 향후 고농도 취수정만 추려 감시를 계속 이어가야 한다는 의견이었다. 지난 경험으로 미루어 보건대 지하수 내 과불화화합물 농도는 시간이 지날수록 높아질 가능성이 있었기 때문이다.

하지만 환경국은 반대했다. 쟁점 중 하나는 분석 시료를 어떻게 손에 넣느냐 하는 문제였다. 1차 조사에서는 '현황 조사', 즉 정기적으로 실시하는 취수정 수질 조사에서 채취한 시료를 환경국이 도환연에 제공했다. 현황 조사는 시(市)·정(町)·촌(村)과 같은 가장 작은 행정구역을 네 영역으로 나눈 뒤 1년에 한 군데씩 조사하므로 측정 지점이 매년 바뀐다. 이런 방식으로 진행하면 1차 조사에서 농도가 높았던 취수정의 추이를 추적할 수 없으므로 조사의 의미가 없다고 도환연은 주장했다. 한편 환경국은 정기 업무 외에 추가로 추적 조사만을 위한 시료를 따로 채취하는 일이 내심 번거롭게 느껴졌을 것이다. 양측은 결론을 내지 못하고 다음을 기약했다.

양측의 논의를 기록한 문서를 살펴보면 오염 실태 파악을 위해 조사를 이어가려는 도환연과는 반대로 환경국은 말도 안 되는 온갖 핑계를 대며 난색을 표했던 정황이 드러난다. 발언자는 불분명하나 이런 말도 있었다.

"먹는물도 아닌데 추적 조사를 해야 하는 이유를 모르겠다."

현황 조사의 측정 대상은 농업용 취수정이지 먹는물이 아니므로 지하수에서 고농도가 검출되었다 한들 주민 건강에는 영향이 없다는 취지로 보인다. 이어 1차 조사 당시 미 권고치를 넘는 농도가 검출된 사실도 언급한다.

"기준을 넘기는 했지만 수치가 크게 차이 나는 것도 아니니 그다지 문제 삼을 일은 아니지 않은가."

추적 조사 자체에 회의적인 견해가 드러난다. 그리고 덧붙였다.

"화학물질대책과가 단순히 연구 목적으로 도환연에 조사를 위탁한다는 건 설득력이 부족하다."

당시 PFOS·PFOA는 지하수를 포함한 자연수의 수질 관리를 위해 환경성이 지정한 3단계 기준, '환경 기준', '감시 필요 항목', '조사 필요 항목' 중 가장 느슨한 기준인 '조사 필요 항목'으로 분류되어 기준치가 없는 상태였다. 그러니 조사 결과가 나오더라도 상응하는 대책을 세울 의무는 없다. 따라서 이 조사는 어디까지나 연구 목적에 지나지 않는다는 의미였다.

무엇보다 조사를 통해 심각한 오염이 밝혀지면 지하수를 정화하거나 오염물질을 제거해야 하는데 이 일은 오롯이 환경국의 몫이다. 이런 성가신 일은 될 수 있는 대로 피하고 싶었는지도 모른다.

2장 감추어진 지하수 오염

오염을 방지해야 하는 처지임에도 추적 조사는 필요 없다고 주장하는 환경국에 도환연은 대안을 제시했다. 환경 정책 수립의 기반이 되는 데이터를 계속 수집하고자 함은 연구원으로서 당연한 자세였다.

결국 1차 조사에서 272ng/L가 검출되었던 다치카와시 취수정에서 추적 조사를 이어가기로 결정이 났다. 겨우 한 군데이기는 하지만 길은 열렸다. 그리고 이미 다루었듯 추적 조사 첫해에 PFOS 500ng/L, PFOA 69ng/L, 합쳐서 569ng/L라는 높은 농도가 측정되었다.

검게 칠한 이유

추적 조사 지점의 추가를 놓고 다음 해 다시 협상이 진행되었다. 환경국이 공개한 메일을 통해 논의 내용을 살펴보자.

2016년 4월 12일 도환연 주임연구원 니시노는 환경국 내 토양 및 지하수 감시 업무 담당자에게 메일을 보냈다.

"추적 조사 지점으로 구니타치시①, 다치카와시②, 조후시②를 추가하고자 합니다."

원 안에 적힌 숫자는 2010년부터 4년 동안 이루어진 1차 조사 중 몇 년 차에 조사한 취수정이었는지를 뜻한다. 그러니까 구니타치시에서 2010년에, 다치카와시와 조후시에서 2011년에 측정했던 취수정도 추적 조사 대상으로 포함해 달라고 요청한 셈이다. 구니타치시①과 다치카와시②는 1차 조사 당시 추적 조사 첫해 대상이었던 다치카와시 취수정 다음으로 PFOS 농도가 높았던 취수정이고, 조후시② 는 다른 곳과 비교할 수 없을 만큼 높은 PFOA 농도, 310ng/L가 측정되었기 때문이다.

참고로 조후시② 취수정 바로 옆에는 소방대학교가 있는데 취재에서 "PFOS·PFOA·PFHxS 같은 과불화화합물을 포함한 포소화약제는 사용하지 않는다"고 답했다. 그러나 소방청*은 여태껏 PFOA를 포함한 포소화약제를 계속 사용해왔다. 심지어 PFOA 규제를 논의하는 국제회의를 앞두고는 "포소화약제를 대체할 소화약제가 없으니 다른 소화약제로 대체하는 일은 불가능하다. 화재 대응에 지장이 발생할지도 모른다"고 밝힌 바 있다. 그런 만큼 나는 소방대학교의 발언을 곧이곧대로 믿을 수 없었다.

한편 도환연이 세 지점을 추가해 달라는 메일을 보내고 열흘 뒤, 요청 사항을 철저하게 무시한 답변이 돌아왔다. 환경국의 결정은 세 지점이 아닌 두 지점, 그것도 도환연이 요청한 곳이 아닌 고마에시② 와 고마에시③ 이었다. 이유를 찾아보니 4월 25일 자 문서의 첨부서류에 '추가 지점 선정 사유'로 짧은 문장이 쓰여 있었다.

"앞으로도 장기간 운영이 예정되어 있어 지속적으로 조사가 가능한 취수정 중 업무 조정의 편의성을 고려해 ■■■■■을 우선 검토한 결과 이전 조사에서 PFOS의 농도가 가장 높았던 고마에

---

* 일본의 중앙행정기관 중 소방행정 업무를 담당하는 곳.

　　　　　　　　　　　　　　　　　2장 감추어진 지하수 오염

시③과 PFOA가 가장 높았던 고마에시②로 정한다."

검게 칠한 부분의 조건 때문에 농도가 높은 순으로 치면 PFOS는 여섯 번째, PFOA는 두 번째인 고마에시의 두 취수정이 추적 조사 대상으로 선정되었다. 내용 일부를 검게 칠한 이유를 묻자 환경국 화학물질대책과장은 <도쿄도 정보공개조례>를 인용해 "업무에 지장을 초래하므로 밝힐 수 없다"라고 답했다.

그러나 세금을 들여 수행하는 사업에서 조사 지점을 선정한 이유를 밝힐 수 없다니 이해하기 어려웠다. 구체적으로 어떤 업무에 지장을 초래하는지를 물었으나 했던 말만 반복할 뿐이었다. 도쿄도지사인 고이케 유리코가 개혁 대상 1순위로 꼽았던 정보공개제도는 여전히 그 자리를 맴돌고 있었다.

의미 없는 공방이 이어지는 가운데 과장이 슬쩍 말을 흘렸다.

"만약 농도가 높은 취수정이 있다는 사실이 보도되면 앞으로 취수정 소유인이 협조해주지 않을지도 모릅니다."

마음속에 담겨 있던 진심이 흘러나온 듯도 했다. 물론 소유인이 협조해주지 않아서 조사를 멈추어야 하는 사태는 없어야 한다. 하지만 환경국이 선정한 취수정은 검게 칠한 부분 앞에 적힌 '앞으로도 장기간 운영이 예정', '업무 조정의 편의성을 고려' 등의 표현과 문맥을 통해 유추하건대 행정기관이 직접 관리하는 취수정일 터였다. 관 소유의 취수정이라면 향후 협조가 어려울 리 만무하다. 아무리 생각해도 감출 만한 이유는 없었다. 그런데도 과장은 "답변하기 곤란하다"라는 말만 반복했다.

환경국이 촉각을 곤두세우고 있는 부분은 특정 지역, 가령 고마에시에서 높은 농도가 검출되었다고 보도되는 일일 것이다. 다른 문서에 적힌 "조사 결과는 홈페이지에 게재하지 않는다"라는 문장에서도 환경국의 심정이 엿보였다. 인체 건강에 미치는 영향이 불분명한 화학물질 때문에 발생할 혼란을 우려한다면 이해도 된다. 주민 건강에 위협이 될지도 모르는 물질의 정보를 어떤 식으로 알려야 할까. 코로나바이러스가 기승을 부릴 때도 논의된 바 있는 리스크 커뮤니케이션의 어려움을 실감했으리라. 하지만 그렇다고 조사 지점을 선정한 이유를 밝히지 못한다니 순순히 받아들이기 힘들었다.

불복심사청구 끝에

"직접 말할 수 없으니 정보공개청구를 하십시오."

취재 창구인 과장의 말대로 정보공개청구를 했건만 중요한 부분이 검게 가려져 있었다. 전후 문맥으로 살펴보았을 때 민감한 사항이거나 개인정보일 리도 없었다. 알고 보면 그저 일반적인 설명에 지나지 않을 게 뻔했다. 그런데도 감추는 배경에는 석연찮은 무언가가 있음이 분명했다.

이대로 행정기관의 자의적인 판단에 따른 정보 은폐 행위를 받아들인다면 앞으로 마음껏 그 범위를 넓혀갈지도 모른다. 항의해 봤지만 조직에서 한번 내린 결정이 뒤집힐 리 없었다. 나는 하는 수 없이 불복심사청구를 하기로 했다. 불복심사청구란 정보공개제도의 정식 절차 중 하나로 정보 공개 결정 내용에 이의

2장 감추어진 지하수 오염

가 있을 때 제삼자인 정보공개심사회에 도쿄도의 결정이 타당했는지 심사를 요청하는 일이다. 나는 검게 칠한 사유가 타당한지를 제삼자에게 묻기로 했다.

얼마 후 다시 환경국 화학물질대책과장을 찾아갔다. 정보공개심사회의 결론은 나오지 않았지만 따로 궁금한 점이 있었기 때문이었다.

취재를 시작한 지 20분쯤 지났을까. 지하수와 관련한 대화를 주고받다가 조사 지점 선정으로 화제가 옮겨갔을 때였다. 과장은 직전까지 부드러웠던 말투는 온데간데없이 갑자기 사무적이고 단조로운 억양으로 이야기를 시작했다.

너무 뜻밖의 일이었던지라 귀가 쫓아가지 못했다. 무슨 말인지 되묻자 내가 불복심사청구를 넣었던 문서의 검게 칠한 부분이라고 했다. 나는 한 번 더 천천히 읽어달라고 부탁했다.

"앞으로도 장기간 운영이 예정되어 있어 지속적으로 조사가 가능한 취수정 중 업무 조정의 편의성을 고려해 시·정·촌이 관할하는 취수정을 우선 검토한 결과……."

다마 지역 지하수 추적 조사에 추가할 두 지점의 선정 사유에서 가려졌던 부분은 '시·정·촌이 관할하는 취수정'이었다. 전후 문맥을 통해 예상은 하고 있었지만 맥이 확 빠지는 기분이었다. 이렇게 될 것을 왜 지금껏 업무에 지장이 있다며 공개를 완강히 거부했나. 정보공개심사회의 결론은 나오지 않았지만 결국 공개하게 되리라는 사실을 깨닫고 포기했을까. 이유를 물어도 명쾌한 대답은 하지 않았다. 이 11글자를 알아내려고 3개월 넘게 낭

비했다. 허탈감이 밀려왔다.

고마에시 취수정보다 PFOS 농도가 더 높은 다치카와시, 구니타치시, 후추시*의 취수정이나 PFOA가 극도로 높은 조후시의 취수정을 제외한 배경에 다른 의도가 없었다고 보기 어렵다. 오염이 심해지고 대책이 필요해졌을 때 취수정의 소유주가 고마에시라면 도쿄도의 뜻에 따라 움직여 주리라 생각했는지도 모른다.

일련의 취재와 정보공개청구를 통해 비록 3개 지점의 데이터뿐이기는 하지만 어쨌든 다마 지역 지하수가 높은 농도로 오염되어 있다는 사실이 밝혀졌다. 한 걸음 전진했다고 생각하자. 스스로 그렇게 다독였다.

---

* 府中市, 다마 지역 중부에 있는 도시 이름.

　　　　　　　　　　　　2장 감추어진 지하수 오염

3장

취수 중단의
충격

　도쿄 다마 지역을 흐르는 지하수 일부가 과불화화합물로 오염
되었다는 사실이 밝혀졌다. 특히 요코타 기지와 인접한 다치카
와시의 취수정에서 농도가 매우 높게 나타났다. 두 가지 의문이
떠올랐다.

　지하수가 수돗물의 수원인 곳은 없는가.

　지하수가 수원인 수돗물을 마시는 시민들의 건강에는 영향이
없는가.

　우려되는 사항이 있다면 도쿄도가 수질 조사를 하지 않았을
리가 없다. 나는 취재 대상을 지하수를 관리하는 환경국에서 수
돗물을 관리하는 수도국으로 바꾸기로 했다.

지하수는 수돗물로 사용되고 있었다

　"도쿄에서는 지하수로 수돗물을 생산하고 있습니까?"

　내 질문에 수도국 홍보 담당자는 대답했다.

"도쿄의 수원 중 지하수 비율은 2~3% 정도니까 지하수를 수돗물로 사용하는 일은 거의 없다고 봐도 무방합니다."

그 말대로라면 수돗물이 오염되었을 가능성은 희박하다. 혹시나 하는 마음에 홍보 담당자가 알려준 도쿄도 홈페이지[1]에 들어가 보니 지하수 양수량이 게시되어 있었다. <공해방지조례>에 따라 자료 공개 의무가 부과된 1971년부터 꺾은선그래프는 급격한 내림세를 보이기 시작해 1980년대 후반부터는 변동 없이 유지되다가 지반침하를 방지하기 위한 <환경확보조례>가 시행된 2001년을 기점으로 다시 완만한 하향선을 그리고 있었다. 수돗물을 일컫는 '상수도'의 최신 양수량 값을 살펴보니 매일 20만 톤 정도였다. 1971년의 절반에도 못 미치는 양이었지만 정말로 지하수가 수돗물로 사용되는 일이 거의 없다고 봐도 괜찮을까.

다마 지역 내 지자체 홈페이지와 도서관 문헌을 뒤져보니 지하수가 수돗물 수원으로 사용된다는 정보는 쉽게 확인할 수 있었다. 수원 중 지하수가 차지하는 비율로 후추시는 정수장에 따라 20~60%, 구니타치시는 50~60%라고 적혀 있었다. 다만 수도 사업을 도쿄도가 일괄 운영하지 않고 각 지자체가 따로 담당하던 시절의 오래된 자료였다.

하지만 수도국 홍보 담당자가 언급한 2~3%와 지자체 홈페이지에 나와 있는 60%는 차이가 크다. 과연 다마 지역의 수원은 지하수에서 강물로 완전히 대체되었을까. 재차 수도국 홍보 담당자에게 묻자 확인해 본 뒤 알려주겠다는 답변이 돌아왔다. 얼마 후 받아 본 자료의 내용은 처음에 했던 설명과 달랐다.

3장 취수 중단의 충격

"2~3%는 도쿄도 전체에 공급되는 수돗물의 수원 중 지하수가 차지하는 비율이었습니다. 도쿄 도심의 23개 구에서는 지하수가 수원인 곳이 없지만 다마 지역에서는 지하수가 수원인 곳도 있습니다."

도쿄 전 지역을 분모로 잡아 지하수 비율을 낮게 계산한 것이다. 그럼 다마 지역에서는 지하수 비율이 어느 정도 되는가.

"지자체에 따라 비율이 달라서 한마디로 말씀드리기는 어렵지만 대강 20%가 조금 안 되는 수치라고 하네요."

의도한 바였는지는 알 수 없으나 지하수가 수원에서 차지하는 비율은 단숨에 10배가 되었다. 그뿐만 아니라 100% 지하수만으로 수돗물을 제조하는 정수장도 있다고 했다.

다마 지역에서는 지하수가 수돗물로 사용되고 있었다. 그렇다면 농도에 따라서는 시민들의 건강에 영향을 미칠 우려도 있다. 도쿄 인구 약 1,400만 명 중 다마 지역의 인구는 400만 명에 달한다.

수돗물과 지하수원의 개념도

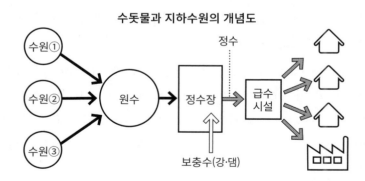

"오염이 발생할 일은 없습니다"

전문가나 연구원에게 문의해 봐도 도쿄도가 수돗물 내 PFOS
·PFOA 농도를 조사했다는 이야기는 없었고 발표된 자료도 없었
다. 하지만 다마 지역 일부 지하수가 고농도 과불화화합물로 오
염된 상황에서 일부 정수장이 지하수를 수원으로 삼고 있다면
시민 건강을 책임지는 도쿄도가 수질 조사를 수행하지 않았을
리가 없다. 다만 데이터를 있는 그대로 내줄지는 장담할 수 없었
다. 직업 특성상 의심이 많은 데다 지금껏 취재 거절에, 검게 가
린 문서에, 부정확한 설명까지 들어 온 터라 나는 회의적인 태도
로 바뀌어 있었다. 무엇보다 수도국 홍보과장과 처음 만난 날 들
은 말이 뇌리에서 떠나지 않았다.

"저희는 수질 관리를 위해 최선을 다하고 있으므로 오염이 발
생할 일은 결코 없습니다."

물어보지도 않았건만 먼저 나서서 선을 긋는 태도에 묘한 위
화감마저 들었다. 만약 그 말과 어긋나는 실상이 드러나면 진실
을 밝히기는커녕 꽁꽁 감출 것만 같았다. 그리고 예감은 머지않
아 현실이 되었다.

나는 과불화화합물의 언급은 피한 채 우선 도쿄도 내 취수정
의 정보를 모으기로 했다. 수도국에 정보공개청구를 넣었더니
곧 자료가 공개되었다. 다마 지역에서는 자체적으로 수도사업을
운영하는 하무라시(羽村市), 아키시마시(昭島市), 무사시노시(武
蔵野市), 히노하라촌(檜原村)을 제외하면 2019년 3월 기준으로 총

23개 지자체에 278개 수원 취수정이 있고 그중 248곳이 가동 중이었다.

특히 내가 주목한 곳은 다치카와시였다. 제2장에서 살펴본 바와 같이 도환연의 지하수 조사에서 고농도의 PFOS·PFOA가 계속해서 검출된 취수정이 있었기 때문이다. 자료에 따르면 다치카와시에는 정수장이 8곳, 수원으로 사용되는 취수정이 24곳 있었지만 가동 중인 취수정은 후지미 제3정수장 내 취수정 한 곳뿐이었다. 비고란에 취수를 중단한 이유가 적혀 있었다. '설비 고장'이 5곳, '설비 개선 공사'가 4곳, 그리고 '수질 악화'가 14곳으로 가장 많았다. 모두 1, 4-다이옥세인이라는 화학물질이 고농도로 검출된 탓이었다. 가장 오래된 취수 중단 시점은 '2002년 8월'로 3곳이었다. 대략 20년 가까이 사용하지 않은 셈이다. 그리고 '2009년 10월'이 9곳, '2010년 7월'이 1곳이었다.

다치카와시 관계자의 말에 따르면 1, 4-다이옥세인은 제트 연료에 포함된 물질로서 1993년 요코타 기지에서 발생한 제트 연료 대량 누출 사건으로 지하수에 흘러들었다고 의심되지만 최종 결론에는 이르지 못한 채 흐지부지되고 말았다. 실은 이 사건을 기록한 문서가 앞으로 과불화화합물의 오염원을 밝히는 데 중요한 단서를 제공한다. 상세한 내용은 제6장에서 다룬다.

한편 다치카와시 수원 취수정이 취수를 중단한 이유로는 전술한 세 가지 외에 한 가지가 더 있었다.

"2019년 6월 이후 수질 악화로 취수 중단"

혹시 수도국이 취재를 대비해 서둘러 취수를 중단한 것은 아닐까. 문득 그런 생각이 머리를 스쳤다. 2019년 6월 이후 취수를 중단했다는 후지미 제3정수장 4호 취수정과 관련된 자료를 공개 청구하자 며칠 뒤 취수 중단 사유가 적힌 문서가 공개됐다.

"탁도 상승"

지난해 취수 펌프 교체 공사를 위해 취수를 중단했다가 재가 동했는데 지하수의 탁도가 가라앉지 않았다는 내용이 쓰여 있었다. 원인은 과불화화합물이 아니었다. 적잖이 맥이 빠졌지만 수확이 없지는 않았다. 수도국이 수원 취수정의 취수를 중단하게 되면 정수장별로 시기와 사유를 기록해 둔다는 사실을 알았기 때문이다.

이제 다마 지역 전체 정수장에 걸쳐 취수를 중단한 수원 취수정을 조사해보자. PFOS는 일본에서 2010년부터 규제했으므로 과거 10년분의 정보를 공개 청구하기로 했다. 그러자 수도국에서 문서의 양이 너무 많으니 범위를 좁혀줄 수 없겠냐는 연락이 왔다. 이대로라면 정보 공개까지 걸리는 시간이 2주를 훌쩍 넘기게 된다는 설명이었다. 직원의 업무 부담도 컸을 것이다.

나는 수도국의 요청을 받아들여 대상은 '다마 지역 내 모든 정수장의 수원 취수정'으로 그대로 둔 채 시기만 '과거 10년'에서 '취수를 중단한 시점'으로 변경했다.

네 군데 수원 취수정에서 취수를 중단했다

양면 6장으로 된 자료가 공개되었다. 정수장별로 수원 취수정

3장 취수 중단의 충격

의 명칭, 취수 중단 날짜와 중단 사유 등이 꼼꼼하게 적혀 있었다. 취수 중단 사유는 '철 박테리아 검출', '1, 4-다이옥세인 검출' 외에도 '급수 탁도 상승', '양수 펌프 고장', '절연 불량' 등 다양했다. 수원 취수정 하나하나씩 찬찬히 훑어보는데 생경한 표현이 눈에 들어왔다.

"수도국 지시에 따른 운용 중단"

장소는 후추시에 소재한 후추무사시다이(府中武蔵台) 정수장이었고 날짜는 2019년 6월 13일이라고 쓰여 있었지만 상세한 이유는 적혀 있지 않았다. 아래로 시선을 옮기니 똑같은 표현이 한 군데 더 쓰여 있었다. 페이지를 넘기자 "수도국 지시로 운용 중단"이라는 표현이 두 군데 더 있었다.

6월 11일부터 열흘 사이에 후추시, 고쿠분지시, 구니타치시의 세 정수장, 네 곳의 수원 취수정에서 잇따라 취수가 중단되었다. 불과 한 달 전의 일이었다. 이번에야말로 PFOS 오염 때문이 아닐까. 마음이 조급해졌다. 다마 지역의 수돗물 수질 관리 책임자를 찾아 전화로 물었다.

"공개된 자료에서 '수도국 지시에 따른 운용 중단'은 무슨 뜻입니까?"

"저희가 운영 업체 측에 취수를 멈춰달라고 지시했다는 의미입니다."

"수질이 나빠져서요?"

"네."

솔직한 대답에 마음이 요동쳤다. 지금 단계에서 취재 목적을 들키고 싶지는 않았다. 하지만 취수 중단의 원인이 과불화화합물이라면 취재 방향은 크게 바뀐다. 한순간 망설였지만 아무렇지 않은 척 질문을 던졌다.

"취수 중단의 원인 물질은 PFOS입니까?"

"맞습니다."

수질 관리 책임자는 깔끔하게 인정한 뒤 담담하게 말을 이었다.

"농도가 좀 높아서 불안 요소를 제거하기 위해 중단했습니다. 사실 일본에는 기준치도 없는 상황이지만 만의 하나를 위한 조치입니다."

책임자와 통화를 하던 이때 당시만 해도 과불화화합물의 수질 관리 기준은 없었다.

"농도는 어느 정도입니까?"

"지금 자료를 가지고 있지 않아서 잘 모르겠군요."

생각대로 수도국은 수돗물 수원으로 사용하는 지하수의 과불화화합물을 파악하고 있었다. 그리고 지하수는 오염되었다. 심지어 취수정 네 곳에서 고농도의 PFOS·PFOA가 검출되어 취수를 중단했다. 한 달 전 수도국 홍보과장이 했던 말이 떠올랐다.

"오염이 발생할 일은 없습니다."

예상을 뒤엎는 전개였다.

계기는 NHK 〈클로즈업 현대+〉

다음 날, 진작부터 요청해 왔던 취재 허가가 떨어졌다.

2019년 8월 8일 도청 회의실.

다마 지역 수도사업을 주관하는 다마수도개혁추진본부(이하 다마수)의 수질 관리 담당자 요시자와 겐이치 과장과는 전화 통화를 한 적은 있었지만 얼굴을 마주하기는 처음이었다. 인사를 나누는데 명함을 받지 못했다. 깜빡한 것 같지도 않았고 미안한 기색도 없었으며 눈도 마주치려 들지 않았다. 취재를 향한 소극적인 태도가 한눈에 드러났다. 왠지 모를 무거운 분위기 속에서 내가 먼저 입을 열었다.

"취수를 중단한 계기가 있습니까?"

"TV 보도가 있었습니다."

돌아온 답변은 나를 여러 번 놀라게 했다. 두 달 반쯤 전 방송된 NHK 방송국의 <클로즈업 현대+>라는 프로그램 때문이라는 말이었다.

"화학물질에 따른 물 오염에 어떻게 대응할 것인가"

과불화화합물을 특집으로 다룬 이 프로그램은 'UN 잔류성유기오염물질에 관한 스톡홀름 협약' 회의장을 비추며 시작했다. 회의 의제는 PFOA였다. 1950년대 미국에서 만들어진 PFOA는 물도 기름도 흡수하지 않는 성질 덕분에 다양한 용도로 사용되었다. 그러나 인체 건강에 악영향을 미칠 수 있다는 우려 때문에 제조업체 8곳은 2015년까지 PFOA의 제조·사용을 사실상 중단하기로 합의했다. 그리고 프로그램 방송 직전인 2019년 5월, PFOA는 스톡홀름 협약에서 규제 대상으로 정식 지정되었다.

화면은 미국의 오염 지역으로 바뀌었다. 제일 처음 등장한 인물은 웨스트버지니아주에 사는 77세 남성이었다. PFOA를 사용하는 대형 화학 기업의 공장으로부터 강을 따라 약 50km 내려간 곳에 있는 마을에서 오염된 물을 10년 동안 마시며 살았다. 남성은 설사와 하혈이 멈추지 않는 난치병, 궤양성 대장염에 걸려 대장을 적출했다.

"화장실 근처를 떠날 수 없습니다. 식사를 비롯해 모든 일에 제약이 따릅니다. 두 번 다시 나 같은 사람이 나와서는 안 됩니다."

눈물을 삼키는 노인의 옆얼굴을 비추며 화면 위에 자막이 떠올랐다.

"병은 내 인생을 송두리째 바꾸어 놓았습니다."

제1장에서 언급한 바와 같이 강 유역에 사는 주민 7만 명을 대상으로 건강검진을 시행한 결과 PFOA는 신장암, 고환암, 궤양성 대장염, 갑상샘 질환, 고콜레스테롤혈증, 임신 중독증 등 여섯 개 질환을 일으킬 가능성이 있다. 주민들의 PFOA 혈중 농도는 미국인 평균치의 20배였다고 한다.

이어서 프로그램은 세대를 넘어 자녀에게 오염이 전달된 사례를 소개했다. 구두 브랜드의 폐기물 처리장 근처에 사는 세 살 남자아이의 체내에서 미국인 평균치의 55배나 되는 PFOA가 검출되었다. 아이의 어머니는 장기적인 영향이 걱정이라고 털어놓았다.

건강검진을 진두지휘한 브라운대학교 데이비드 사비츠 교수는 인터뷰에서 이렇게 말했다.

"가장 우려되는 점은 과불화화합물이 혈액 속에 오랜 시간 잔류한다는 사실입니다. 영향이 나타날 때까지 몇 년은 걸릴지도 모릅니다. 지금껏 우리가 경험한 적 없는 새로운 형태의 오염입니다."

프로그램의 중반, 이제 카메라는 일본을 향했다. 오키나와 가데나 기지 부근의 강물에서 미 권고치의 10배가 넘는 PFOS·PFOA가 검출되었다는 사실, 나하시 인근에 수돗물을 공급하는 차탄(北谷) 정수장에서 PFOS·PFOA 제거용 활성탄 교환에 약 17억 원이 들었다는 사실, 미군 기지에서 사용하는 포소화약제가 오염원으로 의심된다는 사실이 차례차례 담겼다.

도쿄도의 임시 조사

방송을 보던 다마수의 요시자와 과장은 처음 접하는 사실에 깜짝 놀랐다. 특히 본인과 마찬가지로 수도사업을 관리하는 오키나와현 기업국 담당자의 발언에 주목했다.

"미국 EPA에 건강 권고치라는 게 있습니다만 차탄 정수장에서 검출된 30ng/L는 이 권고치보다 낮습니다. 따라서 현시점에서 건강상의 피해는 없다고 봅니다."

행정기관의 담당자답게 극도로 절제된 표현을 썼다. 하지만 뒤집어 보면 향후 건강상 피해가 발생하지 않는다는 보장은 없다는 말로도 들린다. 이쯤에서 EPA 권고치를 다시 한번 살펴보자.

미국환경보호청 EPA는 2016년에 먹는물 수질 관리 기준을 PFOS와 PFOA를 합쳐 1L당 70ng으로 설정했다. 하루에 물 2L

를 70년 동안 마셔도 건강에 영향이 없는 값으로, 건강 권고치라 불린다. 오키나와현 기업국은 일본에 PFOS·PFOA의 수질 관리 기준이 없으므로 이들 농도가 미 권고치를 넘어서지 않도록 절반 이하인 30ng/L를 기준으로 삼아 수돗물을 공급하고 있다고 밝혔다.

PFOA 못지않게 널리 사용되어 온 PFOS는 이보다 훨씬 전인 2009년에 스톡홀름 협약에서 규제 대상으로 지정되었다. 그런데도 여전히 검출되는 이유는 과불화화합물이 분해되기 어렵고 쉽게 축적되어 환경 중에 오래 남아 있기 때문이다. <클로즈업 현대+>는 더 나아가 PFOS의 대체 물질이 미군 기지 주변 지역 주민들의 혈액에서 고농도로 검출되었다는 사실도 전했다.

미국과 오키나와의 실상을 확인한 요시자와 과장은 큰 충격을 받았다.

"얼른 조치를 취해야겠어."

방송 이후 다마수는 곧장 임시 조사에 나섰다. 2019년 6월 기준, 운영 중단된 23곳을 제외한 다마 지역 내 정수장 48곳 중 지금까지 고농도가 검출되었던 적이 있는 6곳에서 추가 조사를 실시했다. 공식 발표 내용은 아니지만 임시 조사 결과는 표2와 같았다. 아울러 자체적으로 미 권고치인 70ng/L를 넘지 않도록 관리한다는 방침을 세우고 70ng/L의 절반인 35ng/L를 수질 관리 기준으로 정했다. 방송에서 소개한 오키나와현 기업국과 같은 방법이다.

표2

〈임시조사〉 단위: ng/L

히가시코이가쿠보 정수장(고쿠분지시)	101
후추무사시다이 정수장(후추시)	60
구니타치나카 정수장(구니타치시)	28
기타마치 제2 정수장(고쿠분지시)	25
이즈미혼초 정수장(고마에시)	17
오가와 정수장(고다이라시)	-

임시 조사 결과를 살펴보면 히가시코이가쿠보 정수장과 후추무사시다이 정수장 2곳에서 다마수의 자체 방침을 넘어섰다. 여기에 2017년 38ng/L가 검출된 바 있는 구니타치나카 정수장을 더해 총 3개 정수장에서 수원 취수정의 취수를 중단하기로 결정했다.

후추무사시다이 정수장이나 구니타치나카 정수장에서는 다른 정수장에서 보내오는 물의 비율을 높여 부족분을 보충하고 농도를 낮추었다. 반면 히가시코이가쿠보 정수장은 수원의 100%를 지하수에 의존하고 있었기 때문에 급히 도수관을 설치해 다른 정수장에서 물을 받았다. 이런 방식으로 모든 정수장의 농도가 70ng/L의 절반 이하로 돌아왔다.

요시자와 과장은 가슴을 펴며 말했다.

"주민 여러분이 조금도 불안을 느끼시지 않도록 조치했습니다. 이제 농도는 낮아졌습니다."

취수 중단의 진짜 이유

　사람들이 오염된 물을 마시지 않도록 취수를 중단한 판단은 적절했다. 하지만 두 팔 벌려 마냥 환영하기에는 어쩐지 찜찜했다. 우선 어째서 이 시점에 취수 중단 결정을 내렸는지 설명을 들어도 와닿지 않았다. 설명대로라면 NHK 방송을 보고 과불화화합물의 위험성을 새삼 인식했다는 말이 된다. 하지만 방송 이후 일주일 만에 임시 조사를 하고 그로부터 한 달도 채 흐르기 전에 취수 중단을 결정했다. 전례를 중시하는 관료 조직치고는 상당히 신속한 대응이었다. 아니 오히려 너무 빠르다. 혹시 그렇게 해서라도 취수를 멈추어야 하는 이유가 있었던 것은 아닐까.

　실제로 70ng/L를 넘지 않도록 한다는 내부 방침의 근거는 무엇이었는지 물었을 때 요시자와 과장은 이렇게 대답했다.

　"<클로즈업 현대+>를 방송한 NHK가 70ng/L라고 했으니까요."

　공영 방송인 NHK가 미국의 권고치를 언급했으니 거기에 맞추었다는 뜻이다. 너무도 뻔뻔한 말투에 나도 모르게 언성을 높이고 말았다.

　"도쿄도는 NHK가 정하면 따르는 곳입니까?"

　요시자와 과장은 언짢은 표정으로 입술을 굳게 다물었다. 생각할수록 희한한 말이었다. 왜냐하면 이미 언급했듯 EPA가 먹는물 1L당 PFOS·PFOA 합계 70ng으로 권고치를 정한 시점은 2016년이었기 때문이다. 3년이나 지나서 갑자기 NHK 방송 내용을 따랐다니 아무리 생각해도 이해하기 힘들었다.

어째서 이 시점에 자체 수질 관리 기준을 70ng/L로 정했을까. 수수께끼를 풀 열쇠는 이후 수도국에서 공개한 자료에 있었다. 2019년에 작성한 「PFOS 시료 채취 계획」이라는 문서에 PFOS 측정 빈도 기준이 나와 있었다(표3).

표3

200ng/L 이상	연 1회	후추무사시다이 정수장, 구니타치나카 정수장, 와카마쓰 정수장
50ng/L 이상	연 1회	히가시코이가쿠보 정수장, 사이와이초 정수장, 가미이시와라 정수장, 조스이미나미 정수장, 기타마치 제2 정수장
50ng/L 이하	3년에 1회	상기 정수장 외 모든 정수장

설명에 따르면 과거 5년간 PFOS가 200ng/L 이상으로 검출된 바 있는 수원 취수정의 수질 검사 빈도가 그동안은 연 2회였으나 2019년부터는 연 1회로 변경되었다. <클로즈업 현대+> 방송 두 달 전의 일이었다. 50ng/L를 넘은 적이 있는 취수정의 검사 빈도는 원래 연 1회였으므로 이제는 50ng/L 이상이든 200ng/L 이상이든 연 1회밖에 측정하지 않는다. 다시 말해 이번 변경으로 200ng/L라는 기준은 사실상 의미가 없어졌다.

왜 변경했는지 곰곰이 헤아리다 보니 무언가 석연치 않았다. 'PFOS 200ng/L'는 EPA가 2009년에 정한 권고치다. 2016년에 권고치를 낮출 때까지 PFOS는 200ng/L, PFOA는 400ng/L였다. 거기까지 생각이 미치자 어렴풋했던 위화감의 정체가 겨우 드러났다. 도쿄도는 지금까지 계속 예전 권고치를 기반으로 수질 관리를 해 온 것이다.

요시자와 과장은 그날 커다랗게 화면을 채운 '건강 권고치 70ng/L'라는 수치를 보고 그제야 미국 권고치가 변경되었다는 사실과 다마수가 예전 권고치에 맞춰 수질 관리를 하고 있었다는 사실을 깨닫지 않았을까. 추측대로라면 그동안 미처 인식하지 못한 채 70ng/L가 넘는 수돗물을 계속 공급한 셈이 된다. 일본에 기준이 없다고는 하나 이는 명백한 잘못이다. 따라서 방송을 본 후 황급히 수습에 나서지 않았을까. 이렇게 생각하면 무엇이든 전례와 계획을 바탕으로 움직이는 관료 조직이 이 시점에 즉각 임시 조사에 나섰던 까닭도 설명이 된다. 그런 의미에서 본다면 "NHK가 70ng/L라고 했기 때문"이라는 발언도 거짓은 아니다.

요시자와 과장은 말했다.

"안전한지 안전하지 않은지를 가늠할 기준치가 일본에 없다 보니 지금껏 판단을 내릴 수가 없었습니다."

물론 그때까지 일본에는 PFOS·PFOA의 수돗물 수질 목표치가 없었다. 하지만 상황은 취수 중단 시점에도 마찬가지였다. 다시 말해 일본에 목표치가 없다는 사실은 하필 이 시점에 취수 중단을 단행한 이유가 될 수 없었다. 모순이 있음을 눈치챘는지 홍보과장이 설명을 보탰다.

"후생노동성이 목표치를 설정하겠다고 나섰으니 시민들이 불안을 느끼지 않도록 취수를 중단했습니다."

하기야 잘못을 깨닫고 곧장 농도를 낮추는 조치를 취했다면 칭찬받을 일이지 비난받을 일은 아니다. 다만 시간 순서를 생각했을 때 이 설명 역시 설득력이 없었다.

도쿄도는 <클로즈업 현대+> 방송 직후인 5월 22일에 임시 조사를 시작했다. 그러나 목표치를 설정하겠다는 정부의 움직임이 표면에 드러난 시점은 5월 31일 이후였다. 게다가 도쿄도가 세정수장에서 취수 중단을 결정한 6월 5일은 후생노동상*이 국회에서 목표치 설정을 처음 언급했던 날보다도 엿새 앞선다. 다마수 자체 방침을 정하고 임시 조사에 나선 5월 22일은 이보다 대략 보름 이상 전이다. 더구나 정말 "후생노동성이 목표치를 설정하겠다고 나섰기 때문"이라면 어째서 후생노동성이 새로이 설정한 목표치가 아닌 미국의 권고치를 참고했을까.

하지만 이렇게 생각하면 앞뒤가 맞아떨어진다. 도쿄도는 방송을 보고 현재 미국 권고치가 PFOS와 PFOA를 합쳐 70ng/L라는 사실을 깨달았다. 여태껏 PFOS 200ng/L를 기준으로 수질 관리를 해 왔기 때문에 황급히 임시 조사에 나섰고 취수 중단을 하기에 이르렀다. 후생노동성의 목표치를 기다리기보다 우선 미국 권고치에 맞춰두기로 했다…….

추측한 내용이 맞는지 확인하기 위해 물었다.

---

* 후생노동성의 최고 책임자. '상'은 우리의 '장관'에 해당하는 표현이다.

"미 권고치가 70ng/L라는 사실은 언제 아셨습니까?"

하지만 아무도 대답하지 않았다.

숨겨진 또 다른 진실

"취수 중단 경위가 적힌 기록을 볼 수 있을까요?"

나의 요청에 의외의 답변이 돌아왔다.

"글쎄요. 딱히 문서는 없습니다. 지하수와 정수의 혼합비를 조정하는 일은 통상 업무라서요."

수도국은 일부 수원 취수정에서 취수를 중단했을 뿐만 아니라 수질 관리를 위해 새로운 내부 방침까지 세웠다고 설명한 바 있다. 미증유의 긴급 대책을 취하면서도 기록을 남기지 않았다니 믿기 힘들었다. 문서는 그렇다 쳐도 메일조차 주고받지 않았다는 말인가. 기록이 없는 것이 아니라 기록이 없다고 정해두고 또다시 거짓말로 어물쩍 넘어가려는 속셈이 아닐까. 순간 피가 거꾸로 솟는 느낌이 들었지만 차분히 질문을 이어갔다.

"그럼 세 정수장의 취수 중단 결재는 언제 났습니까?"

"2019년 6월 5일에 열린 다마수 본부장 회의입니다."

본부장은 구두로 결재하는가. 결재를 받기 위한 설명 자료는 만들지 않는가. 다그쳐 물어도 묵묵부답이었다. 나는 침묵을 깨며 기록이 없을 리 없으니 어서 보여달라고 못 박았다.

"문서가 있는지부터 찾아보겠습니다. 시간을 좀 주시겠습니까?"

더는 잡아떼기 어렵다고 생각한 모양이었다.

얼마 후 답변 준비가 되었다는 연락에 다시 한번 도청을 찾았다. 어두침침한 복도 끝에 있는 회의실에 들어서 책상 위를 보니 A4 용지에 컬러 인쇄된 3장 분량의 서류가 놓여 있었다.

"본부장 회의에 제출한 서류입니다."

문서도 없고 메일도 없다더니 말이 180도 달라졌다. 「수원 취수정의 PFOS·PFOA 검출 현황과 향후 대응 방안」이라는 제목의 문서에는 다마수의 자체 방침과 그에 따른 취수 중단 경위가 일목요연하게 정리되어 있었다. 기록이 없다더니 어찌 된 일이냐고 물어도 이렇다 할 설명은 없었다. 형식적인 사과만이 회의실 공기 중에 공허하게 울릴 뿐이었다.

공무원이 이토록 명백한 거짓말과 말도 안 되는 설명을 당당하게 내세우며 상황을 모면하려 했다는 사실에 아연실색했다. 물론 가끔 국회에서도 보는 광경이기는 했다. 어쩌면 행정 조직은 '은폐가 체질'이라는 말로도 부족할 만큼 뿌리부터 깊이 썩어 있는지도 모른다. 동시에 이러한 행동에서 미디어를 업신여기는 태도가 고스란히 엿보이는 듯도 했다. 괴로웠다. 하지만 한탄만하고 앉아 있을 수는 없었다. 서류를 손에 넣었으니 내용을 확인할 차례였다.

건네받은 3장짜리 서류의 첫 장에 6월 5일이라는 날짜와 함께 후추무사시다이 정수장, 구니타치나카 정수장, 히가시코이가쿠보 정수장 각각에 해당하는 구체적인 대응안이 적혀 있었다. 우선 후추무사시다이 정수장을 살펴보았다.

"모든 취수정에서 취수를 중단하고 전량 보충수로 운용함"

애초에 후추무사시다이 정수장에서는 다섯 개 수원 취수정 모두를 취수 중단할 예정이었다. 하지만 6월 13일 자인 두 번째 장에는 달랐다.

"농도가 높은 수원 취수정 3곳 즉, 1호, 니시하라, 모토슈쿠 취수정의 취수를 중단하고 보충수의 비율을 증가시켜 운용함"

취수 중단 대상이 '모든 취수정'에서 '취수정 3곳'으로 바뀌었다. 요시자와 과장의 설명에 따르면 높은 농도가 검출된 수원 취수정을 하나씩 멈추며 다른 정수장에서 끌어온 물로 보충하다 보니 취수정 2곳을 남긴 상황에서 이미 충분히 농도가 낮아졌다. 따라서 1호, 니시하라, 모토슈쿠 취수정에서만 취수를 중단하기로 했다.

다시 의문이 들었다. 전에 수도국이 공개한 「수원 운영 현황 일람」에는 후추무사시다이 정수장에서 과불화화합물 농도 때문에 취수 중단한 취수정은 1호와 모토슈쿠 취수정 2곳뿐이었고 니시하라 취수정은 '정전'이라고 적혀 있었다. 그러나 본부장 회의에 제출한 자료에는 니시하라 취수정의 취수 중단 사유가 '과불화화합물'이었다.

"니시히라 취수정을 중단한 이유는 정전이 아니라 과불화화합물입니다. 정전이 해결된 지금도 취수는 하지 않고 있으니까요."

테이블 맞은편에 앉은 요시자와 과장의 표정이 벌레라도 씹은 듯 일그러졌다. 거듭된 확인 끝에 니시하라 취수정의 취수 중단 이유도 과불화화합물 오염 때문이었다고 떨떠름하게 인정한 것이다. 거짓이 하나 더 밝혀졌다.

결국 과불화화합물 때문에 취수를 멈춘 수원 취수정은 후추무사시다이 정수장, 히가시코이가쿠보 정수장, 구니타치나카 정수장에 있는 다섯 개의 취수정이었다. 요시자와 과장은 거짓이 뒤섞인 답변을 되풀이하며 "지금은 모두 미국 권고치보다 낮으므로 안심하셔도 됩니다."라고 강조했다. 그 말이 사실이라면 시민들에게 알리지 못하는 이유가 무엇일까.

비밀주의의 함정

과거의 취수 중단 사례를 찾아보니 2010년 7월 21일 자 보도자료가 도쿄도 수도국 홈페이지에 남아 있었다.

「취수 중단 관련 안내」

7월 16일 오전 10시 20분, 다치카와시에 있는 니시스나 제2정수장에서 1, 4-다이옥세인이라는 화학물질의 농도가 수도국 자체적으로 정한 물 안전 계획상의 관리 기준을 넘겨 수원 취수정을 포함한 정수장 자체의 운영을 중단한다고 발표했다. 아울러 같은 이유로 2002년부터 다치카와시 내 스나가와 중부 정수장(수원 취수정 2곳)과 니시스나 제1정수장(수원 취수정 1곳)을 운영하지 않고 있었음을 밝혔다. 하지만 이번에는 어떤 공지도 없었다. 수도국은 이유를 이렇게 설명했다.

"다치카와시에서 1, 4-다이옥세인이 문제가 되었을 때와는 달리 이번에는 일부 수원 취수정의 운용만 중단했을 뿐 정수장의 운영 자체를 멈춘 것은 아니기 때문입니다."

정수장을 멈출 때는 공지하지만 일부 수원 취수정의 취수 중단만으로는 따로 공지하지 않는다고 내규로 정해져 있다는 말이었다.

다시 의문이 생겼다. 수도국이 건네준 본부장 회의 자료에 따르면 후추무사시다이 정수장에서는 애초에 다섯 개의 수원 취수정 모두를 중단할 계획이었다. 즉 정수장 전체의 운영을 멈추고 공지해야 했다. 그렇다면 혹시 공지를 피하려고 일부러 취수정 2곳을 중단하지 않은 것은 아닐까.

수도국은 처음부터 취재에 예민한 반응을 보였다. 홍보과장은 오해를 불러일으키는 기사가 나가면 곤란하다는 말을 몇 번이고 반복했다. 흔적은 수도국이 작성한 문서 「『아사히신문』 모로나가 유지 기자 질문·답변 일람」에도 남아 있다. 2019년 4월 16일부터 8월 15일까지 있었던 취재 내용과 정보공개청구 대응 상황을 하나하나 꼼꼼하게 15장에 걸쳐 기록한 문서였다. 특히 비고란에 적힌 메모가 흥미로웠다. 처음 대면한 날에는 이렇게 적혀 있었다.

"취재 의도 확인 → 밝히지 않음(지참한 자료로 미루어 보아 과불화화합물이라고 추정함)"

당시 홍보 담당자와 이야기를 나누면서 나는 중간중간 손에 들고 있던 파일에 눈길을 두었다. 과불화화합물 관련 자료가 정리된 파일이었다. 애써 숨기고 있던 취재 의도를 책상 너머로 들

키고 만 셈이다. 기자로서 지극히 초보적인 실수였다. 어쨌든 수
도국은 내가 취재를 시작하고 얼마 지나지 않아 취재 목적이 과
불화화합물 오염이라는 사실을 인지하고 있었다. 게다가 놓쳐서
는 안 되는 또 한 가지 사실이 적혀 있었다. 날짜였다.

"5월 22일"

내가 처음으로 도청을 방문했고 홍보 담당자가 취재 목적이
'과불화화합물 오염'이라고 알아챈 날, 다마수는 과거에 고농도
가 검출된 적 있는 정수장에서 임시 조사를 시작했다. 다마수의
설명대로 정말 임시 조사에 나선 계기가 그로부터 일주일 전에
방송된 NHK <클로즈업 현대+>라면 그저 단순한 우연의 일치
라는 말이 된다. 기묘하다.

어쨌든 수도국은 임시 조사 결과를 받고 정수장 3곳에서 취
수를 중단하기 전에 이미 내가 과불화화합물 오염을 취재한다
는 사실을 인지하고 있었다. 그러면서도 시민들에게 취수 중단
공지를 하지 않았고 취재에 참고할 서류를 요청하자 "문서는 없
다"며 발뺌했다.

수돗물에서 미국 권고치를 넘는 농도가 검출되었다는 사실을
있는 그대로 공지하면 시민들 사이에 불안감이 퍼질 수밖에 없
다고 생각했으리라. 더구나 일본에는 기준이 없는 만큼 건강에
미치는 영향을 단언하기도 힘들다. 행정기관의 관점에서 보면
이해되는 부분도 있다.

그러나 시민의 눈높이에서 봤을 때 행정기관이 공지하지 않으
면 자신이 마시는 물의 농도와 현재 상황을 파악할 수가 없다. 굳

이 알권리까지 들먹일 것 없이 '타당한 걱정'을 위해서라도 정확한 정보는 필수다. 세금을 들여 조사한 수질 자료는 시민에게 환원해야 한다.

이후 수도국은 내가 취재한 내용으로 기사를 쓰려고 한다는 사실을 안 뒤에야 취수 중단한 정수장이 있는 세 지자체에 정보를 제공했고 보도 시기에 맞추어 수도국 홈페이지에 해당 내용을 공지했다. 하지만 이때 수도국이 만든 자료의 작은 빈틈이 이후에 스스로 정보 은폐를 자백하는 계기가 되리라고는 상상도 못 했으리라. 상세한 내용은 마지막 장에서 다룬다.

과불화화합물 오염으로 지하수 취수를 중단했다는 사실이 밝혀졌지만 아직 밝혀지지 않은 진실이 남았다. 정수장 3곳에서는 언제부터 고농도의 과불화화합물이 나타났을까.

4장

수질 조사는
하고 있었다

도쿄도는 다마 지역 내 정수장 3곳에서 지하수 취수를 중단했다. 지하수에서 고농도의 과불화화합물이 측정되었기 때문이다. 내 머릿속에는 몇 가지 의문이 떠올랐다. 오염은 언제부터 시작되었을까. 그동안 수돗물에 포함된 PFOS·PFOA 농도는 어느 정도였을까.

50년 전부터 다마강에서는

수돗물 수질을 관리하는 곳이 후생노동성이라면 강물이나 지하수에 포함된 화학물질 농도를 관리하는 주체는 환경성이다. 당초 환경성은 위험성 평가가 아직 내려지지 않았다는 이유로 과불화화합물을 3단계 환경기준 중 가장 느슨한 기준인 '조사 필요 항목(208개 물질)'으로 정하고 두 가지 전국 규모 조사, 즉 '조사 필요 항목 물질 현황 조사'[1]와 '화학물질 환경 실태 조사'[2]를 통해 감시를 이어왔다. 하지만 도쿄도 내에서는 거의 검출된 적이 없었다. 애초에 오염되지 않아서일까. 아니면 이미 사라져 버렸을까.

앞서 언급한 두 조사는 도도부현*별로 매년 한 군데씩 환경 측정 지점을 정하여 수행한다. 말인즉슨 과불화화합물을 사용했을 법한 장소 주변에서 측정하는 것도 아니고 도쿄도 내에서는 지하수도 측정하지 않는다. 따라서 이들 조사 결과로는 오염 여부를 판단할 수 없다.

조금 더 파고들다 참고할 만한 정보를 발견했다. 다마강이 흘러드는 도쿄만 바다에서 해저 토양인 저질(底質)의 성분을 분석한 결과로 도환연이 2008년에 발표한 자료였다.[34]

5년마다 작성한 그래프를 살펴보니 PFOS·PFOA 모두 1955년쯤부터 검출되기 시작해 1970년경부터 급격하게 농도가 증가했다. PFOS는 계속해서 우상향으로 치솟다 1990~1995년에 정점을 찍었는데 농도가 40년 전 값의 약 10배에 달했다. 한편 PFOA는 증감을 반복하다 1995~2000년에 최대치를 기록했다. 이 연구 결과로부터 다마강 유역에서는 적어도 약 50년 전부터 PFOS·PFOA가 자연환경으로 배출되었다는 사실을 알 수 있었다. 2000년 이후의 농도 추이는 논문에 나타나 있지 않았지만 2006년 이후 PFOA 제조업체들의 자발적인 감산과 2010년부터 시작된 일본 내 PFOS 제조·사용 규제로 두 물질 모두 사용량은 많이 감소했으리라 예상한다.

---

* 일본의 광역 행정 구역.

4장 수질 조사는 하고 있었다

하지만 그간 다마 지역의 지하수는 과불화화합물에 오염되어 있었고 그 물을 수원으로 하는 수돗물을 지금껏 사람들이 마셔 왔을 가능성이 상당히 크다. EPA가 정한 먹는물 건강 권고치인 1L당 70ng은 하루 2L의 물을 70년간 마셔도 건강에 영향이 없다고 보는 값이다. 다마 지역에서 50년 넘게 오염된 물을 마셨다면 수도국의 말처럼 '지하수 취수를 중단했으니 안심'이라고 단언할 수 있을까.

거기까지 생각이 미치자 무엇보다 걱정되는 점은 그동안 수돗물에서 측정된 농도였다.

모두 게시했다더니

환경성이 자연수를 3단계 환경기준으로 관리하듯 후생노동성 역시 수돗물의 수질 기준을 '수질 기준 항목', '수질 관리 목표 설정 항목', '검토 필요 항목' 3단계로 분류하여 관리한다. 당시 PFOS·PFOA는 가장 느슨한 분류 단계인 검토 필요 항목으로 설정되어 있었다. 검토 필요 항목의 수질 조사 결과를 게시하는지 도쿄도 수도국 홍보 담당자에게 물었다.

"모든 측정 지점의 수치를 홈페이지에 게시하고 있습니다."

하지만 알려준 웹페이지에 조사 결과는 보이지 않았다. 다시 묻자 말이 바뀌었다.

"수질 기준 항목과 수질 관리 목표 설정 항목은 모든 정수장에서 게시합니다만 검토 필요 항목은 규모가 큰 정수장들과 다마 지역 내 대표적인 정수장에서만 게시합니다."

　다마 지역의 대표적인 정수장이란 미타카시* 신카와 정수장과 하치오지시** 다카쓰키 정수장이라고 했다. 홈페이지를 다시 뒤져 보니 두 정수장 모두 PFOS와 PFOA는 'ND'라고 적혀 있었다. 정량 한계치인 5ng/L 미만으로 측정되어 사실상 검출되지 않았다고 본다는 뜻이다. 만약 앞장에서 살펴본 세 정수장의 취수 중단 사실을 모른 채 이 데이터만 보면 다마 지역에서는 오염이 발생하지 않았다고 판단했을 것이다. 의도한 바인지 아닌지는 모르지만 수도국의 설명은 분명 오해를 살 만했다.

　나는 우선 수도국이 아닌 후생노동성에서 정보를 얻기로 했다. 수돗물 내 PFOS·PFOA 농도를 조사하는지 문의하자 전국 각지의 일부 정수장에서 측정 결과를 보고받고 있다고 답했다. 정보공개청구를 통해 후생노동성이 과거 10년간 전국에서 보고받은 정수장별 원수와 정수의 과불화화합물 농도를 손에 넣었다. 이때 원수란 수돗물을 만들기 위해 지하수 등 여러 개의 수원에서 모은 물을 의미하고 정수란 가정에 보내는 수돗물을 의미한다. 이미 살펴본 바와 같이 일본에서는 지하수와 강물을 섞어 사용하는 경우가 많다.

　후생노동성이 공개한 자료에는 2011년부터 2018년까지 도쿄 도심 23개 구 내 대규모 정수장 8곳과 다마 지역 내 미타카시 신

---

* 三鷹市, 다마 지역 동부에 있는 도시 이름.
** 八王子市, 다마 지역 남부에 있는 도시 이름.

카와 정수장과 하치오지시 다카쓰키 정수장의 측정 결과가 나와 있었다. 대부분 정량 한계치 미만, ND라고 표기되어 있었지만 특이하게도 2015년 다마 지역 정수장들만 농도 값이 표기되어 있었다. 수치도 높았다. 입수한 자료를 들고 나는 다시 도쿄도 수도국을 찾았다. 2019년 7월 29일이었다. 이날 정수과에 걸었던 전화 한 통이 훗날 굳게 걸려 있던 정보의 빗장을 활짝 여는 계기가 된다.

"과불화화합물 농도를 측정하십니까?"

"규모가 큰 정수장과 다마 지역 내 대표 정수장 2곳에서만 측정합니다."

나는 지금껏 언급을 피해왔던 단어를 처음으로 입에 올렸다. 이제 문제의 핵심을 파고들 때라고 판단했기 때문이다.

"도쿄도가 2015년 후생노동성에 보고한 데이터를 보면 PFOS·PFOA 농도가 높은 정수장이 있는데 어떻게 된 일입니까?"

물론 이때는 취재 의도를 들킨 줄은 꿈에도 모르고 있었다. 이날 대화는 도쿄도가 작성한 취재 기록에도 적혀 있었다.

"취재 목적이 PFOS·PFOA라는 사실을 밝힘"

직설적인 질문에 정수과 담당자는 잠시 머뭇거리더니 입을 뗐다.

"이전에는 과불화화합물 중 PFOS·PFOA 두 물질만 검사했는데 13개 물질을 동시에 검사하는 방법을 확립해 2015년 당시 다마 지역에서 가동 중이던 정수장의 실태를 조사했습니다."

"다마 지역에서만 실태 조사를 하셨습니까?"

"다마 지역에 지하수가 수원인 정수장이 많으므로 다마 지역의 실태 조사를 했습니다."

"실태 조사는 2015년에만 하셨습니까?"

"2015년처럼 전체 정수장을 조사하지는 않지만 2015년 조사 결과를 바탕으로 이후에도 계속 측정하는 정수장은 있습니다."

정수과 담당자는 2015년 이후 일부 정수장에서 계속 측정을 실시하고 있다는 사실을 강조했다. 그렇다면 어째서 후생노동성 자료에는 이 데이터가 없을까. 의문이 들었지만 그 전에 담당자는 더 중요한 사실을 언급했다. 원래 2개 물질만 검사했으나 13개 물질을 동시에 분석할 수 있게 되었다⋯⋯.

바꿔 말하면 지금까지 PFOS와 PFOA를 계속 측정해 왔다는 뜻이었다. 즉 2015년보다 더 오래된 데이터가 있다는 말이다.

어째서 기록이 없을까

나는 곧장 수도국에 정보공개청구를 넣었다.

"도쿄도가 수행한 수돗물 내 과불화화합물 수질 조사 관련 기록"

요청한 자료는 2015년에 13개 물질을 분석하기 시작한 경위와 분석 결과, 덧붙여 2015년 이후 수행했다는 일부 정수장의 검사 기록이었다. 2주 뒤 정보공개청구 결정이 나왔다는 연락을 받고 도청 제2청사 23층에 있는 수도국 정보공개 창구를 찾았다.

우편 배송을 기다릴 수 없어 직접 가지러 간 것이다.

"전부 공개"

결정 통지서에 적힌 문구와 다르게 분석을 시작한 경위가 기록된 문서는 빠져 있었고 공개된 자료는 이미 후생노동성에서 입수한 자료였다. 도쿄도는 <정보공개조례>를 제정하며 다음과 같이 밝힌 바 있다.

"도쿄도는 도민의 '알권리'가 정보공개의 제도화에 큰 역할을 해왔음을 잘 인식하고 있으며 도쿄도가 보유한 정보를 도민이 손쉽게 얻을 수 있도록 더 적극적으로 정보공개를 추진해야 한다."

아울러 정부의 <공문서관리법>에서는 공문서를 '건전한 민주주의의 근간을 지탱하는 국민 모두의 지적 자원'으로 규정하고 이렇게 정했다.

"국가 행정기관 직원은 (…) 해당 행정기관의 의사 결정 과정과 함께 사무 및 사업 실적을 합리적으로 확인하거나 검증할 수 있도록 (…) 문서를 작성해야 한다." (제4조)

즉, 어떤 과정을 거쳐 의사 결정을 했는지 나중에 검증할 수 있도록 기록으로 남겨야 한다고 정한 셈이다. <공문서관리법>은 도쿄도의 문서 관리와 직접 관련이 있는 법규는 아니지만 행정기관이 공유해야 할 이념이라는 점에서는 일맥상통한다.

수도국은 새로운 검사 방법을 적용하기에 앞서 적용 배경과 이유, 의사 결정 과정을 문서로 남겼음이 틀림없다. 그런데 어째서 문서가 없을까. 폐기했을 리도 만무했다.

도쿄도 정보공개제도에서는 결정을 인정할 수 없는 경우 <행정불복심사법>에 따라 불복심사청구를 할 수 있다. 제2장에서 도쿄도 환경국을 상대로 불복심사청구를 넣었던 사례를 소개한 바 있다. 하지만 불복심사청구를 통해 정보공개청구 결정이 타당했는지 아니었는지 심사를 받으려면 오랜 시간을 기다려야 한다. 청구 서류 작성도 번거롭고 시간도 아쉬운 마당에 불복심사 청구는 피하고 싶었다. 하지만 그렇다고 수도국의 결정을 그대로 받아들이기도 어려웠다.

정면 대결

결정 통지서를 들고 계단으로 향했다. 한 층 아래에 있는 수도국 총무과에서 홍보 담당자와 직접 담판 짓기로 한 것이다. 갑작스러운 방문에 양해를 구한 뒤 참았던 감정을 터뜨리며 거세게 몰아붙였다.

"그동안 PFOS·PFOA 2종만 측정하다가 13종까지 측정할 수 있도록 검사 방법을 바꾸셨음에도 의사 결정 경위를 적은 기록이 없다니 말이 됩니까? 공무원이 이런 식으로 일 처리를 한다고요? 심지어 그렇게 오래된 일도 아니고 불과 4년 전입니다."

꼬치꼬치 따지고 들자 홍보 담당자는 곤란한 듯 눈을 질끈 감았다.

"담당 부서에서 이 문서들이 전부라고 해서 말입니다……."

다마 지역 수돗물 관리를 담당하는 다마수의 말일 것이다. 그렇다고 여기에서 물러날 생각은 없었다.

"정보공개 결정은 누가 했습니까?"

"수도국 정수과 과장입니다. 다마수와 협의해서 전부 공개를 결정했습니다."

전부 공개라는 말은 요청한 문서를 모두 공개했을 때 쓰는 말이다.

"그럼 정수과 과장과 직접 이야기할 수 있게 해주시죠."

입씨름 끝에 홍보 담당자는 잠시 자리를 비웠다. 잠시 후 몹시 언짢은 표정으로 정수과 과장이 나타났다. 반대편 의자에 앉기를 기다렸다가 나는 아까 했던 말을 되풀이했다.

"새로운 검사 방법을 도입하면서 기록을 남기지 않았다니 있을 수 없는 일 아닙니까?"

질문해도 시선을 피한 채 입을 꾹 다물고 있었다.

"결재 문서는 없습니까? 수도국 내부에서 공유한 메일은 없습니까? 문서가 하나도 없다는 게 말이 되나요?"

추궁하듯 다그치던 그때였다.

"메일을 보여드리면 되는 거죠?"

정수과 과장은 뱉듯이 말을 꺼냈다. 메일만으로 될 리가 없었다. 분노가 끓어올랐지만 여기서 싸워봤자 문서는 나오지 않는다. 나는 코앞에 앉아 있는 정수과 과장과 대화를 포기하고 다마수와 직접 정보공개를 협의한 담당자를 불러 달라고 요청했다. 회의로 자리를 비웠다는 대답이 돌아왔다.

"한 시간이 됐든 두 시간이 됐든 기다리겠습니다. 여기 계속 있으면 민폐일 테니 아래층 카페에서 기다리겠습니다. 담당하신 분 시간 되실 때 연락 주십시오. 어찌 됐든 담당자와 이야기 나누기 전까지는 못 돌아갑니다."

대충 얼버무리다가 추궁을 피할 수 없을 때쯤에야 정보를 조금씩 내놓는 일이 지금까지 몇 번이고 되풀이되었다. 그때마다 잘못 이해했다는 둥 둘러대기만 할 뿐 잘못은 인정하지 않았다. 아닌 게 아니라, 같은 패턴이 반복되어 온 만큼 나의 인내심은 바닥을 드러내고 있었다.

홍보 담당자는 잠깐만 기다려 달라는 말을 남기고 또 한번 사라졌다. 홀로 남겨져 무료했지만 한바탕 퍼붓고 난 직후인지라 응접실 의자에 가만히 앉아 있을 수가 없었다. 겸연쩍은 마음도 들었지만 이제 와서 손 뗄 수도 없었다. 30분 정도 기다리니 정수과 담당자가 내려왔다. 나는 벌써 세 번째 같은 말을 되풀이하며 한 번 더 자료를 찾아봐 달라고 요청했다. 담당자는 미간을 찌푸린 채 절제된 목소리로 말을 받았다.

"무슨 말씀인지 알겠습니다. 다마수에서는 문서가 없다고 했지만 한 번 더 확인해 보겠습니다."

은폐의 기운

이틀 뒤 정수과에서 연락이 왔다. 의사 결정 경위를 기록한 문서나 검사 결과를 놓고 토의한 회의록 등은 예상대로 없었지만 단서를 하나 찾았다고 했다.

4장 수질 조사는 하고 있었다

"검사 횟수는 2010년 말에 작성한 「PFOS·PFOA 실태 조사」 문서를 따름"

「2015년도 샘플 채취 계획서」에 적힌 내용이었다. 다만 「PFOS·PFOA 실태 조사」라는 문서 자체는 찾지 못했다.

2010년이면 <화학물질심사규제법>에 따라 PFOS가 규제 대상 물질로 선정된 시점이다. 적어도 2010년부터는 PFOS·PFOA의 농도를 측정했다는 말이 된다. 어쩌면 더 오래전부터 측정했을지도 모른다. 2003년에 처음으로 다마강에서 고농도의 과불화화합물이 검출되었기 때문이다. 인체 건강에 영향을 미칠 수 있다는 사실이 밝혀지며 이목을 모은 화학물질이 고농도로 검출되었다면 우선은 감시에 나서는 것이 행정 당국의 일반적인 대응이다.

우여곡절 끝에 나는 다시 다마수 수질 관리 책임자인 요시자와 과장과 마주 앉았다.

"농도 측정은 언제부터 했습니까?"

옆에 앉아 있던 정수과 담당자가 설명했다.

"2014년 이전에도 측정 데이터는 있습니다. 찾아보니 2004년인가 2005년쯤부터 있더군요."

예상대로 다마강에서 검출된 직후부터 측정을 시작했다. 무려 15년 전부터 지하수 농도를 감시해 온 셈이다. 전혀 알려지지 않았던 사실이었다.

"측정 데이터는 있습니까?"

이번에는 요시자와 과장이 대답했다.

"2009년부터요. 다만 오래된 자료인지라 누락된 부분이 좀 있습니다."

"그럼 당시에 농도 조사를 시작하게 된 경위를 담은 자료는 있습니까?"

"없습니다."

2004년부터 측정을 시작했다면서 데이터는 2009년 이후로만 있다니 이유가 무엇일까. 취재를 끝내고 녹음기 스위치를 끈 뒤 잡담을 가장해 한 번 더 물어보기로 했다.

"2004년과 2009년 사이 5년 동안의 데이터는 폐기됐나요?"

의외로 요시자와 과장은 순순히 대답했다.

"분석 기기를 바꿨는데 오래된 컴퓨터에서 데이터를 제대로 옮기지 못하는 바람에 그만……."

요시자와 과장의 말을 곧이곧대로 믿지는 않지만 더 캐물을 만한 거리가 없었다. 그렇게 간단히 데이터를 날려버렸다니 말이 되는 일인가. 데이터 복원도 하지 않았다는 말인가. 찜찜한 기분으로 회의실을 빠져나왔다.

나는 수도국에 다시 정보공개청구를 했다.

"다마 지역 수원별 과불화화합물 측정 결과"

공개된 문서는 2011년부터 2018년까지 8년간의 측정 결과였다. 이른바 크로마토그램이라 부르는 결과 시트에는 ①측정 위치(정수장), ②측정 대상 구분(정수, 원수, 수원), ③측정 물질(PFOS·PFOA 등)별로 데이터가 기재되어 있었다. 2,000장이 넘는 종이 뭉치를 한 장씩 넘기며 수치를 컴퓨터에 입력해 표로 만들

4장 수질 조사는 하고 있었다

었다. 그러자 이곳저곳에 벌레 먹은 듯 데이터가 누락된 부분이 눈에 들어왔다. 처음부터 검사를 하지 않았을까. 아니면 기록만 사라졌을까. 누락된 칸은 100군데가 넘었다. 빠뜨렸거나 잘못 입력한 부분이 있다 치더라도 많아도 너무 많았다.

"이유는 모르겠습니다만 이것 외에는 데이터가 없었습니다."

수도국에 건의하니 공개한 자료 말고는 데이터가 없다는 말을 되풀이했다. 수도국이 그보다 오래된 데이터가 남아 있다고 인정한 것은 1년 반 뒤의 일이었다.

"도가 지나치네"

누락된 값이 많기는 했지만 데이터를 통해 알게 된 사실도 있었다. 취수를 중단한 정수장 3곳 중 후추시에 있는 후추무사시다이 정수장과 고쿠분지시에 있는 히가시코이가쿠보 정수장에서 생산한 정수의 농도가 특히 높았다. 앞에서도 설명했듯 정수란 가정으로 보내는 수돗물을 의미한다. 당시 수질 관리 참고치로 삼고 있던 미국의 권고치가 PFOS·PFOA를 합쳐 70ng/L이라는 사실은 주지하는 바와 같다. 후추무사시다이 정수장에서는 이 값을 8년 연속 넘겼고 가장 높을 때는 2배 이상이었다. 히가시코이가쿠보 정수장에서도 8년 중 7년이 100ng/L를 넘는 수치를 보였다(표4).

표4
<정수>

단위: ng/L

	후추무사시다이	히가시코이가쿠보
2011년	110	121
2012년	111	79
2013년	141	134
2014년	115	115
2015년	149	124
2016년	135	135
2017년	109	112
2018년	80	130

<지하수>

	후추무사시다이	히가시코이가쿠보
2011년	114	115
2012년	111	120
2013년	150	140
2014년	105	132
2015년	370	136
2016년	397	139
2017년	372	114
2018년	240	114

　더 심각한 문제는 주요 수원으로 사용하고 있는 원수, 즉 지하수의 오염이었다. 후추무사시다이 정수장의 원수 중 지하수가 차지하는 비율은 60% 정도로 나머지 부분은 다른 정수장에서 보내온 물을 섞고 있었다. 당연히 물을 섞기 전 지하수의 농도는

정수보다 높다. 게다가 지하수를 한곳에 모으기 전 수원 취수정에서 측정한 농도가 더욱 높을 때도 있었다. 후추무사시다이 정수장에서 기록이 남아 있는 과거 10년간 해마다 측정한 여러 농도 값 중 최대치를 2010년부터 나열하면 표5와 같다.

표5

단위: ng/L

연도	2010	2011	2012	2013	2014	2015	2016	2017	2018	2019
1호	351	315	360	362	229	292	327	357	124	278
3호	205	191	-	189	156	202	309	245	104	87
4호	298	244	203	364	214	247	277	317	117	183
니시하라	395	365	369	525	398	434	445	412	290	242
모토슈쿠	304	344	290	378	267	300	359	307	227	185

5곳의 취수정 중 2019년 6월에 취수를 중단한 곳은 1호, 니시하라, 모토슈쿠 취수정이다. 1호 취수정과 모토슈쿠 취수정은 10년 중 6년이 300ng/L를 넘었다. 처음에 정전으로 취수를 중단했다고 했던 니시하라 취수정은 10년 중 8년이 350ng/L를 넘겼고 최대치는 525ng/L이었다. 오랜 시간 과불화화합물을 연구해 온 전문가에게 이 데이터를 내밀자 자기도 모르게 이렇게 중얼거렸다.

"도가 지나치네."

도가 지나치다는 말이 절로 나올 만큼 지하수 오염이 계속되어 온 셈이다.

히가시코이가쿠보 정수장은 수원 취수정의 농도 자료는 없었지만 수원의 100%가 지하수인바 원수와 정수의 농도는 거의 차이가 없다. 구니타치시에 있는 구니타치나카 정수장에서 정수의 농도는 미국 권고치의 절반 정도였지만 2018년도에 수원 취수정에서 측정한 농도는 275ng/L로 후추무사시다이 정수장의 1호 취수정에 비견할 만했다. 다시 말해 구니타치나카 정수장의 지하수가 히가시코이가쿠보 정수장의 지하수보다 훨씬 오염되었다고 할 수 있다.

후추시, 고쿠분지시, 구니타치시 등 세 지자체는 서로 인접해 있지만 각 정수장끼리는 거리가 있다. 후추무사시다이 정수장을 기준으로 히가시코이가쿠보 정수장은 북쪽으로 2.5킬로미터, 구니타치나카 정수장은 서쪽으로 약 1.5킬로미터 떨어져 있다. 과연 오염은 같은 곳에서 시작되었을까, 다른 곳에서 시작되었을까. 지하수의 수맥은 어떻게 이어져 있을까. 다시 의문이 생겼다.

4장 수질 조사는 하고 있었다

5장

보이지 않는
수맥

도쿄 다마 지역 일부 지하수에서 적어도 10년 가까이 과불화화합물 오염이 이어졌다. 기록으로 남아 있지는 않지만 오염이 발생한 기간은 50년 이상일 가능성도 있다. 심지어 오염 농도는 먹는물이라고 치면 취수를 멈추어야 하는 수준이었다.

미국과 오키나와에서 미군 기지가 오염의 주범이었듯 도쿄에서 역시 주일미군 기지인 요코타 기지가 오염원은 아닐까.

지하수는 어떻게 흐르는가

우선 요코타 기지 주변 지자체 관내 정수장별로 도쿄도 수도국의 수질 조사 결과를 살펴보니 요코타 기지 북쪽의 미즈호정, 북서쪽의 오메시, 서쪽의 하무라시와 훗사시, 남쪽의 아키시마시에서는 PFOS·PFOA를 합친 농도가 한 자릿수였다. 하지만 요코타 기지 동쪽에 있는 다치카와시의 취수정이나 그보다 동남쪽에 있는 구니타치시, 고쿠분지시, 후추시의 정수장에서는 상당히 높은 농도로 검출되었다.

지하수는 어떻게 흐를까. 지하수의 흐름이 밝혀지지 않는 이상 오염원을 찾아내는 일은 요원해 보였다. 문득 예전에 JR하이지마역에서 본 장면이 떠올랐다. 매해 가을마다 일반 시민에게 요코타 기지를 개방하는 행사인 '미일우호축제'를 둘러보려고 들렀을 때였다. 한 슬로건이 눈길을 사로잡았다.

"100% 지하수 마을"

하이지마역이 소재한 아키시마시는 도쿄도의 수도사업과 별개로 자체 수도사업을 운영하고 있으며 홈페이지[1]에도 100% 지하수를 사용한다는 점을 강조한다.

"아키시마시 수돗물의 수원은 지하 70m 이상의 깊이에서 퍼올린 심층 지하수입니다. 심층 지하수는 산에 내린 비나 눈이 약 30년에 달하는 긴 세월에 걸쳐 땅으로 스며든 물입니다. 물이 지층에 스며드는 과정에서 토양이 필터 역할을 해 불순물을 걸러줌과 동시에 탄산과 미네랄 성분이 녹아듭니다. 덕분에 심층 지하수로 생산하는 아키시마 수돗물은 광천수 못지않게 맛이 좋습니다."

아래로 스크롤을 내리자 관련 파일[2]이 첨부되어 있었다.

「아키시마시 주변 지하수 유동 조사 보고서」

2003년부터 3년에 걸친 조사 내용을 정리한 보고서에 따르면 지하수는 천층 지하수와 심층 지하수로 나뉘는데, 아키시마시 주변의 천층 지하수는 오메시 부근에서 부채꼴로 펼쳐지는 무사시노 평지를 따라 서쪽에서 남동쪽으로 흐른다. 반면 심층 지하수는 천층 지하수의 역방향, 즉 남서쪽에서 북동쪽으로 흐른다.

보고서에 실린 지하수위 등고선도에서 신도 시즈오라는 이름을 발견했다. 알아보니 일본지하수학회 회장, 도쿄도 환경영향평가 심의위원 등을 역임한 지바대학교 명예교수로 이론의 여지가 없는 지하수 분야의 전문가였다. 1933년생으로 아흔 무렵의 나이였지만 여전히 건재하다는 사실도 확인했다.

전화로 의견을 듣고 싶다고 청하자 수화기 너머에서 신도 교수의 신중한 태도가 고스란히 느껴졌다.

"언론 때문에 험한 일을 많이 겪어서 말이죠."

망설이는 신도 교수에게 만나만 달라고 사정사정한 끝에 겨우 승낙을 얻어 하치오지시에 있는 자택을 찾아갔다. 두꺼운 서류 더미에 둘러싸인 서재에 앉아 나는 다마 지역에서 과불화화합물에 따른 지하수 오염이 발생했다는 사실을 전하며 말문을 열었다.

요코타 기지가 오염원일 가능성이 있는데 어떻게 하면 증거를 찾을 수 있는가.

고도경제성장기*에 도쿄도의 지하수 양수 규제 정책 수립**에도 관여했다는 지하수 분야 권위자의 입에서 의외의 대답이 돌

---

* 일본의 연평균 실질경제성장률이 10%에 육박했던 1955년부터 1973년까지를 의미한다.

** 고도경제성장기 일본은 각지에서 지반침하가 빈번하게 발생했다. 특히 인구가 밀집된 도쿄는 지반침하에 따른 피해가 심각했다. 정부는 지반침하의 원인이 무분별한 지하수 양수에 있다고 보고 규제 법안을 제정했다.

아왔다.

"지하수 오염은 이제 거의 안정되었어요. 이제 와서 새삼스레 할 이야기가 있는지 모르겠군요."

대화를 풀어갈 실마리조차 보이지 않을 만큼 냉랭한 태도였다. 그렇다고 그대로 돌아갈 수는 없었다. 새로이 주목받고 있는 화학물질이라며 상세하게 과불화화합물을 설명한 뒤 도환연에서 수행해 왔던 수질 조사 결과를 내밀었다. 지하수 농도와 조사 지점을 표기한 일람표도 펼쳐 보였다. 그래도 신도 교수는 회의적이었다.

"이 수치가 정확한 값인지 알 수 없으니 판단하기가 어렵네요."

데이터 자체를 의심스러운 눈초리로 바라보니 대화가 이어지지 않았다. 처음부터 취재에 소극적이기는 했으나 강퍅하다 싶을 만큼 완고한 태도에 더는 할 말을 찾을 수가 없었다.

수맥 파악의 난점

마음을 다잡고 문헌을 뒤져보니 물이 풍부한 다마 지역에서는 지하수를 주제로 활발하게 연구가 진행되고 있었다. 지하수 오염을 보고한 자료도 적지 않았다. 예컨대 1982년 후추무사시다이 정수장에서 트리클로로에틸렌에 따른 지하수 오염이 발각되어 취수를 중단한 일이 있었다. 도쿄농공대학교 오구라 노리오 명예교수는 이 오염 현상을 조사했던 연구자다. 푸근한 할아버지 같은 인상의 오구라 교수는 당시를 회상했다.

"오염이 발견되고 나서 3년 정도 지났을 무렵 여기 농공대 캠퍼스 내 취수정에서도 트리클로로에틸렌이 검출되었습니다."

모니터링을 시작하자 농도는 예상하지 못했던 경향을 보였다. 1988년 2월에 기준치를 넘기고 얼마 후 감소세로 돌아섰지만 5년이 지나 다시 기준치를 넘어서더니 이내 기준치의 2배를 넘겼다. 농도 모니터링은 10년 이상 이어졌는데 1997년 10월에는 기준치의 18배에 달하는 수치가 검출되었다.[34]

"어떤 물질이 토양을 통과해 지하수를 오염시키기까지는 시간이 걸립니다. 게다가 지하수는 느리게 움직이지요. 어림잡아 계산해 봤더니 그 주변 지하수는 1년에 130m, 하루로 환산하면 36cm밖에 흐르지 않더군요."

시간이 지날수록 불규칙하게 변화하는 농도, 폐기에서 오염에 이르기까지의 시간차, 눈에 보이지 않는 땅속의 거동을 파악하기란 쉽지 않은 일이라고 오구라 교수는 고개를 저었다.

"그즈음 농공대에서는 꽤 높은 농도가 검출되었지만 길 건너편에서는 거의 검출되지 않았던 기억이 있습니다. 정말 몇 미터 떨어지지 않은 곳이었는데 말이지요. 해당 지역의 지층 구조와도 관련이 있어서 더 어렵습니다."

당시 오구라 교수는 주민들이 주변 취수정에서 채수해 온 지하수의 농도도 측정해 주었다. 그렇게 얻은 데이터를 하나씩 지도에 적어 넣자 수맥이 자연스럽게 지도 위에 드러났다. 트리클로로에틸렌이라는 오염물질이 오히려 트레이서, 즉 추적자의 역할을 해준 셈이다.

그럼 PFOS·PFOA를 추적해 보면 오염원을 찾아낼 수 있을까. 글쎄요, 하고 잠깐 생각에 잠겼던 오구라 교수가 말을 이었다.

"다마 지역의 지하수는 크게 보면 서쪽에서 동쪽으로 흐릅니다. 그러니까 요코타 기지보다 동쪽에 있는 취수정을 조사해 나가다 보면 오염이 어떻게 퍼져 나갔는지 알 수 있을지도 모릅니다. 다만 다치카와시에서 구니타치시, 후추시, 고쿠분지시에 이르는 넓은 범위에 걸쳐 있다면 간단한 일이 아니겠군요. 아니, 무척 힘든 작업일 겁니다."

뒤이어 찾아간 호세이대학교 야마다 게이치 명예교수 역시 수맥 파악의 어려움을 지적했다.

"지하수는 깊은 지층에서는 거의 흐르지 않습니다. 수십 년 주기로 관찰하면 흐름이 보이겠지만 하루로 보면 1m 흐를까 말까 합니다. 거의 멈추어 있다고 봐야겠지요. 그리고 땅속 깊이가 200m인지 50m인지에 따라서도 흐름은 다르게 나타납니다. 게다가 지층의 영향도 받기 때문에 지하수 흐름을 정확하게 파악하기는 힘듭니다."

"조사하려면 어마어마한 돈이 듭니다"

거듭되는 부정적 반응에도 포기할 수 없었던 나는 또 한 명의 전문가를 만나러 교토로 향했다. 일본지하수학회 다니구치 마코토 이사장은 종합지구환경학연구소의 부소장이기도 하다. 종합

지구환경학연구소는 지구 환경문제 해결에 필요한 학문을 고안하기 위해 종합 연구를 수행하는 대학 공동 연구기관으로 2001년에 창설되었다.

교토시 북쪽 끝에 자리한 기타야마산의 짙푸른 녹음에 녹아든 건물 한쪽, 정원을 조망하도록 유리로 둘러싸인 일본식 응접실에서 다니구치 이사장과 마주 앉았다.

"수문학은 쉽지 않은 학문이지요."

그는 온화한 어조로 지하수의 대략적인 얼개를 정성껏 설명해 주었다.

"기본적으로 지하수는 지형을 따라 표고가 높은 쪽에서 낮은 쪽으로 흘러갑니다. 다만 지질 구조에 따라 교란이 발생하기도 합니다. 그러니 지하수의 흐름은 지형만으로 알 수 없는 셈이지요."

지형 정보를 알고 있더라도 지질 정보는 부분적으로만 파악하고 있기 때문에 지하수의 정확한 흐름을 밝혀내기가 어렵다는 말이었다. 다니구치 이사장도 예전에 도쿄도 내 취수정을 조사해 지하수위 등고선도를 그린 적이 있었다.

"다마 지역의 지하수 흐름은 대략 서쪽에서 동쪽으로 흐르지만 일부는 북동쪽으로도 흐릅니다."

실제로는 지면의 지형에도 영향을 받기 때문에 같은 지역이라도 일정하지 않고 땅속 깊이에 따라서도 흐름이 다르다. 게다가 지하수 깊이를 모르면 지질을 특정하기 어려우므로 예측도 불가능하다.

만나는 전문가마다 같은 말을 반복했다. 수맥을 거슬러 올라가는 일은 쉽지 않다……. 하지만 어딘가에 돌파구가 있지 않을까. 기도하는 심정으로 이바라키현 쓰쿠바시를 찾았다. 다마 지역 지하수에도 정통한 쓰쿠바대학교 가야네 이사무 명예교수는 말했다.

"조사해 봐야 확실히 알 수 있겠지요. 하지만 시추를 통해 땅에 구멍을 파고 농도가 높은 곳을 거슬러 올라가다 보면 오염원이 나타나리라는 건 분명합니다. 지하수는 어디 도망가지 않으니까요."

절로 앞으로 기울어지던 몸이 가야네 교수의 다음 말에 그대로 얼어붙었다.

"다만 조사를 할 수 있을지 모르겠군요. 어마어마한 돈이 드니까요."

재정 부담이야말로 지자체가 오염원 특정을 망설이는 큰 이유라며 말을 덧붙였다.

"미군 기지가 얽혀 있을 가능성이 있다면 더더욱 그렇겠지요."

도쿄도는 지금껏 과불화화합물 오염을 일으킨 오염원을 조사한 적이 없었다. 앞으로도 조사할 계획은 없다고 했다. 행정기관이 움직이지 않는다면 혹시 민간기관 중 조사할 만한 곳은 없을까.

3차원 흐름 분석

복잡한 지하수 흐름을 3차원 시스템으로 인식하는 기술을 보유한 벤처 기업이 있다고 해서 도쿄 오차노미즈를 찾았다. 지질 환경테크놀로지의 다와라 야스히로 사장은 도쿄대학교 대학원에서 물 흐름 분석을 전공한 뒤 은사가 차린 회사를 물려받았다. 기후 변화나 대지진과 같은 자연재해로 지하수의 흐름과 유량이 어떻게 변화하는지 연구하는 일 외에도 재해 대책의 하나로 지하수를 활용하려는 지자체의 컨설팅도 맡고 있다. 국토교통성*이 제공한 정보를 바탕으로 국토의 기반이 되는 지하수 데이터베이스 구축 사업에도 참여하고 있다.

"평면도에서는 지하수 흐름을 좀처럼 알기 힘들지요. 저희는 GETFLOWS라는 시스템을 통해서 지하수 흐름을 3차원으로 표시할 수 있습니다."

다와라 사장은 홈페이지에도 공개한 시뮬레이션 영상을 재생했다. 지표면에 떨어진 빗물이 어떻게 땅속으로 침투하고 수맥을 형성해 나갈까. 화면 속을 흐르는 푸른색 점선이 지하수의 거동을 선명히 보여주었다. 이 시스템을 활용하면 오염원을 밝혀낼 수 있을까.

다와라 사장의 설명에 따르면 우선 취수정의 위도·경도와 깊이 정보가 꼭 필요하다. 거기에 수질 검사 결과를 더하면 오염 분

---

* 일본의 중앙행정기관 중 국토 이용·교통·기상·해양 안전에 관한 업무를 담당하는 곳.

포를 알 수 있고 오염된 수맥이 드러나면 오염원까지 알아낼 수 있다고 했다.

"다만 죄송하게도 저희가 가지고 있는 데이터는 특정 사업을 수행하는 목적으로만 제공받았기 때문에 공유해 드리지는 못합니다."

수맥을 밝혀내는 일은 아무래도 무모한 도전이었던 모양이다. 나는 보이지 않는 수맥 추적을 그만두고 요코타 기지 주변을 찾아가 보기로 했다.

5장 보이지 않는 수맥

6장

오염원을
쫓다

미군 기지에서는 과불화화합물이 포함된 포소화약제를 사용하고 있다는 정보가 심심찮게 들려왔다. 다마 지역 지하수를 PFOS·PFOA로 오염시킨 오염원은 미군 요코타 기지일까?

두 번에 걸친 오염원 조사

오염원을 추적해 나갈 단서는 도환연이 두 번에 걸쳐 수행한 오염원 조사[1]였다. 2007년에 작성한 첫 번째 조사 보고서에는 이렇게 적혀 있다.

"전자부품 디바이스 제조 공장 중 한 군데의 배출수에서 과불화화합물이 고농도로 검출되었고 아울러 비행장 배출수에서도 비교적 고농도가 검출되었다."

조사에는 도쿄도 환경국이 정기 검사를 위해 각 사업소 배수구에서 채취해 도환연에 넘긴 시료를 사용했다. 특히 눈길이 갔던 부분은 표6에 발췌한 4곳의 데이터였다.

표6   단위: ng/L

전자부품 디바이스 제조 공장D	58,000
비행장 배출수A	23~83
비행장 배출수B	67~410
운송용 기계 제조 공장	240

두드러지게 농도가 높은 '전자부품 디바이스 제조 공장D'를 논문에 실린 약도에서 찾아보면 얼추 '비행장'의 북쪽 또는 북서쪽 언저리에 자리 잡고 있다. 이때 전자부품 디바이스란 제조 과정에서 과불화화합물을 사용하는 반도체를 의미한다. 당시 반도체 회사들의 제조 공장이 오메시에 모여 있었다.

하지만 도쿄도 환경국이 정기적으로 실시하는 지하수 수질 검사 데이터를 살펴보면 오메시에서는 과불화화합물이 거의 검출되지 않았다. 2009년에 검출된 18ng/L를 제외하면 7년 동안 '검출 정량 한계치 미만'으로 표시되어 있다. 지하수가 오염되지 않았다면 지극히 고농도의 PFOS를 함유한 전자부품 디바이스 제조 공장D의 배출수는 하수관을 통해 하수처리장으로 보내진 후 다마강으로 방류되었다고 보는 편이 자연스럽다.

다음으로 240ng/L가 검출된 '운송용 기계 제조 공장'은 약도 상으로는 무사시무라야마시*나 오메시 주변에 있는 공장인 듯했지만 분명하게는 알 수 없었다. 카를로스 곤 전 사장이 폐쇄한 닛

---

* 武蔵村山市, 다마 지역 북부에 있는 도시 이름.

산 자동차 무라야마 공장*일 가능성도 있으나 닛산 자동차는 과불화화합물 사용 여부를 묻는 질문에 "사용하지 않았다"고 답했다. 닛산 자동차의 답변이 사실이라고 가정하면 남은 곳은 '비행장'이다. 논문에 정확한 명칭은 실려 있지 않았지만 도쿄도 내 비행장은 3곳뿐이다.

'비행장'은 어디인가

도환연은 다마강 중류에서 오염원 조사를 수행했으므로 다마강 하구 근처에 있는 하네다 공항은 일단 제외된다. 남은 곳은 도쿄 먼바다의 하치조지마섬 같은 외딴섬으로 가는 비행편이나 세스나기 같은 경비행기가 주로 이용하는 조후시의 조후 공항과 다치카와시·훗사시 등 여러 지자체에 걸쳐 있는 주일미군사령부 요코타 기지다. 두 곳 모두 다마 지역에 있다.

약도에는 다마강 좌안에 'A 하수처리장'이, 우안에 'B 하수처리장'이 표시되어 있었다. 두 하수처리장이 강을 끼고 마주 보고 있는 곳이라면 도쿄도 내에 한 군데밖에 없다. A 하수처리장은 아키시마시에 있는 '다마강상류처리장'으로, 지리적으로 보았을 때 이곳에 배출수를 보내는 비행장은 요코타 기지였다. 확실한 답을 얻기 위해 논문을 작성한 주임연구원 니시노를 만나러 도

---

* 무사시무라야마시 소재의 닛산 자동차 옛 공장. 2001년 폐쇄되기 전까지 닛산 자동차의 주력 생산 공장이었다. 1999년 취임한 카를로스 곤 당시 사장의 경영 개혁 활동으로 폐쇄가 결정되었다.

환연을 방문했다.

"조사 보고서에 '비행장'이라고 적힌 곳은 요코타 기지겠지요?"

"비행장은 그냥 비행장입니다."

"하수처리장의 위치로 봤을 때 요코타 기지밖에 없더군요."

"글쎄요. 제가 말씀드릴 수 있는 건 비행장이라는 사실뿐이라서……."

정확한 명칭은 민감한 사안인지 이야기가 겉돌 뿐 분명한 대답은 들을 수 없었다. 하릴없이 요코타 기지가 소재한 다치카와 시와 훗사시의 도서관을 뒤져 보았지만 이렇다 할 자료는 없었다. 뒤늦게나마 웹에서 검색해보니 다마 지역 하수도와 연관된 검색 결과가 딱 한 건 있었다. 무사시무라야마시 내 도서관에 있는 자료인 모양이었다. 전화로 물어보니 여전히 소장 중이라고 했다. 그 길로 찾아간 도서관은 도서관이라기보다는 작은 도서실 같은 곳이었다. 접수 데스크의 사서가 알은체를 했다.

"아, 전화 주셨던 분이군요. 아마 좌측 창가에 있는 2단 책장 안쪽에 있을 거예요."

책등에 적힌 제목을 하나씩 눈으로 훑었다. 잠시 후 책장 아래 칸 한쪽 구석에서 시선이 멈췄다. 『다마 지역 하수도 맵』이라고 적힌 책등을 당기니 1994년에 발행된 책 표지에 '도쿄도 하수도국 유역하수도본부'라고 쓰여 있었다. 페이지를 넘기자 간선 하수도와 지선 하수도가 잔뜩 그려진 지도가 시·정·촌별로 묶여 있었다. 도환연 논문에 실린 약도와 비교해 보니 지선의 영문 표기가 가타카나로 바뀌었을 뿐 하수도 망이 펼쳐진 모습은 정확히 겹쳤다. PFOS가 고농도로 검출된 '비행장 배출수 A·B'로 추정되는 하수도 지선이 요코타 기지에서 뻗어 있었다.

다만 도환연에서 측정한 값은 각 사업장의 배출수 농도였으므로 비행장에서 PFOS를 사용했다는 사실을 뒷받침할 증거는 되지만 비행장 배출수로 지하수가 오염되었다는 증거라고 보기에는 무리가 있었다. 전자부품 디바이스 제조 공장D와 마찬가지로 배출수가 하수관을 통해 하수처리장으로 보내졌을 가능성도 있기 때문이다. 따라서 요코타 기지가 지하수 오염원이라고 잘라 말할 수 없었다. 하지만 항공기 화재 시 사용하는 포소화약제에는 과불화화합물이 포함되어 있고 미국과 오키나와 미군 기지 주변에서 이미 오염이 발견된 바 있다. 환경오염에 정통한 전문가들은 입을 모아 말했다.

"소방 훈련에서 사용한 포소화약제가 토양에 그대로 스며든 것이 아닐까요."

소방 훈련장을 발견하다

요코타 기지는 다마 지역 내 다섯 개 시와 한 개 정 즉, 훗사시·하무라시·아키시마시·무사시무라야마시·다치카와시·미즈호정에 걸쳐 있다. 도쿄 돔 약 150개 넓이에 달하는 드넓은 부지 중 소방 훈련을 하는 곳은 어디일까. 먼저 발길이 향한 곳은 기지 근처에 있는 전 주일미군 일본인 노동조합 도쿄지부였다. 미군 기지에서 일하는 일본인 노동자들의 조직이다.

"미군 기지에서 낸 구인 공고를 보고 지원해 직원으로 채용된 사람 중 일부가 훈련을 받고 기지 내 소방사로 일합니다. 그러니까 기지 내 소방사는 일본인인 셈이지요."

조합 관계자는 일반 시민에게도 공개된 적 있는 기지의 항공사진을 컴퓨터 화면에 띄웠다.

"여기가 소방 훈련장입니다."

사진에는 회색빛 원형 광장처럼 보이는 장소가 찍혀 있었다.

"이 광장 한가운데 비행기가 있어서 화재 훈련 때 비행기를 향해 일제히 물을 뿌립니다. 다만 요즘 들어서는 훈련을 안 하는 듯 하더군요."

정면 게이트에서 가장 먼 북동쪽 한 모퉁이⋯⋯. 설명을 듣고 나는 곧장 사무실을 빠져나왔다.

기지의 펜스를 따라 차를 몰아가다 보니 금세 주소 표지판이 훗사시에서 미즈호정으로 바뀌었다. 얼마 안 가 주택가로 접어들었고 골목을 헤집으며 좁은 길을 통과하고 있자니 돌연 시야가 탁 트였다. 주위에 밭이 펼쳐지고 눈앞에 기지가 나타났다. 밭 옆으로 난 길을 그대로 달려 기지 경계까지 다가가자 검붉은 갈색을 띤 비행기가 펜스 너머에 선명히 모습을 드러냈다. 소방 훈련에 쓰는 모형 비행기인 듯했다. 비행기는 지름 100m 정도의 포장된 광장 한가운데에 놓여 있었고 주변에는 잔디가 자라고 있었다. 여기서 포소화약제를 사용했다면 그대로 지표에서 토양으로 스며들어 지하수에 도달하게 될 것이다. 이 훈련장은 2015년에 미군에서 작성한 문서인 「CV-22(미군 수송기의 한 종류인 '오스프리'를 뜻함)의 요코타 비행장 배치 환경 검토」[2]에 '소화 훈련 구역'으로 명기되어 있다.

소방 훈련은 얼마나 자주 실시하고 폐수는 어떻게 처리할까. 소방 훈련에 사용한 포소화약제에 PFOS는 포함되어 있었을까. 도환연에서 작성한 다른 자료를 나중에 발견했는데 그곳에는 이렇게 쓰여 있었다.

"옛 미군 소방 훈련장의 지하수에서 PFOS 검출"

하지만 다른 정보는 없었다.

웹 페이지에서 사라진 조사 결과

미군 측을 방문하기 전에 가능한 한 많은 정보를 모으고 싶었다. 주일미군이 일으킨 환경오염을 누구보다 잘 알고 있는 저널리스트의 얼굴이 바로 떠올랐다. 존 미첼. 영국 웨일스 출신으로 현재 일본 가나가와현에 산다. 일본의 <정보공개법>에 해당하는 미국의 <정보자유법(FOIA)>에 따라 공문서를 입수해 주일미군 기지에서 발생한 '기지 오염'의 실태를 밝히는 일을 해왔다. 오키나와현의 가데나 기지와 후텐마 기지, 야마구치현의 이와쿠니 기지*에서 발생한 포소화약제 누출 사고를 비롯한 수많은 환경오염 실태를『추적, 주일미군지위협정과 기지 공해』라는 책으로 정리했다. 다만 과불화화합물 오염을 다룬 장에서 요코타 기지의 이름은 빠져 있었다. 그렇다고 요코타 기지만 예외일 리는 없다.

요코타 기지 내 취수정에서 퍼 올린 지하수를 먹는물로 사용한다면 미군은 틀림없이 수질 조사를 했을 것이다. 홈페이지에 들어가 보니 매년 7월경에 전년도 수질 조사 결과를 게시하고 있었다. 2017년에 게시한 2016년 수질 보고서[3]에는 약 10종의 물질을 측정한 결과가 'Yokota Water System'과 'Tama Water

---

* 일본 자위대와 미 해병대가 함께 사용하는 항공 기지.

System'의 두 계통으로 나뉘어 나열되어 있었다. PFOS·PFOA 에는 '새롭게 등장한 화학물질'이라는 문구와 함께 설명을 덧붙였다.

"얼룩지지 않는 카펫과 소화약제, 눌어붙지 않는 조리 기구, 가구 코팅, 식품 포장재 등 다양한 제품에 사용된다."

EPA가 PFOS·PFOA 합계 70ng/L 이하의 먹는물 권고치를 설정한 일을 계기로 미군 기지에서도 이들 물질을 수질 검사 항목에 포함한 듯했다. 측정 결과는 따로 적혀 있었다.

"35.2ng/L"

예상과 달리 미 권고치의 절반 정도였다. 오염 발생 원인으로 "포소화약제 포함 성분"이라고 명기해 요코타 기지 내 취수정에서 검출된 PFOS·PFOA가 포소화약제에서 비롯되었다는 사실을 미군 스스로 인정하고 있었다.

이후의 농도 추이는 어땠을까. 웹페이지를 뒤져봐도 다음 해인 2017년의 자료가 없었다. 어째서 없을까. 수질 검사 보고서 마지막 장에 적힌 제374항공의학중대에 전화를 걸었다. 생물환경공학과 담당자는 "부대원과 가족, 기지 내 노동자 등을 위한 자료이므로 게시하지 않는다"고 답했다. 하지만 2016년 자료는 웹페이지에 올라와 있다. 2017년 자료만 공개하지 않는 이유를 다시 물었으나 답변은 없었다. 혹시 농도가 높아 게시하지 않기로 한 것은 아닐까. 미군이 기지 내에서 측정한 수치가 미 권고치를 넘겼다면 특종이다. 심장 박동이 빨라졌다. 하지만 어떻게 해야 조사 결과를 손에 넣을 수 있단 말인가.

요코타 기지에서 발생하는 소음을 감시하는 시민 단체에 이어 이 지역을 지역구로 둔 정치인까지 찾아가 봤지만 누구에게도 정보는 없었다. 심지어 과불화화합물 혹은 PFOS·PFOA라는 말조차 금시초문이라고 했다. 보도되는 일이 좀처럼 없으니 모른다는 말도 이해가 갔다. 기지 내 노동자들에게서도 단서가 될 만한 정보를 얻지 못해 결국 취재의 실마리가 끊어지려던 참이었다.

SNS로 알게 된 지역 주민을 통해 우연히 기지 관계자와 연락이 닿았다. 2017년 수질 조사 결과를 보내주겠다는 것이었다. 아무래도 조사 결과는 '관계자에 한해서만 공개'하도록 지침을 바꾼 모양이다(2017년 수질 조사 결과는 이후에 공지되었다). 부푼 기대를 안고 관계자가 보내준 PDF 파일을 열었다. 하지만 농도는 미권고치를 크게 밑도는 수치였다.

"18.7ng/L"

이 수치만 본다면 요코타 기지가 오염원이라고는 말하기 어렵다. 그렇다고 낙담하기는 일렀다. 드넓은 기지 내 여러 취수정 중 어느 곳에서 측정했는지가 불분명하기 때문이다. 오염원에서 멀리 떨어진 취수정에서 측정한 탓에 농도가 낮게 나왔을 가능성도 있다. 아울러 이 수치가 정화 공정을 거쳐 PFOS를 제거한 뒤의 농도라면 원수인 지하수의 농도는 더욱 높을 것이다. 결국 이 수치만으로는 기지 내 지하수가 얼마나 오염되어 있는지 판단할 수 없다는 결론에 이르렀다. 취재는 다시 원점으로 돌아갔다.

1993년 연료 누출 사고

더 확실한 증거를 잡기 위해 공문서를 헤집었다.

요코타 기지를 소관하는 도쿄도시정비국에 '환경 사고 관련 기록 일체'를 공개 청구하여 받은 과거 10년 동안의 자료는 1,000장이 넘었다. 대형 파일철 2개를 꽉 채우고도 남는 서류의 대부분은 과불화화합물과 관계없는 자료였다. 그러다 한순간, 페이지를 넘기던 손이 멈췄다.

「요코타 기지 항공 연료 누출 사고 경위」

1993년에 JP-4라 불리는 제트 연료 68kL가 누출된 사고의 경과를 A4용지 1장으로 요약한 문서였다. 아울러 사고 발생 10년 후, 미군이 최종 보고서를 작성했다는 사실도 다른 문서에서 확인했다. 최종 보고서에 지하수와 관련된 정보가 있지 않을까. 기대를 안고 찾아보았다. 요코타 기지가 소재한 훗사시와 다치카와시는 물론 도쿄도와 방위성까지 조회해 보았지만 보존 기한이 지나 폐기된 탓에 보관하고 있는 곳은 한 군데도 없었다. 다른 방법은 없을까.

신문 데이터베이스에서 관련 기사를 추적하다 사고 1년 후 작성된 기사에서 익숙한 단어를 발견했다. '피스디포'였다. 오랜 시간 수집해 온 미군 관련 1차 정보를 바탕으로 주일미군 기지의 실태를 밝히는 NPO이다. 비록 최종 보고서는 아니었지만 이곳에 1차 조사 분석 보고서가 보관되어 있다는 사실을 확인했다. 오랫동안 대표를 역임했고 지금은 특별 고문을 맡고 있는 우메바야시 히로미치에게 메일을 보내자 금방 답변이 돌아왔다.

"문의하신 자료를 보관 중입니다. 분량이 많기는 하지만 (…) 열람하실 수 있습니다."

요코하마시 고호쿠구에 있는 사무실을 찾아갔다. 우메바야시 고문은 나를 현관 옆에 있는 작은 방으로 안내했다. 쌓아 올리면 20cm는 족히 될 법한 영문 문서가 책상 위에 놓여 있었다.

"편하게 보세요."

안내받은 대로 페이지를 넘기자 「요코타 기지 JP-4 누출 사고 1차 조사 분석 보고서」라는 제목이 나왔다. 사고 1년 후인 1994년에 작성한 문서이다. 누출된 제트 연료의 농도와 조사 방법, 오염 제거 방안 등을 훑으며 페이지를 넘겼다. 내가 찾고 있는 것은 지하수를 뜻하는 'groundwater'라는 단어였다.

미군 문서에서 발견한 화살표 하나

사고 보고에 이어 수질 조사 결과와 지질 분석 자료, 잠시 뒤에는 누출 사고 발생 현장으로 보이는 장소의 개략도가 나왔다. 자세히 보니 지하수 조사 지점을 표시한 도면이었다. 제트 연료 누출 지점을 의미하는 ×가 활주로 동쪽에 있는 진입 램프 유도로(誘導路) 부근에 표시되어 있었다. 누출 지점 옆에 그려진 화살표 하나에 시선이 꽂혔다.

"APPROXIMATE GROUNDWATER FLOW DIRECTION"
화살표는 지하수 흐름 추정 방향을 나타내는 표시였고 북쪽을 의미하는 'N'의 거의 정반대 쪽을 가리키고 있었다. 요코타 기지 내 항공 연료 누출 지점 부근에서 지하수는 아마도 '남남동' 방향으로 흐른다고 예상된다. 어렵게 발견해 낸 25년 전 미군 문서 안에 중요한 힌트가 있었다.

게다가 사고를 시간 순서대로 정리한 자료에는 흥미로운 정보가 들어 있었다. 연료 누출 사실이 드러나고 얼마 지나지 않아 도쿄도는 관련 부서를 소집해 요코타 기지 항공 연료 누출 사고 대책반을 꾸렸다. 대책반은 기지 주변에 있는 취수정 중 일부를 '요코타 기지 모니터링 취수정'으로 지정하고 벤젠, 트리클로로에틸렌과 같은 유해물질을 매년 측정하기로 결정했다. 모니터링 취수정은 총 18곳으로 수도국 관할이 5곳, 복지보건국 관할이 10곳, 환경국 관할이 3곳이었다. 수도국은 지하수를 수돗물 수원으로 삼은 정수장의 수원 취수정을, 복지보건국은 개인 소유 취수정 중 먹는물 용도로 사용하는 곳을 측정했다. 환경국은 먹는물 용도로 사용하지 않는 사업장용 취수정을 측정했다. 하지만 사고 발생 이후 10년간 기준치를 넘는 유해물질은 거의 검출되지 않았고, 미군이 최종 보고서를 제출하자 대책반은 3년 뒤 모니터링 조사를 중단하기로 정했다.

하지만 조사 중단 시점을 앞둔 2007년, 다른 누출 사고가 연달아 드러났다. 『아사히신문』이 과거 8년 동안 요코타 기지에서 유해물질 누출 사고가 90건이나 있었다고 보도했고 여기에 기름을 붓기라도 하듯 또 한 번 제트 연료가 대량으로 누출되는 사고가 발생했다. 도쿄도의 확인 결과, 누출된 오염물질은 기지 내

측구를 통해 저수지로 흘러들었고 날씨에 따라서는 우수관을 거쳐 기지 외부에 있는 강까지 흘러들어 갈 가능성이 있었다. 덕분에 모니터링 중단 결정은 막바지에 이르러 보류되었다.

그로부터 3년 뒤인 2010년, 조사 중단을 둘러싸고 관계자들이 다시 의견을 나누었다. 당시 회의록을 통해 대화 내용을 재구성해 보자.

수도국　"측정 결과 매해 '이상 없음'으로 나온다. (…) 주변에 미치는 영향이 적다고 판단된다면 매듭을 지을 때도 되지 않았나. 예를 들어 이 분야에 경험 많은 교수의 의견을 청취한다든가 하는 식으로 적절한 조치가 필요하다고 보는데."

환경국　"지하수 오염을 판단하기란 쉽지 않은 일일뿐더러 얼마나 지나야 유해물질이 검출되는지도 알 수 없다. 지하수 흐름도 계절에 따라 바뀐다. 3년이 지났으니 조사를 중단하자는 말도 일리는 있지만 그래도 지금 상황에서 결론을 내기란 쉽지 않다. 중단 이유를 설명할 수 있어야한다. 아울러 조사를 중단한 뒤 즉시 대응할 수 있는 체제가 갖추어져 있는지도 중요하다."

복지보건국　"조사를 중단하려면 합당한 명분이 있어야 한다. (…) 중단 시점을 고려해야 한다는 의견에는 동의하지만 땅속이다 보니 판단하기가 어렵다."

수도국　“지사본국* 차원에서 수문학에 정통한 전문가의 의견을
　　　　　　물어 어떤 부분을 확인하면 판단을 내릴 수 있는지 논의
　　　　　　해보면 되지 않을까.”

하지만 결론을 짓지 못한 채 조사 중단 결정은 미뤄졌고 요코
타 기지 주변의 모니터링 취수정 조사는 25년 동안 계속 이어져
왔다. 그리고 이 조사는 이후 오염원 추적이라는 난해한 취재에
한 줄기 빛이 되어 주었다.

포소화약제 3,000리터 누출

나는 환경국과 수도국에 이어 복지보건국을 찾아갔다. 개인
소유의 먹는물 취수정과 병원이나 대학교 등이 먹는물 용도로
소유한 대형 취수정을 관리하는 복지보건국에서 정기적인 조사
를 하고 있다면 다마 지역 취수정 역시 그 대상이리라는 생각이
들었기 때문이다.

취재에서 복지보건국은 자체적으로 PFOS·PFOA의 임시 조
사를 수행하고 있다는 사실을 밝혔다. 오키나와 매체의 보도가
계기였다고 했다. 2018년 12월 18일 자 『오키나와타임스』 신문
1면에는 이런 기사가 실렸다.

---

* 도쿄도의 재정·정책 기획 및 입안을 담당하던 조직. 2014년 폐지 후 관련 업무는
정책기획국으로 이관되었다.

"요코타에서도 유해물질 누출"

앞서 언급했던 존 미첼이 쓴 기사였다. 대학 강사 겸 『오키나와타임스』의 특별기자인 존 미첼은 미국 <정보자유법>에 따라 입수한 미군의 「누출보고서(2012년 11월 29일 자)」를 바탕으로 특보를 작성했다. 기사에 따르면 2012년 요코타 기지에서 약 3,000L로 추정되는 포소화약제가 누출되었다.

"BDG530 남단에 있는 포소화약제 저장 탱크가 비어 있었다. 포소화약제는 탱크에서 서서히 새어 나간 뒤 콘크리트 바닥 판의 연결부를 통해 토양으로 흡수된 것으로 보인다. 누출은 1년 이상에 걸쳐 진행되었을 가능성이 있다. 저장실 중앙에 있는 하수관에 결함이 없었다는 사실은 오랜 시간에 걸쳐 누출되었으리라는 추측을 뒷받침해 준다. 소방대원이 관찰한 바에 따르면 2주 동안 누출이 급격하게 진행되었거나 가속되었다."

탱크 바닥에 있는 배관 설비와의 연관성은 짚었으나 누출 원인은 명확하게 나타나 있지 않았다. 다만 당시 저장실에서는 다양한 물품을 나무 팰릿에 올려 보관하고 있었다고 한다.

"포소화약제 누출을 눈치채지 못했던 이유 중 하나"

보고서에는 이렇게 쓰여 있었다.

조사가 더 필요하겠지만 일단 요코타 기지의 포소화약제 사용과 누출 사고 발생을 처음으로 확인했다. 요코타 기지가 오염원이라는 사실의 방증이기도 했다.

한편 미군은 이 사실을 방위성에 알리지 않았다.

보도 직후 실시한 임시 조사

도쿄도청에서는 도쿄도시정비국이 『오키나와타임스』의 기사를 복사해 관련 부서에 팩스로 전달했다. 그중 한 군데가 복지보건국이었다.

과불화화합물은 인체 건강에 미치는 영향의 평가가 보류되었다는 이유로 요코타 기지 주변 모니터링 취수정에서도 조사 대상 물질은 아니었다. 하지만 이 정도 규모로 PFOS가 누출되었다면 지하수가 오염되었을 가능성이 컸다. 누출이 의심되는 이상 조사를 하는 편이 좋다. 마침 먹는물 취수정 정기 조사가 막 끝난 시점이어서 지하수 시료도 남아 있었다……. 그렇게 임시 조사가 결정되었다.

요코타 기지 주변 모니터링 취수정 4곳을 포함한 총 61곳의 취수정을 측정한 결과 8곳에서 미 권고치인 70ng/L를 넘어섰다. 그중 2곳은 모니터링 취수정이었다(표7). 도쿄도가 지정한 모니터링 취수정에서 고농도의 PFOS가 검출되었다는 사실은 도쿄도가 요코타 기지를 오염원으로 인정한 바나 다름없었다.

표7   단위: ng/L

다치카와시	1,340(PFOS 1,200, PFOA 140)
무사시무라야마시	143(PFOS 100, PFOA 43)

1,340ng/L이면 미 권고치의 19배가 넘는다. 당시에는 일본

에 과불화화합물의 수질 기준이 없었으나 이후 2020년에 후생노동성이 설정한 잠정 목표치인 50ng/L와 비교하면 약 27배에 달하는 수치다. 정보공개청구를 통해 손에 넣은 복지보건국 자료에 따르면 이 취수정에서는 과거에도 고농도의 과불화화합물이 검출된 적이 있었다. PFOS·PFOA의 합계 농도를 발췌한 자료가 표8이다. 2018년 데이터는 임시 조사 시 측정된 값이다.

표8

단위: ng/L

2008년	1,265
2010년	1,130
2015년	730
2018년	1,340

지하수 농도는 10년이 지나도록 변함이 없다. 아니, 오히려 높아지고 있다. 중간에 일시적으로 낮아졌다가 이후 2배 가까이 상승한 이유는 알 수 없으나 이전에 지하수 전문가들이 해준 말들이 떠올랐다.

"흐르는 강과 달리 지하수는 거의 움직이지 않습니다."

따라서 한번 오염되면 오염 물질은 쉽게 사라지지 않는다. 과불화화합물은 잘 분해되지 않고 쉬이 축적되기 때문이다. 수치가 이 사실을 말해주고 있었다.

50년 전 취수정 목록

미 권고치를 넘어선 모니터링 취수정 2곳은 어디일까. 단서가 될 법한 자료는 내가 가지고 있던 옛 취수정 목록 사본으로 도환연의 전신인 도쿄공해연구소가 작성한 「수도권 심층 지하수 취수정 자료 목록(1973년)」과 소방청 소방연구소가 작성한 「무사시노 평지의 지표수 및 지하수 측정 자료(1968년)」였다. 모두 도환연 자료실에서 발견한 뒤 혹시 도움이 될지 몰라 복사해 둔 것이었다. 개인 정보 보호 개념이 없던 시기에 만든 문서에는 취수정의 깊이뿐만 아니라 소재지의 번지까지도 기재되어 있었다. 하지만 거의 50년 전 자료인 만큼 이제는 사용하지 않는 취수정도 적지 않으리라.

먼저 알아내야 하는 곳은 지극히 높은 농도인 1,340ng/L가 측정된 다치카와시 취수정이었다. 할 수 있다면 143ng/L가 측정된 무사시무라야마시 취수정도 밝혀내고 싶었다.

도쿄공해연구소의 취수정 목록을 살펴보니 공공 기관이나 기업이 소유한 취수정뿐이었다. 다음으로 개인 소유 취수정의 정보가 실려 있는 소방청 소방연구소의 취수정 목록을 펼쳐 보았다. 약 200페이지에 달하는 목록 속에서 다치카와시와 당시 기타타마군 무라야마정으로 불렸던 무사시무라야마시의 취수정을 추려내니 대강 100곳 정도였다.

취수정별로 붙은 '취수정 일련번호'에는 4만 번대도 있었다. 한때 이토록 활발하게 취수정을 사용하고 있었다는 사실에 놀라

는 한편으로 내가 어렸을 때만 해도 당연한 듯 누렸던 풍부한 수
자원의 기구한 운명에 마음이 복잡해졌다.

어쨌든 후보를 압축할 필요가 있어 보였다. 앞서 살핀 수도국
자료에 따르면 다치카와시에서 이미 운영이 중단된 정수장은 스
나가와 중부 정수장과 니시스나 제1정수장, 니시스나 제2정수장
총 3곳이었다. 이 중 2곳이 소재하는 니시스나정은 요코타 기지
에 인접한 마을이다. 따라서 우선은 니시스나정을 찾아가 보기
로 했다. 취수정 목록에 있는 옛 주소가 현재 어디에 해당하는지
는 시청에 문의하니 금방 알려줬다. 이런 식으로 니시스나정에
있는 취수정을 현재 주택 지구가 그려진 지도에 표시하면 준비
완료다.

하지만 막상 가지고 있던 목록을 들고 찾아가 보니 취수정으
로 보이는 구조물은 보이지 않았다. 주민에게 물어봐도 취수정
은 사용하지 않는다고 했다. 땅을 사고파는 동안 메웠을까.

"글쎄요. 옛날 일은 잘 모르겠네요."

같은 대화가 세 번 반복되었다. 50년 넘는 세월이 지났으니 당
연한 일일지도 모른다. 그래도 주민들과 이야기를 나누는 동안
근처에 오래된 우물이 있다는 정보를 얻기도 했다. 알려준 대로
찾아가 초인종을 누르자 고령의 여성이 현관문을 열고 나왔다.

"예전에 팠던 깊은 우물이 있는데 몇 년 전인가 검사하러 와서
는 이제 못 마신다고 하더군요."

고도경제성장기에는 양수하기에 따라 지하 수위가 내려가거
나 이런저런 환경 오염이 발생하기도 했다. 지하수는 점점 마시

지 못하는 물이 되어 갔다.

"요즘도 뭐가 있나요?"

과불화화합물이라고 대답하자 여성은 고개를 저었다.

"글쎄요. 처음 듣네요. 지금은 밭에 물 줄 때 말고는 안 써요."

오염된 모니터링 취수정을 찾다

다시 한 손에 지도를 들고 돌아다니다 길가에 면한 공원에서 비상용 취수정 표지판을 발견했다. 자연재해가 발생해 수돗물 공급이 끊어지면 지하수는 귀중한 수원이 된다. 하지만 제3장에서 언급했다시피 지하수를 수원으로 하던 이 지역 정수장은 1, 4-다이옥세인이라고 불리는 화학물질이 수질 기준 이상으로 검출되어 15년도 더 전에 운영을 중단했다. 아무리 재해 시라고는 하지만 그런 지하수를 마셔도 되는지 우려스러웠다.

생각에 잠겨 길을 걷는데 널따란 부지의 한 모퉁이에 놓여 있는 은색 통 같은 물체가 눈에 들어왔다. 아무래도 대형 취수정 같았다. 손에 든 지도에 표시되어 있지 않은 것으로 짐작해 보건대 그리 오래된 취수정은 아닌 듯했다. 주인인 듯 보이는 여성에게 말을 건넸다.

"깊이는 100m 넘을걸요. 언제 팠는지는 정확하게 기억이 안 나는데 1990년대 들어선 다음이니까 아직 30년은 안 지났으려나."

1960년대 후반에 만들어진 취수정 목록에 적혀 있지 않은 이유였다.

"여기서 퍼 올린 물을 먹는물로 쓰시나요?"

"아니요. 일할 때만 쓰니까 마실 일은 없어요."

아무래도 먹는물 취수정은 아닌 듯했다.

"도쿄도에서 수질 검사한다고 나오지는 않나요?"

"아, 이건 요코타 기지 그거니까요."

나도 모르게 귀를 가까이 가져갔다.

"요코타 기지 그거요?"

"요코타 기지에 뭐가 있어서 지하수가 오염된 건 아닌지 조사하는 모양이더라고요."

먹는물 용도가 아니라면 복지보건국이 관할하는 모니터링 취수정은 아니었다. 그렇다면 환경국 관할의 취수정이거나 도환연이 진행하는 추적 조사에서 고농도가 검출된 취수정일지도 모른다.

"검사하러 오는 사람들은 도쿄도에서 나왔던가요?"

"도인지 시인지는 모르겠는데 매년 업체 직원 같은 사람들이 나와서 측정해요. 아까도 말했지만 우리는 저 물 마시지 않는데도 말이에요."

요코타 기지에서는 지하수 오염도 발생하는군요, 했더니 여성은 작업하던 손을 멈추고 고개를 들었다.

"그러니까 여기는 요코타 기지의 지하수 오염을 조사하는 우물이에요. 관청 사람이 측정하게 해 달라고 왔었으니까."

다음 말을 기다렸다.

"어디 관청이었는지는 기억이 안 나요. 그냥 요코타 기지에서 나온 유해물질을 조사한다고만 했고요."

더 묻고 싶었지만 기분 탓인지 여성의 표정이 험상궂게 바뀐 듯 보였다. 이야기가 너무 요코타 기지에 치우쳐서일까.

"좀 바빠서 그런데 이만하면 될까요?"

이후 취재 과정에서 이곳이 도환연의 추적 조사 대상 취수정이었다는 사실이 밝혀졌다. 2015년에 569ng/L, 2018년에 284ng/L가 검출되었던 취수정이다. 요코타 기지에서는 채 2km도 떨어져 있지 않다. 환경국은 답변하지 않았지만 환경국에서 지정한 3곳의 모니터링 취수정 중 하나일 가능성이 크다.

나는 취수정 주인에게 감사 인사를 전하며 마지막으로 물었다. 근방에서 예전부터 우물을 사용해 온 집은 없나요. 방향만 대강 들었을 뿐이건만 세월이 느껴지는 대문을 보고 내가 찾아갈 집임을 금세 알아챘다. 대문 안에는 커다란 나무가 우뚝 솟아 있고 그 옆에 우물이 보였다. 초인종을 누르자 반쯤 열린 문에서 한 여성이 미심쩍은 표정으로 얼굴을 내밀었다. 기자라고 밝힌 뒤 지하수를 취재하고 있노라고 전했다.

"지금 다마 지역의 지하수를 취재하고 있는데요. 혹시 우물물을 사용하시나요?"

"네, 예전에는 마시기도 했지요."

"지금은요?"

"얼마 전에 보건소에서 나와서 마시는 물로는 그다지 적합하지 않다고 하더군요."

"그게 언제쯤이었나요?"

"글쎄요. 언제였더라……."

"마시는 물로 적합하지 않다는 말은, 무슨 안 좋은 물질이라도 나왔다는 건가요?"

"으음, 뭐였는지는 잊어버렸네요. 어쨌든 이제 안 마시는 게 좋겠다고 했어요."

이전에는 먹는물로 사용했지만 이제 마시지 않는다는 말이었다. 바로 이 취수정이 복지보건국의 임시 조사에서 1,340ng/L가 검출된 모니터링 취수정이었다. 이후 취재를 통해 밝혀낸 사실이다.

그 후 무사시무라야마시의 모니터링 취수정도 찾아냈다. 2019년에 143ng/L, 2008년에 340ng/L가 검출된 이 취수정은 요코타 기지에서 1km도 떨어지지 않은 곳에 있었다.

애초에 도쿄도는 어떤 근거로 모니터링 취수정을 선정했을까. 지하수 흐름을 확인했을까. 아니면 지금까지의 경험으로 찍은 것일까. 도쿄도시정비국의 담당 과장은 말했다.

"예전 일이라 모르겠습니다."

화살표 하나와 동그라미 두 개

미군이 작성한 제트 연료 누출 사고 1차 조사 분석 보고서 안에 지하수 흐름 방향을 표시한 화살표가 있다는 사실은 앞서 설명했다.

6장 오염원을 쫓다

"APPROXIMATE GROUNDWATER FLOW DIRECTION"

지하수가 남남동 방향으로 흐른다는 추정은 이후 미군이 작성한 다른 문서에도 등장해 그 주장에 힘을 실었다.

나는 회사에 들어가자마자 자료실로 가서 요코타 기지 일대 주택 지구의 대형 지도를 복사했다.

먼저 요코타 기지 남동쪽에 파란 동그라미를 그렸다. 도쿄도 환경국과 도환연이 추적 조사를 통해 과불화화합물을 측정하는 동안 569ng/L가 검출된 취수정의 위치였다. 다음에는 파란 동그라미에서 그리 멀지 않은 곳에 빨간 동그라미를 그렸다. 1,340ng/L가 검출된 복지보건국 모니터링 취수정이 있는 곳이었다. 이어 지도상에 흐리게 그려진 요코타 기지를 응시했다. 미리 챙겨 두었던 기지 안내도를 참고해 제트 연료의 누출 지점을 검은색으로 표시했다. 크게 한숨 내쉰 뒤 검은색 표시 지점에 둔 펜 끝을 지하수 흐름 화살표 방향으로 단숨에 당겼다. 그러자 검은 선은 기지의 경계선을 넘어 파란색 동그라미를 스치듯 지났다. 검은 선과 파란 동그라미의 거리는 축척 16,000분의 1의 지도상에서 1.5cm 정도였다. 추정되는 지하수 흐름에서 채 250m도 떨어져 있지 않은 셈이다. 1,340ng/L가 측정된 모니터링 취수정 역시 추정 지하수 흐름에서 50m도 떨어져 있지 않았다. 게다가 제트 연료 누출 지점에서 지하수 흐름 방향과 반대 방향으로 화살표를 연장해 나가자 곧 의외의 장소에 닿았다. 요코타 기지 안에 있는 소방 훈련장이었다.

다시 정리해보자. 요코타 기지의 북동쪽에 있는 소방 훈련장과 제트 연료 누출 지점을 잇는 선은 지하수의 추정 흐름 방향과 겹치고 선을 기지 밖까지 연장하면 도쿄도가 유해물질 누출을 감시하기 위해 선정한 모니터링 취수정이 있으며 이곳에서 지극히 높은 농도의 과불화화합물이 측정되었다.

즉 요코타 기지의 소방 훈련장에서 사용된 포소화약제가 땅속에 스며든 뒤 토양을 통과해 지하수를 오염시키고 그대로 제트 연료 누출 사고 때와 같은 방향으로 흘러 기지 밖의 취수정에 도달했다고 가정해도 모순은 없다. 그래도 지하수 전문가가 지적했듯 지하수 흐름을 직접 확인하지 않는 이상 단정 짓기는 아직 이르다.

6장 오염원을 쫓다

7장

무책임의
연쇄 작용

다마 지역의 오염원이 주일미군 요코타 기지라는 가설은 상당히 신빙성이 높아졌다. 결정적인 증거라고는 할 수 없지만 몇 가지 사실이 이를 방증하고 있기 때문이다. 다시 한번 내용을 정리해보자.

증거가 모였다

첫 번째, 도환연은 2007년도에 비행장, 즉 요코타 기지에서 나오는 배출수에 고농도 PFOS가 포함되어 있음을 확인했다.

두 번째, 도환연은 요코타 기지로부터 약 1.5km 떨어진 취수정에서 2010년 이후 계속해서 고농도의 PFOS를 측정했다. 최대 농도는 569ng/L였다. 이곳은 도쿄도 환경국이 관리하는 요코타 기지 모니터링 취수정 중 하나로 추측된다.

세 번째, 도쿄도 복지보건국이 관리하는 요코타 기지 모니터링 취수정 중 한 곳에서 2008년에는 1,256ng/L가, 2018년에는

1,340ng/L가 측정되었다.

네 번째, 환경국 취수정과 복지보건국 취수정 모두 요코타 기지 내 소방 훈련장 지하를 흐르는 지하수 수맥 근처에 자리하고 있다.

도환연에서 과불화화합물 연구를 이어가고 있는 주임연구원 니시노는 오염원과 관련한 흥미로운 사실을 지적했다.「도쿄도 하천 및 지하수 내 과불화화합물 실태 조사」[1]라는 논문에 따르면 다마 지역 지하수에 포함된 과불화화합물을 분석한 결과 구니타치시, 다치카와시, 후추시 세 지점에서 PFOS·PFOA를 포함한 13종 과불화화합물의 구성비가 유사하다(표9).

표9

단위: %

	PFHxS	PFOS	PFHxA	PFOA
다치카와시	29	41	11	8
구니타치시	38	27	13	12
후추시	38	27	14	8

세 지점 모두 제조·사용이 금지된 PFOS와 PFOS의 대체 물질인 PFHxS(과불화헥산술폰산)가 70% 정도를 차지하고 있으며 PFOA와 PFOA의 대체 물질인 PFHxA(과불화헥산산)는 20% 정도였다. 고쿠분지시 지하수를 분석한 내용은 실려 있지 않았다. 분석 결과를 바탕으로 니시노는 이렇게 고찰했다.

"이들 세 지점은 인접해 있지 않으므로 오염원이 서로 다르다고 생각할 수도 있다. 하지만 과불화화합물의 조성이 유사하다는 사실을 고려했을 때 배출 사업자에 공통된 특징이 있다고도 볼 수 있으므로 향후 조사가 필요하다."

조심스럽게 세 지점의 오염원이 같을 가능성을 언급하며 조사가 필요하다는 결론을 내리고 있다. 덧붙이자면 PFHxS가 요코타 기지에서 배출되고 있다는 사실은 도환연의 다른 조사를 통해 확인된 바 있다.

다치카와시, 구니타치시, 후추시는 요코타 기지의 동남쪽에 나란히 늘어서 있다. 요코타 기지 지하의 수맥이 '남남동' 방향으로 흐른다는 점을 고려하면 이들이 연결되어 있을 가능성도 부정할 수 없지 않을까.

니시노는 도쿄도 토목기술연구소의 지하수 전문가를 찾아가 지하수 흐름을 파악하는 방법을 문의한 적이 있었다.

"그런데 단칼에 거절당했습니다. 그분 말에 따르면 지하수 흐름은 워낙 복잡해 고작 10m 떨어져 있어도 흐름이 달라지기도 하니 직접 조사해보지 않는 이상 뭐라고 이야기할 수가 없다더군요."

오염원 추적 시도는 그대로 멈출 수밖에 없었다고 한다.

책임을 돌리는 도쿄도

한편 요코타 기지에서 배출되는 유해물질을 감시하는 도쿄도 시정비국은 이 문제를 어떻게 받아들일까. 2018년에 다치카와시 모니터링 취수정에서 1,340ng/L의 PFOS·PFOA가 검출된 사실과 요코타 기지의 연관성을 묻자 기지대책과장은 순간 멈칫하더니 말을 골랐다.

"측정한 곳은 복지보건국이니 복지보건국에서 조치를……."

하지만 고농도 화학물질이 검출된 곳은 요코타 기지의 제트 연료 누출 사고 이후 감시의 필요성을 절감하며 설치한 모니터링 취수정이었다.

"항공 연료 누출 사고 대책반은 어디까지나 제트 연료 누출을 논의하기 위한 기구이지 PFOS·PFOA를 논의하는 곳은 아니니까요."

현재 조사 항목에서 빠져 있는 PFOS·PFOA를 향후 추가할 계획은 없는가.

"아까도 말씀드렸지만 항공 연료 누출 사고 대책반은 어디까지나 제트 연료 누출 영향을 조사하기 위한 기구라서……."

구간 반복이 따로 없었다. 다치카와시에서는 도환연의 추적 조사에서도 고농도가 검출된 바 있었다. 어느 국에서 조사하든 결과는 변하지 않는다. 기지대책과가 맡아서 해야 하는 일 아닌가.

"도환연의 지하수 조사는 환경국 담당이라……."

무엇을 물어본들 조직 논리 구실을 내세운 소극적인 답변밖에 돌아오지 않았다. 오염원을 특정할 의사가 없다는 말이냐고 묻자 기다렸다는 듯 대답했다.

"지하수 흐름은 복잡해서 발생원을 알 수가 없습니다. 요코타 기지라고 단정할 수 없지요. 그리고 요코타 기지만 콕 찍어서 조사하기도 좀……."

여태껏 같은 핑계를 반복하며 문제를 미루어 왔으리라. '모르니 조사하자'가 아니라 '모르니 가만히 있자'는 심산이다. 그렇다면 요코타 기지 저장실에서 PFOS가 포함된 포소화약제 3,000L가 누출된 사실은 어떻게 받아들이고 있을까. 기지대책과장은 『오키나와타임스』 보도 후 요코타 기지를 관할하는 방위성 기타칸토방위국*을 통해 미군에게 다섯 가지 항목을 문의했다고 설명했다. 다만 전화로만 요청한 탓에 기록은 남아 있지 않았다.

"전화로도 문의할 수 있으니까요."

상세한 문의 내용을 물었더니 나중에 메일로 보내왔다.

1. 현재 요코타 기지에서는 PFOS가 포함된 소화약제를 사용하는가.

2. 현재 요코타 기지에서는 PFOA가 포함된 소화약제를 사용하는가.

3. 현재 PFOS·PFOA가 포함된 소화약제를 사용하고 있지 않다면 기지 내에 저장된 미사용분은 없는가. 저장하고 있다면 앞으로 어떻게 처리할 계획인가.

4. 요코타 기지의 먹는물 수질 조사 보고서를 보면 PFOS·PFOA 모니터링을 한다고 나와 있는데 모니터링 지점은 Yokota Water System 중 어느 지점인가.

5. 기지 내 지하수 원수의 PFOS·PFOA 농도는 측정하는가. 측정

---

* 도쿄를 비롯한 일본의 간토 지방과 북부 일부 지역을 관할하는 방위성 내부 조직.

한다면 결과는 어떻게 나왔는가.

하지만 『오키나와타임스』에서 보도한 누출 사고 자체나 과거의 포소화약제 사용 여부는 묻지 않았다. 보도 반년 뒤 다마 지역 일부 정수장에서는 수원 취수정의 운영을 중단해야 할 정도로 오염이 확산했는데도 말이다. 기지대책과장의 문의 내용에서 절박함이라고는 찾을 수 없었다.

"사실 PFOS라는 건 최근까지도 전혀 몰랐어요. 이제 막 공부를 시작한 참입니다. 『오키나와타임스』에서 처음 들었거든요. 미군도 참, 그쪽 기자한테 정보 공개를 한다고 우리에게도 알려주었으면 좋았을 텐데 말이죠."

마치 자신들에게는 아무런 책임이 없다는 듯 미군을 탓했다. 미군의 대응을 생각해보면 기지대책과장의 기분도 이해는 된다. 방위성과 미군 사이에서 도쿄도만의 힘으로 할 수 있는 일에는 한계가 있으리라. 하지만 『오키나와타임스』의 존 미첼처럼 미국의 <정보자유법>을 활용하면 적어도 정보 모으는 일 정도는 가능하다.

"미군 답변을 기다리고 있는데 아직도 답이 없어요."

실제로 미군에 문의하기는 했을까. 문의를 했다면 얼른 답변을 달라고 독촉은 했을까.

"기타칸토방위국에 구두로 채근은 했습니다만……."

이날로부터 1년쯤 뒤 기지대책과장은 인사이동에 따라 다른 부서로 자리를 옮겼다. 미군에 문의한 다섯 항목을 후임자에게

7장 무책임의 연쇄 작용

묻자 전혀 들은 바 없다는 반응이었다. 나중에는 이런 말까지 했다.

"괜찮으시다면 미군에 문의했다는 내용을 메일로 보내주실 수 있나요?"

전임 과장이 나에게 보내준 다섯 항목이 실제로는 미군 측에 전달되지 않은 것은 아닐까. 문서가 남아 있지 않다는 사실이 증거였다. 후속 조치가 없는 이유도 그 때문이 아닐까. 후임자에게 다섯 항목을 메일로 보내자 전화가 걸려왔다.

"혹시 모르니 이 메일 지워주실 수 있나요?"

본분을 잊은 무책임한 태도와 자신의 안위만 생각하는 이기적인 발언에 할 말을 잃고 말았다.

공중에 붕 떠버린 도쿄도의 문의

『오키나와타임스』 보도 이후 도쿄도가 문의한 사항을 미군에게 전달했을 방위성 기타칸토방위국은 어떻게 조치했을까. 시곗바늘을 다시 2019년 말로 되돌려보자.

질문지를 보내자 기타칸토방위국 홍보담당자에게서 연락이 왔다.

"문서로 회신은 드리지 않고 있으므로 구두로 말씀드리겠습니다."

그러더니 수화기 너머에서 준비해 둔 문장을 소리 내 읽기 시작했다. 말이 너무 빠른 탓에 메모하는 펜이 속도를 따라가지 못했다. 녹음기에 남은 음성 기록을 바탕으로 내용을 정리해보자. 『오키나와타임스』 보도로부터 11개월이 지난 후의 대화다.

"도쿄도의 문의 내용을 미군에는 언제 전달했습니까? 미군 측에서 답변은 왔습니까?"

"도쿄도의 문의 요청을 받고 즉시 미군 측에 사실관계를 확인했으나 현시점 기준으로 아직 답변을 받지 못한 상황입니다. 미군과 나눈 대화 내용을 상세하게 말씀드릴 수는 없지만 방위성은 현재 PFOS 문제와 관련해 미일 방위 당국 간의 모든 채널을 통해 정보를 교환하고 대응을 협의하고 있습니다."

관료 조직의 전형적인 답변으로 사실상 아무런 답변을 하지 않은 것이나 다름없었다. 애먼 말로 꼬투리 잡힐까 봐 두려워서라기보다는 미군으로부터 정보를 얻지 못한 탓이리라.

"2012년 11월 29일에 포소화약제 3,000L가 요코타 기지 저장 탱크에서 누출된 일이 드러났습니다. 미군은 이 사안을 알린 적이 있습니까?"

"미군 측에서 저희 국으로 통보한 적은 없습니다만 정부는 현재 미군 측에 문의하여 사실관계를 확인하고 있습니다. 방위성 역시 관계 부처와 연계해 사실관계 확인 및 적절한 대응을 하고 있습니다."

예상대로 미군은 방위성에 보고하지 않았다. 놀랄 일도 아니었다. 그보다 방위성 기타칸토방위국에서 '정부'와 '방위성'을 함께 거론한 점이 부자연스럽게 느껴졌다. 국회에서 했던 답변을 그대로 가져왔음이 분명하다.

7장 무책임의 연쇄 작용

"올해, 그러니까 2019년 1월에 요코타 기지 모니터링 취수정에서 고농도의 PFOS·PFOA가 측정되었습니다. 앞으로 어떻게 조치하실 계획입니까?"

"말씀하신 측정 결과가 정확히 어떤 것인지는 분명하지 않습니다만 어쨌든 PFOS·PFOA는 현재 관계 부처에서 각종 조사 수행 및 목표치 설정 등을 검토하고 있으며 미국 내에서도 논의가 진행되고 있으므로 방위성은 이들 논의를 바탕으로 필요한 조치를 취할 계획입니다."

요코타 기지를 관할하는 기타칸토방위국이 도쿄도의 모니터링 취수정 수질 조사 결과를 두고 '어떤 것인지 분명하지 않다'고 했다. 도쿄도가 설명하지 않았는가. 그렇다면 도쿄도에 문의할 의향은 있는가. 또 구렁이 담 넘는 답변이 돌아왔다.

"도쿄도에서 여러 가지 모니터링 조사를 수행하고 있다는 사실은 인지하고 있습니다."

내가 질문한 요코타 기지 모니터링 취수정 조사는 어떤가. 인지하고 있는가. 도쿄도에 확인했는가. 간단한 질문에도 기타칸토방위국은 바로 대답하지 않았다. 잘 이해가 안 된다고 끈질기게 물고 늘어졌더니 일주일 후 홍보담당자에게서 답변이 왔다.

"도쿄도가 실시한 모니터링 조사 결과는 확인할 계획이 없습니다."

귀를 의심할 만한 대답이었다. 이어서 이유를 설명했다.

"현재 관계 부처에서 각종 조사 수행 및 목표치 설정 등을 검토하고 있으며 미국 내에서도 논의가 진행되고 있으므로 방위성은 이들 논의를 바탕으로 필요한 조치를 취할 계획입니다."

지난번과 똑같은 일반론을 반복할 뿐 묻는 말에 답은 하지 않았다.

PFOS를 함유한 포소화약제가 요코타 기지에서 누출되었다는 미군 보고서 기재 사실을 두고 도쿄도가 문의한 시점으로부터 1년이 지나도록 미군은 답변을 내놓지 않았다. 심지어 방위성 기타칸토방위국은 미군에게 답변을 채근하지도 않고 관계 부처와 논의해서 필요한 조치를 하겠다고 할 뿐이었다. 도쿄도가 수행한 모니터링 조사에서 1,340ng/L가 측정되었건만 확인하려고도 하지 않았다. 방위성 역시 미군과 마찰이 발생할 가능성이 있는 사안은 손댈 생각이 없어 보였다.

결국 도쿄도가 미군 측에 문의한 사항은 공중에 붕 떠버렸다. 도쿄도도 방위성도 미지근한 태도로 나온다면 내가 직접 미군에 물어보는 수밖에 없다.

'포소화약제 사용'을 인정한 미군

질문을 작성해 요코타 기지 홍보팀에 보냈지만 감감무소식이었다. 행정기관뿐만 아니라 언론도 얕보는 것이리라. 나는 다시한번 손에 쥐고 있는 자료를 들이밀어 보기로 했다.

"도쿄도가 요코타 기지 근처에 지정한 모니터링 취수정에서 지극히 고농도의 PFOS·PFOA가 검출되었습니다. 도환연의 조사에서도 요코타 기지 근처 취수정에서 연일 고농도가 측정되고 있습니다."

그래도 반응은 없었다. 별다른 진척 없이 3개월이 지났을 때쯤 새로운 소식이 들려왔다.

"주일미군은 2016년 이후에 실시한 소방 훈련에서 PFOS가 포함된 포소화약제를 사용하지 않았음을 방위성에 전달했다."

도쿄도시정비국 기지대책과장이 방위성과 예산을 조정하는 자리에서 들은 말이었다. 현재 사용하지 않는다는 사실을 강조하기 위한 표현이 무척이나 미군답다. 있는 그대로 받아들이면 2016년까지는 PFOS가 포함된 포소화약제를 사용했다는 말이 된다.

앞서 소개한 저널리스트 존 미첼의 저서에 따르면 미군은 1979년에 이미 PFOS를 비롯한 과불화화합물의 위험성을 인지했다. 그렇다면 미군은 PFOS가 포함된 포소화약제를 언제부터, 얼마나 써 왔을까. 책에는 상세한 사항이 나와 있지 않았다.

기지대책과장에게 이 말을 전한 주체가 방위성이었다. 따라서 방위성 안에서 주일미군 기지의 환경문제를 담당하는 지방협력국 반환대책실장에게 확인을 요청했다.

"2016년 이후에 PFOS가 포함된 포소화약제를 사용하지 않았다면 2016년 이전에는 사용했다는 말입니까?"

"2016년까지는 사용한 것으로 알고 있습니다."

여기까지 확인한 후 요코타 기지 측에 최후통첩을 날리기로 했다. 먼저 보낸 질문에 답변하지 않으면 이번 기사에 '미군은 묵묵부답'이라고 작성할 예정이라고 기지 홍보팀에 전했다. 그리고 미국 국방성이 스스로 정한 정보 공개 원칙을 메일에 첨부했다.

"미 국방성은 국민, 의회, 언론이 국가 안전 보장 및 방위 전략과 관련한 사실을 평가하고 이해하는 데 필요한 정보를 시의적절하고 정확하게 이용할 수 있도록 한다."

효과가 있었는지 얼마 지나지 않아 요코타 기지에서 회신이 왔다.

"답변할 의사가 있다."

다시 일주일 뒤 정식 답변이 도착했다.

"도쿄도의 모니터링 조사 및 도환연의 조사는 요코타 기지 담당자를 배제한 상황에서 진행한 조사이므로 결과를 검증하기 어렵습니다."

그렇다면 미군은 기지 내 및 주변 조사를 직접 수행할 의사가 있을까. 묻고 싶은 마음이 굴뚝 같았지만 도쿄도의 문의에 1년 이상 답변하지 않고 있다는 현실을 떠올리면 물어본들 시간 낭비일 것이 뻔했다. 어쨌든 미군은 자신들이 오염원이라는 사실을 긍정하지도 부정하지도 않았다.

이리하여 2020년 1월 6일 자『아사히신문』1면에「요코타 기지 주변에서 유해물질」이라는 제목으로 기사를 썼다. 오염원이라는 표현은 피하고 사실만을 서술했다. 포소화약제에 포함된 과불화화합물에 따른 수질오염이 오키나와뿐만 아니라 도쿄에서도 발생했다는 사실을 두 동료 기자와 함께 처음으로 보도한 것이다.

　　　　　　　　7장 무책임의 연쇄 작용

보도 9일 뒤 고노 다로 방위상과 마크 에스퍼 미 국방장관이 미국에서 만났다. 회담에서 과불화화합물 오염 처리가 의제로 채택되었다고 전해진다. 다만 공식적인 언급은 없었고 요코타 기지나 가데나 기지에 관한 코멘트도 없었다.

1년쯤 뒤 나는 다시 요코타 기지 홍보팀으로 질문을 보냈다. 아무리 생각해도 풀리지 않는 의문이 있었기 때문이다. 미군이 매해 발표하는 수질 검사 보고서 「Drinking Water Quality」에 적힌 농도는 원수인 지하수의 농도일까, 아니면 정수 공정을 거친 먹는물의 농도일까. 독촉에 독촉을 거듭한 끝에 받아 낸 자료는 지하수 이용 시스템 설명서로 수질 검사 대상이 원수인지 정수인지는 적혀 있지 않았다. 이번에도 구렁이 담 넘어가는 답변이었다.

미 국방성은 자국에서 발생한 기지 오염은 순순히 인정하고 정화 처리에도 힘썼지만 주일미군 기지에서는 마치 아무 일도 없는 체하며 정보 제공 요청에도 응하지 않았다. 일본 정부나 지자체 역시 치외법권에 해당하는 펜스 안쪽으로는 관심을 두려고 하지 않는 모양새다. 여기에는 미군의 무한한 자유를 허용하는 주일미군지위협정이라는 장치가 존재한다. 과불화화합물을 예로 주일미군지위협정의 실상을 파헤쳐 보자.

8장

주일미군지위협정
이라는 벽

마구 쓰레기를 버리고 벽을 무너뜨려도 원상복구 해놓을 필
요도, 쫓겨날 일도 없다. 소란을 피우고 화재나 사고를 일으켜도
책임을 묻지 않는다…….

이처럼 세입자가 무슨 짓을 하든 용서하는 조건으로만 계약
을 맺어야 한다면 집을 빌려줄 집주인은 아무도 없을 것이다.
하지만 이런 말도 안 되는 계약의 집주인이 바로 주일미군에게
기지를 제공하는 일본 정부라고 중의원[*] 야라 도모히로는 주장
한다.

"오키나와와 도쿄의 미군 기지에서 나온 PFOS·PFOA로 먹는
물과 지하수가 오염되고 있음에도 사실상 방치되고 있는 이유도
여기에 있습니다. 원인은 무슨 짓을 하든 용서하는 계약, 주일미
군지위협정입니다."

---

* 양원제인 일본 국회에서 하원에 해당한다. 상원인 참의원에 비해 대체로 민의를 더
충실하게 반영한다는 평가를 받는다.

주일미군지위협정은 미일안전보장조약에 기반하여 일본에 주둔하는 미군의 시설 및 부지 사용과 지위를 규정한다. 말하자면 기지라는 셋집을 어떻게 사용해야 하는지를 정한 약속이다. 하지만 지역 주민에게 가장 중요한 환경문제와 직접 관련 있는 조항은 없다. 주일미군지위협정에서 '환경'의 뜻으로 해석할 여지가 있는 부분을 꼽아 본다면 아래 조문의 '공공의 안전'이라는 문구 정도일까.

"미합중국 군대가 사용하는 시설 및 부지에서 이루어지는 작업은 공공의 안전에 부합하도록 수행해야 한다(제3조 3항)."

다만 공공의 안전에 부합하는지를 판단하는 쪽은 미군이다. 이러한 불균형이 드러난 대표 사례가 오키나와 가데나 기지에서 발생한 과불화화합물 오염을 둘러싼 대처였다.

가데나 기지 내에서 과불화화합물이 고농도로 검출되다

2016년 1월, 오키나와현의 수도사업을 운영하는 기업국은 기자회견을 열었다.

"오키나와현 자체 조사를 통해 미군 가데나 기지 주변에서 과불화화합물인 PFOS·PFOA가 고농도로 검출되었음을 확인했습니다."

기업국은 기자회견을 열기 2년 전부터 조사를 거듭해 왔다. 표 10은 기자회견 당시 제시한 자료다.

표10

단위: ng/L

	2014년	2015년
히자강 펌프장	414	590
나가타강 펌프장	218	580
가데나 취수정 평균	77	143
다쿠자쿠강	1379	744

가장 농도가 높은 다쿠자쿠강은 가데나 기지 내를 관통해 히자강과 합류한 다음 나하시와 주변 지역 주민 약 40만 명에게 수돗물을 공급하는 자탄 정수장으로 연결된다. 정수 처리 전이라고는 해도 먹는물 수원에서 지극히 높은 농도의 과불화화합물이 검출되었다는 사실은 오키나와 사람들에게 커다란 충격을 안겼다.

하지만 더 주목해야 하는 항목은 개중에 가장 농도가 낮은 항목, 가데나 기지 내부 취수정들의 평균 농도 값을 나타내는 '가데나 취수정 평균'이다. 이유를 설명하기 전에 오키나와현의 수질 조사 취수정이 가데나 기지 내부에 있게 된 경위부터 살펴보자.

오키나와현 기업국 홈페이지[1]에 따르면 연합군 점령기인 1962년, 류큐수도공사는 오키나와의 수도 시설을 전면 정비하기 위한 기본 계획을 세우고 가데나 기지 안에 15개의 취수정을 설치했다. 덕분에 취수정은 미군 기지 내부에 있으면서도 오키나와현이 소유하는 형태가 되었다. 현재 22곳에 달한다. 표10에 있는 가데나 취수정 평균의 농도값은 문자 그대로 가데나 기지 안에 있는 취수정에서 퍼 올린 지하수를 모아 측정한 값이므로 개별 취수정의 농도에는 차이가 있다.

오키나와현이 조사한 가데나 취수정의 농도를 하나씩 살피다 보니 K-15와 K-16이라는 기호가 붙은 취수정에서 상당히 높은 농도가 측정되었음을 알 수 있었다. 2014년 이후 오키나와현이 해마다 수차례 측정한 값 중에서 최댓값을 표11로 정리했다.

표11

단위: ng/L

	K-15	K-16
2014년	240	655
2015년	279	829
2016년	351	378
2017년	227	376
2018년	271	576

기자회견을 열었던 2016년 당시에는 과불화화합물의 수질 관리 기준이 일본에는 없었다. 이로부터 약 4개월 뒤 미국환경보호청 EPA가 설정한 권고치는 주지하는 바와 같이 물 1L당 PFOS·PFOA 합이 70ng/L였다. K-15, K-16 취수정에서는 미 권고치의 최소 3배 이상, 최대 12배에 가까운 농도가 계속 측정되고 있다. 그런데도 미군은 지금도 자신들이 오염원이라는 사실을 인정하지 않을뿐더러 기지 내 출입 조사마저 거부하고 있다.

오키나와현이 공개한 문서를 바탕으로 오염원 규명을 둘러싸고 오키나와현과 미군 사이에 일어났던 일들을 되짚어 보자.

미군 측에 '샘플 채취'를 요청하다

오키나와현 기업국은 기자회견을 연 직후인 2016년 1월 21일, 방위성 출장 기관인 오키나와 방위국 국장 앞으로 요청문을 보냈다.

「기업국 수원에서 검출된 과불화화합물의 대책 및 요청 사항」

기업국은 요청문을 통해 수돗물에 포함된 PFOS 농도가 일본 내 다른 지역보다 높아 주민들이 크게 불안감을 느낀다고 밝힌 뒤 다음과 같이 호소했다.

"가데나 기지 내 취수정과 가데나 기지를 통과해 히자강으로 유입되는 다쿠자쿠강에서 고농도의 PFOS가 검출된 점, 다쿠자쿠강의 합류점에서부터 히자강의 PFOS 농도가 높아지는 점 등을 고려했을 때 오염물질의 발생원은 가데나 기지일 가능성이 크다고 봅니다."

이미 여러 정황상 가데나 기지 말고는 의심할 만한 오염원이 없음에도 불구하고 오키나와현은 "가능성이 크다"라는 절제된 표현을 골라 쓴 뒤 PFOS가 포함된 포소화약제의 "즉시 사용 중지", "사용 이력 공개", 그리고 "기지 내 샘플 채취"를 미군 측에 요청해 달라고 썼다.

1개월 뒤, 미군에게서 「오키나와 방위국으로 보내는 각서」라는 문서가 도착했다. 제18시설군사령관(미 공군대령)의 이름으로 작성한 이 문서의 제목에 '답변'이 아니라 외교적으로 단순한 메모 정도로 취급되는 '각서'라는 용어를 사용했다는 사실은 문제를 축소하려는 미군의 의도를 잘 보여준다. 내용 중 일부를 발췌했다.

"일본의 공항을 비롯한 전 세계 주요 공항들과 마찬가지로 과거에 가데나 비행장은 PFOS가 포함된 수성막포소화약제*를 사용했습니다. (…) 제18항공단은 PFOS가 포함된 수성막포소화약제 대부분을 PFOS 미포함 제품으로 대체했으며 앞으로도 대체 작업을 계속 이어가겠습니다."

미군은 과거에 PFOS가 포함된 포소화약제를 사용했음을 인정한 뒤 PFOS 미포함 제품으로 대체하고 있다고 설명했다. 하지만 언제부터 사용을 중단했는지는 언급하지 않았다. 게다가 사용 시작 시점은 언제이고 대체 작업은 얼마나 진행되었으며 남은 양은 얼마나 되는지도 밝히지 않았다. 그리고 덧붙였다.

"가데나 비행장은 수성막포소화약제를 업계의 표준적인 관행에 따라 사용하고 있습니다."

그러나 '업계'라는 말은 무슨 뜻이고 '표준적인 관행'이란 무엇을 의미하는지 불분명하다. 애초에 표준적인 사용법을 따랐더라면 누출될 일도 없었을 터이다. 아니면 '미군'이라는 업계에서는 미국 내의 기지가 그러하듯 '누출'이 표준이기라도 하다는 말인가.

---

* 포소화약제의 한 종류이며 주로 원유, 항공유로 발생한 화재를 진압할 때 사용한다.

문전박대 당한 오키나와현

미군의 각서를 전달받은 오키나와현은 각서 내용 중 불명확한 점이 있다며 미군 측에 의문을 제기했다. 5개월이 지난 2016년 7월 27일, 미군의 답신이 왔다. 여기서는 미군이 보낸 문서의 개략적인 내용을 요약했다. 우선 PFOS가 포함된 포소화약제의 사용 현황과 관련한 답변을 정리해보자.

- 미군은 PFOS가 포함된 포소화약제를 훈련이나 시험 목적으로는 사용하지 않고 있다.
- PFOS 포함 포소화약제 약 8,000L가 저장된 소방 시스템이 1곳 가동 중이다.
- 가동 중단한 소방 시스템 2곳에는 약 4,300L의 포소화약제가 남아 있다.
- 이들 포소화약제는 소방 활동에 사용하지 않을 계획이다.
- 남아 있는 포소화약제는 PFOS 미포함 제품으로 대체 작업을 진행하겠다.

이어서 사용 이력을 서술했다.

- 가데나 기지에서 포소화약제를 사용했음 직한 화재는 1994년 이후 4건 발생했다.
- 2001년 이후 의도치 않게 포소화약제가 새어 나간 일이 총 9건

있었다. 이 중 5건은 새어 나간 포소화약제에 PFOS가 포함되었을 가능성이 있고 그 양은 약 1,200L이다.

그러나 언제부터 얼마나 많은 양을 사용했는지는 끝내 답변하지 않았다. 게다가 기지를 통과하는 다쿠자쿠강으로 PFOS 포함 포소화약제가 누출된 일을 알리지 않은 이유와 같은 일을 반복하지 않기 위한 구체적인 대책도 빠져 있었다. 오키나와현이 가장 관심을 가졌던 기지 내 강 및 배수로 샘플 채취 요청에는 이렇게 답했다.

"제18항공단은 먹는물 원수에서 PFOS를 비롯한 고농도의 과불화화합물이 검출된 사실을 엄중하게 받아들여 세심하고 철저하게 본 사안에 임하고자 합니다. 주일미군사령부는 가데나 비행장 내 PFOS가 잔존해 있을 법한 장소 및 물로 혼입되는 경로를 파악하기 위해 문헌 조사를 지시했습니다. 이 절차가 완료되면 함께 조사 결과를 논의할 수 있을 것입니다."

미군은 상황을 엄중하게 받아들인다면서도 문헌 조사를 한 다음 조사 결과를 바탕으로 논의하겠다고 밝혔다. 하지만 문헌 조사의 내용과 시기는 불분명하고 오키나와현이 요청하는 출입 조사와 관련해서도 답변을 피했다.

끝내 발표하지 않은 문헌 조사 결과

오키나와현은 어떻게든 미군과 소통 채널을 유지하기 위해 오키나와 방위국을 포함한 3자 회의를 제안했다. 정보공개청구를 통해 열람한 회의록에 따르면 제1차 회의는 2016년 10월 13일에 열렸는데 문헌 조사가 안건으로 올라온 때는 제3차 회의가 열린 2017년 11월 28일이었다. 이 회의에서 미군은 다음과 같이 발언했다.

"문헌 조사 진행 상황은 발표할 만한 단계가 되었을 때 공유하고 싶다."

문헌 조사를 수행하겠다는 뜻을 밝힌 지 약 1년 4개월이 지난 시점이었건만 아직 발표할 만한 단계가 아니라는 말이다.

방위성의 다른 문서를 입수해 확인한 결과 사실 문헌 조사는 2016년 11월에 실시했다. 미국 텍사스주 샌안토니오에 있는 공군시설기술센터(AFCEC)에서 4명이 조사를 위해 파견되었다. 문헌 조사라는 거창한 명목이었지만 쉽게 말해 과거 기록을 살펴보고 현장을 시찰하는 정도였다. 게다가 제3차 회의가 열리기 1년 전쯤에 이미 끝나 있었다.

2018년 7월 20일에 열린 제4차 회의에서 미군은 드디어 문헌 조사가 끝났음을 알렸다.

"조사 결과 발표 시기는 가데나 기지에서 알 수 없다. 주일미군에 직접 확인해 보는 것도 방법이다."

슬쩍 발을 뺐다. 이유는 미군이 작성한 다른 문서에 나와 있었다.

"미군은 현 단계에서 기지 내부 조사 계획이 없다. 오키나와현 기업국이 적극적으로 대응하고 있기 때문이다."

오염원이라는 혐의를 받고 있는 미군이 오키나와현의 적절한 수질 관리 대응을 이유로 기지 내 조사를 사실상 거부한 셈이다. "생각이 바뀔 가능성은 있다"고 여지를 남기기는 했지만 비정상적인 논리를 들이미는 당당함이 놀라울 따름이다.

결국 3자 회의는 제4차 회의를 마지막으로 더는 열리지 않았고 문헌 조사 결과는 발표되지 않았으며 기지 내 출입 조사도 흐지부지되고 말았다. 이 사례에서도 알 수 있듯 기지와 얽힌 환경 문제를 다루는 미군의 대응은 상식을 벗어나는 측면이 있다.

미국, 차원이 다른 오염

2018년, 미 국방성은 PFOS·PFOA의 배출이 의심되는 미군 시설을 다룬 보고서[2]를 발표했다. 보고서는 우선 PFOS·PFOA가 건강에 미치는 영향을 기술했다.

"조사 대상자를 검진한 결과 PFOS·PFOA는 태아·영유아 성장 저해, 출생률 저하, 콜레스테롤 상승, 면역시스템 기능 저하, 요산 수치 상승, 간 효소 수치 악영향뿐만 아니라 전립선암·신장암·고환암과 연관성이 있다고 의심된다."

오염 배경도 설명했다.

"국방성은 PFOS 포함 포소화약제를 1970년대부터 사용하기 시작했다."

그리고 기지 외부의 공공 및 개인 수도 시설 총 2,445곳을 조사한 결과 564곳에서 미 권고치인 1L당 PFOS·PFOA 합계

70ng을 넘는 농도가 검출되었다고 썼다. 덧붙여 PFOS·PFOA의 배출이 드러났거나 의심되는 미군 시설(반환, 폐쇄 시설 포함)은 2017년 기준 401곳 있다고 밝힌 뒤 그중 90곳의 지하수를 조사한 결과도 보고서에 실었다(표12). 그 내용에 따르면 90곳의 미군 시설에 있는 총 2,668곳 취수정 중 1,621곳의 농도가 미 권고치를 넘겼다.

표12

단위: ng/L

	미군 시설 수	취수정 수	권고치를 넘는 취수정 수
육군	9	258	104
해군	40	1,368	784
공군	39	1,022	719
DLA(옛 미군 시설)	2	20	14
합계	90	2,668	1,621

육군·해군·공군별로 정리한 각 시설의 농도를 살펴보면 1,000,000ng/L 이상도 적지 않아 차원이 다른 오염의 심각성에 혀를 내두르게 된다.

미국 국외에 있는 미군 기지로는 한국과 벨기에의 시설이 언급되어 있었으나 일본은 빠져 있었다. 조사하지 않았는지 조사해 놓고 싣지 않았는지는 알 수 없다. 하지만 보고서가 발표되었을 때는 이미 가데나 기지에서 오염이 발생했다는 사실이 만천하에 드러나고 주일미군사령부가 있는 도쿄 요코타 기지의 포소화약제 누출도 확인된 시점이었다.

미 국방성은 자국 내 오염 해결을 위해서는 관련 정보를 공개할 뿐만 아니라 실태 조사와 오염 제거를 위한 태스크포스도 설치했다. 자국과 외국, 그중에서도 일본에 이중 잣대를 들이대고 있다는 사실은 분명해 보인다.

누락된 '환경' 조항

이쯤에서 일련의 일들의 배경에 놓인 미일 관계 기본 틀을 간단하게 되짚어 보자.

제2차 세계대전이 끝나고 얼마 지나지 않은 1951년, 일본은 전쟁 상대였던 연합국과 샌프란시스코 강화조약을 맺었다. 조약 내용에 따라 일본은 오키나와를 미군의 통치 아래 둔 채 국가로서 주권을 회복하고 국제사회의 일원으로 복귀했다. 아울러 미국과 미일안전보장조약을 체결하고 일본 영토 내 미군 배치 원칙을 정한 미일행정협정도 맺었다.

10년 뒤인 1960년, 미일안전보장조약이 개정되면서 미일행정협정을 대신해 주일미군지위협정을 체결했다. 당시에는 '환경'이라는 개념이 없었기 때문에 환경 관련 항목은 담기지 않았다. 게다가 주일미군지위협정을 통해 미국에 기지를 자유롭게 사용할 권리 즉, 배타적 사용권을 부여했으므로 미국 동의 없이 일본이 기지에 들어가 조사할 수 없게 되었다. 그 결과 기지가 오염원으로 의심되는 환경 사고가 반복해서 발생할 때마다 일본은 속앓이를 해왔다.

제6장에서 잠깐 언급한 바 있는 NPO 피스디포의 특별 고문 우메바야시는 저서 『주일미군』을 통해 오키나와 가데나 기지에서 발생한 PCB 누출 사건*과 다마 지역 요코타 기지에서 발생한 제트 연료 누출 사고 등을 소개한 다음 이 같은 환경 사고의 대책을 논하며 이렇게 평가했다.

"주일미군지위협정에는 실효성 있는 조항이 하나도 없다."

미군이 초래한 오염은 자국에서 사회문제로 주목받기 시작했고 환경 의식은 미국 밖에서도 높아져 갔다. 1973년, 일본과 미국은 미일합동위원회 합의를 통해 주일미군 기지 내 환경문제를 다룬 최초의 약정 「환경문제 협력 방안」을 체결했다. 이어 1995년, 주일미군은 「일본 환경관리기준(JEGS)」을 마련하고 환경문제를 처리할 때는 일본과 미국의 관련 법 중 더 엄격한 쪽을 따르기로 정했다. 다만 관계자의 말을 빌리면 이는 단순히 주일미군의 내규에 불과했다. 결국 주일미군이 일으키는 환경오염은 이후에도 끊이지 않았다.

2015년, 미일 간 환경보완협정이 체결되었다. 1960년 주일미군지위협정을 맺은 이래 법적 구속력이 있는 첫 번째 협정으로, 오염이 발생했을 때 일본이 기지 내부에 들어가 조사할 수 있는 기틀이 마련되었다.

---

* 1986년 가데나 기지 변압기 시설에서 폴리염화비페닐, 즉 PCB가 누출되었으나 미군은 이 사실을 은폐했다.

"기존의 운영 개선과는 다르며 역사적인 의의가 있다."

기시다 후미오 당시 외무상*은 자신만만하게 말했다.

그러나 환경오염 문제 해결의 첫걸음이 되리라는 기대와 달리 미군의 대처는 여전했다. 앞서 등장했던 중의원 야라 도모히로는 이유를 이렇게 설명했다.

"환경보완협정에는 양국 간 약속이 실제로 기능하지 못하도록 조건이 걸려 있습니다."

환경 대책을 사실상 무력화시키는 조건이란 과연 무엇인지 국회에서 있었던 질의답변 현장을 찾아가 보자.

환경보완협정의 허점

가데나 기지의 과불화화합물 오염을 폭로한 오키나와현의 기자회견이 있고 얼마 지나지 않은 2016년 3월 10일, 참의원** 외교방위위원회에서 오키나와 지역 참의원 이토카즈 게이코가 질문에 나섰다.

"가데나 기지로부터 흘러나온 배출수에서 고농도의 과불화화합물이 검출된 사실로 미루어 봤을 때 가데나 기지 안에 오염원이 있을 가능성이 크다고 판단됩니다. 정수장 오염은 심각한 환

---

* 2021년부터 일본 총리를 맡았다.

** 양원제인 일본 국회에서 상원에 해당한다.

경오염이며 주민 불안을 불식시키기 위해서라도 신속한 원인 규명이 필요합니다. 환경보완협정 제4조 및 미일합동위원회 합의 중 출입 조사 관련 항목을 바탕으로 미군 측에 출입 허가 요청을 해야 한다고 보는데 기시다 외무상께서는 어떻게 생각하십니까?"

이토카즈는 환경보완협정 제4조와 미일합동위원회 합의 내용을 근거 삼아 기지 출입 조사를 요청해야 한다고 주장했다. 앞서도 나왔지만 여기서 미일합동위원회란 주일미군지위협정의 실제 운용을 협의하는 기구를 말한다. 제9장에서 더 자세하게 설명한다.

약 5개월 전 직접 환경보완협정에 조인한 기시다 외무상이 답변을 위해 일어섰다.

"환경보완협정에서는 환경에 영향을 미치는 사고, 즉 누출이 현시점에 발생한 경우를 규정하고 있으므로 이 사안은 환경보완협정의 출입 조사 신청 대상이라고 판단하기는 어렵습니다."

환경보완협정은 "기존의 운영 개선과는 다르며 역사적인 의의가 있다"고 장담했던 기시다 외무상은 PFOS·PFOA의 오염원으로 의심되는 가데나 기지에 출입 조사 신청이 어렵다는 의견을 밝히며 깔끔하게 백기를 들었다. 국민을 기만했다는 비난을 받아도 딱히 반박할 수 없으리라.

출입 조사 대상이 아니라는 말에서 엿보이듯 환경보완협정에는 빠져나갈 구멍이 있었다. 환경보완협정 제4조는 출입 조사를 두고 다음과 같이 정하고 있다.

"환경에 영향을 미치는 사고(누출)가 현시점에 발생한 경우 또는 시설·부지 반환과 관련한 현지 조사를 수행하는 경우, 미일합동위원회는 일본 당국이 시설·부지에 적절하게 출입할 수 있도록 절차를 마련·유지한다."

요컨대 눈앞에서 환경오염이 발생하고 있다는 사실을 확인할 수 있을 때만 출입을 인정한다는 조건이 있는 것이다. 과거에 발생한 오염이 밝혀진 경우는 출입 조사 대상이 아니다. 어디까지나 현재진행형으로 일어나고 있는 사고에만 적용되는 규정인 셈이다. 실제로 환경보완협정 체결 후 협정 조항에 근거해 기지 내 출입 조사가 인정된 사례는 6년 동안 2건에 불과했다. 사실 처음부터 우려의 목소리는 있었다.

"환경관리의 법적 기틀을 마련한다는 점에서 주목할 가치가 있다."

참의원 외교방위위원회 조사실의 요코야마 준코는 환경보완협정을 다룬 논문[3]에서 이렇게 평가내리는 한편으로 환경 사고가 발생했을 때 미군 측에서 일본의 출입 신청을 받아들일 의무가 없다는 점을 꼬집었다.

"실제로 주일미군과 엮여 있는 환경문제의 개선으로 이어질지는 재고가 필요하다."

우려가 현실이 된 셈이다.

참고로 외교방위위원회 조사실이란 국회 심의 시 참고 자료를 제공하여 의원들의 활동을 보조하기 위해 설치한 조직이다.

결정권은 미군에

앞서 인용한 기시다 외무상의 답변에는 이어지는 내용이 있다.

"일반화해서 말씀드립니다만 만약 PFOS 포함 가능성이 있는 물질이 누출되었다면 1997년에 약정한 현행 미일합동위원회 합의에 따라 미군 당국의 통보를 받은 후 환경보완협정에 기반해 샘플 조사를 위한 출입 신청을 할 수 있다고 봅니다. 아울러 미군에서 통보가 없었으나 환경오염이 의심된다면 1973년 약정한 미일합동위원회 합의에 따라 미군 측에 조사 신청이나 출입 허가 신청을 할 수 있다고 판단됩니다."

2015년에 체결한 환경보완협정이 아니라 미일합동위원회에서 합의한 내용을 근거로 출입 신청이 가능하리라는 의견을 밝혔다. 그럼 환경보완협정을 체결한 이유는 도대체 무엇이란 말인가. 근원적인 의문은 일단 접어두고 기시다 외무상의 답변 속 두 가지 미일합동위원회 합의를 살펴보자.

우선 미군에서 통보가 왔을 때 적용할 수 있다는 1997년 미일합동위원회 합의 「사건·사고 통보 관련 미일합동위원회 합의」의 내용이다.

"공공의 안전 및 환경에 영향을 미칠 가능성이 있는 사건·사고가 발생했다면 (…) 미군은 (…) 최대한 빨리 외무성 미일안전보장조약과에 통보함과 동시에 신속하게 지역 내 관련 방위 시설국에 통보한다(…). 통보 대상 사건·사고의 예는 아래와 같다."

'아래'에서 언급한 사례 중 하나인 "위험물·유해물·방사성 물질이 오용·폐기·유출·누출되어 실질적인 오염 발생으로 이어진 개연성"이 있는 경우 미군은 외무성이나 지역 방위국에 통보하도록 정해져 있다. 그러나 가데나 기지의 과불화화합물 오염 사건은 2016년까지 미군의 통보가 없었으므로 1997년 합의는 적용할 수 없다. 그렇다면 미군의 통보가 없을 때 적용할 수 있다는 1973년 미일합동위원회 합의 내용은 무엇일까.

(1) 미군 시설·부지에서 발생하는 오염수, 기름, 화학물질 또는 기타 물질로 오염이 일어나 지역 사회의 복지에 영향을 끼쳤다고 판단할 만한 합당한 이유가 있을 때 (…) 미군 현지 사령관 측에 조사를 요청할 수 있다. 조사 결과는 최대한 신속하게 해당 현이나 시·정·촌 혹은 양쪽 모두에 통지한다.

(2) 해당 현이나 시·정·촌 혹은 양쪽 모두가 현지 방위 시설국과 협력하에 문제가 발생한 장소를 직접 시찰하거나 물 또는 토양 (…) 샘플을 오염 발생 장소에서 채취해야 할 때 (…) 현지 사령관은 시찰과 샘플 채취를 허가할 수 있다.

지역 사회의 복지에 영향을 끼쳤다고 판단되는 경우, 즉 기지 주변 주민들의 삶을 위협한다고 판단할 만한 이유가 있다면 지자체는 오염이 발생한 장소의 시찰과 샘플 채취를 요청하고 미군이 이를 허가할 수 있다고 되어 있다.

오키나와 과불화화합물 오염 사례에 적용해 보자. 오키나와현은 가데나 기지 안에 있는 취수정과 기지에서 흘러나오는 강에서 고농도의 PFOS·PFOA를 확인했고 이 물은 나하시 주변 지역에 공급되는 수돗물의 수원이므로 주민들의 삶에 영향을 미쳤음은 명백하다. 그런데도 출입 조사는 실현되지 못했다. 왜냐하면 '미군'을 주어로 '허가할 수 있다'라고 적혀 있는 규정에서 허가할지 말지 결정을 내리는 주체는 어디까지나 미군이기 때문이다. 대안을 제시한 기시다 외무상의 답변에서도 "미군에 조사 요청이나 출입 허가를 신청할 수 있다"고 말하는 데 그쳤다.

요컨대 미군 기지 출입 조사를 위해 1997년 합의에 따르자니 미군이 통보해야 한다는 조건이 있고, 1973년 합의를 따르자니 지역 사회의 복지에 영향을 끼쳤다고 판단할 합당한 이유가 있을 때 '조사 신청을 할 수 있다'고 되어 있을 뿐이다. 어찌 됐든 최종 결정권은 미군이 쥐고 있다. 애초에 두 건의 미일합동위원회 합의에 실효성이 없어 기지 오염이 끊이지 않았기에 체결한 환경보완협정이 아니던가. 그러나 역사적이라는 표현까지 써가며 추켜세웠던 환경보완협정은 '현시점에 발생한 경우'라는 조건이 붙음으로써 효력을 발휘하는 범위가 지극히 한정되어 있

8장 주일미군지위협정이라는 벽

었다.

　게다가 문제점을 인정하기는커녕 미일합동위원회 합의를 들먹이며 마치 출입 조사가 인정된다는 듯 설명하는 기시다 외무상과 정부의 태도는 불성실이라는 말로밖에는 설명이 되지 않는다.

방치된 '출입 조사' 신청

　이 장 첫머리에서 인용한 비유에 상황을 다시 빗대어 보면, 집에서 썼던 유해물질을 아무렇게나 버려 아파트 건물과 주변을 오염시킨 세입자이건만 집 안을 둘러보고 싶다는 집주인의 요청을 거부할 수 있다는 말이다.

　"출입 조사가 실현되지 않는 이유는 미일 간 합의에서 누락된 부분이 있기 때문입니다."

　오키나와에서 선출된 중의원이자 미군 기지 문제를 추적해 온 아카미네 세이켄은 기시다의 뒤를 이어 외무상으로 취임한 고노 다로를 압박했다. 2018년 12월 3일에 열린 중의원 오키나와 및 북방문제 특별 위원회의 회의록 일부를 발췌했다.

　아카미네　"2015년에 체결된 환경보완협정은 미군 기지가 환경오염을 일으켰다고 의심될 때 관련 지자체가 기지 내부에 들어가 조사하도록 하려는 취지 아니었습니까?"

　고노　"환경문제와 관련한 출입 조사는 환경보완협정에 따라

미군이 제공하는 정보를 바탕으로 출입 신청을 하는 방법과 미일합동위원회 합의에 따라 환경오염이 의심될 경우 미군에 조사 요청이나 출입 허가 신청을 하는 방법이 있습니다."

고노 외무상 역시 환경보완협정이나 미일합동위원회 합의에 따라 출입 조사가 가능하다는 식의 답변을 그대로 되풀이했다. 특히 답변 앞부분에서 환경보완협정에 따라 출입 조사를 신청할 때는 미군에서 제공하는 정보가 있어야 한다고 언급한 점이 눈길을 끈다. 환경보완협정에는 오염이 '현재진행형'으로 발생하고 있어야 한다는 조건 외에도 '미군이 제공하는 정보'라는 빠져나갈 구멍이 마련되어 있었다. 마치 출구 없는 미로 같다.

KISE라는 이름의 덫

미리 복선은 깔려 있었다. 2000년에 일본과 미국이 합의한 「환경 원칙 공동 발표」의 '환경오염 대응' 항목에는 다음과 같은 내용이 담겨 있다.

"미국 정부는 주일미군이 일으킨 오염이 주민 건강에 명백하고 위급하며 실질적인 위협이 된다면 어떠한 오염이든 즉각 정화에 임한다는 정책을 재확인한다."

일본에서는 외무상과 방위상이, 미국에서는 국무장관과 국방장관이 참석한 미일안전보장협의위원회, 통칭 '2 플러스 2'에서 결정한 사안이다. 과거 방위성 환경대책실장으로 미군 기지 환경오염 대응을 담당했던 요이치 요시유키에 따르면 이 문장이 미국 환경정화정책의 기본자세를 여실히 보여주고 있다.

"Known, Imminent and Substantial Endangerment"

원문 그대로 썼을 때 앞 글자를 따서 'KISE'라고 부른다. '널리 알려지고' '위급하며' '실질적인' 위협인지가 미군이 정화 책임을 질지 말지 판단하는 척도라는 의미다. 요이치가 주목하는 부분은 가장 먼저 등장하는 'K', 즉 known이라는 형용사다. 바꿔 말해 오염이 널리 알려지지 않았다면 정화하지 않겠다는 뜻으로 읽힌다.

"미군은 오염 정화 책임을 피하려고 일부러 조사하지 않거나 조사를 허가하지 않을 수도 있다는 말입니다. 여기에서 일본의 의견은 고려사항이 아닙니다."

과불화화합물에 따른 오염은 가나가와*의 아쓰기 기지 주변 히키지강이나 아오모리**의 미사와 기지 부근에서도 확인된 바 있다. 그 밖에도 주일미군과 관련 있는 오염이 속속 드러나고 있음에도 일본이 이러지도 저러지도 못한 채 속앓이만 하는 배경에는 'K'라는 벽이 있었다. 덧붙여 요이치는 미국 국내법인 <대기정화법>, <수질정화법>, <자원보전회수법>, <유해물질규제법> 등에 'imminent and substantial endangerment'라는

표현은 있을지언정 'known'은 기재되어 있지 않다고 지적했다.

'비록 미군의 통보는 없더라도 일본에서 제공하는 정보를 바탕으로 진행되는 절차가 있지 않을까…….'

의문을 가진 사람은 오키나와 중의원 야라 도모히로였다. 2019년 5월 31일에 열린 중의원 환경위원회 회의록에서 발췌한 내용이다.

야라 "방금 외무성에서 답변하신 내용에는 빠진 부분이 하나 있습니다. 일본 측에서 오염 정보를 입수했을 때는 신속하게 미군에게 정보를 제공한다는 내용 말입니다. 분명 상호 간 정보 교환 규정이 있을 텐데요. 지금 답변하신 대로라면 미군이 제공한 정보를 받은 다음에야 일이 진행된다는 뜻으로 들리는데 다시 한번 이 점을 확인 부탁드립니다."

외무성 "환경보완협정에 따른 기지 출입 절차는 미군의 오염 정보 제공, 즉 환경 사고가 현시점에 발생하고 있다는 정보를 제공하는 조건으로 실시하게 되어 있으며 환경보완협정에 근거한 출입 조사는 아직 실시한 바 없습니다."

답변에 나선 외무성은 묻는 말에 정면으로 맞서지 않고 환경보완협정에서는 현시점에 오염이 발생하고 있다는 미군의 정보 제공이 있을 때 출입 조사가 인정될 수 있다는 사실만 확인했을 뿐이다.

환경문제를 둘러싼 일본과 미국의 합의에는 다음과 같이 서술되어 있다.

"주일미군사령관 또는 주일미군사령관이 지명한 자는 지역사회와 우호 관계를 유지하고 환경관리를 위한 협력 강화를 추구하며 모든 신청은 합리적으로 검토한다."

이때 '합리적으로 검토한다'는 표현은 끝까지 주인 행세를 하려는 미군의 변함없는 자세와 미일 관계의 본질을 압축해 보여주는 듯하다. 다시 한번 강조하지만 기지 내부 조사를 받아들일지 말지 결정권을 쥐고 있는 쪽은 오염을 저지른 미군이다.

지금까지 오키나와 가데나 기지에서 발생한 과불화화합물 오염을 되짚어 보는 과정에서 도드라진 점은 주일미군지위협정과 환경보완협정이 내포한 불균형이었다. 두 협정에 기반해 의사결정을 내리는 기구가 바로 1973년과 1997년 합의를 소개할 때 등장했던 미일합동위원회. 하지만 철저하게 정보를 감추고 설명을 거부하는 통에 의사 결정 과정은 전혀 알려진 바가 없다. 도대체 이 블랙박스는 어떻게 작용하고 있을까.

9장

미일합동위원회의
그늘

행정관과 군인의 회의

미일합동위원회란 주일미군 관련 제반 사항을 규정한 주일미군지위협정의 실제 적용을 두고 일본과 미국의 고위층이 협의하는 의사 결정 기관이다. 1952년, 미일안전보장조약과 미일행정협정(현 주일미군지위협정)의 발효와 함께 발족했다. 일본 측 대표는 외무성 북미국장이, 미국 측 대표는 주일미군사령부 부사령관이 맡는다. 대표대리인으로 주일미국대사관 공사의 이름이 올라가 있기는 하지만 실제로 교섭에 참석하는 쪽은 기지를 관리·운영하는 당사자인 군인이다. 따라서 미국은 군인의 관점에서 의제를 판단한다.

저널리스트 요시다 도시히로에 따르면 미 내부적으로 대표를 군사령관에서 주일미국대사관 공사로 바꾸어 행정관끼리 협의하도록 제도를 개편하려는 움직임이 있었다. 그러나 미군은 단칼에 거절했고 이후 군사적 욕망을 실현하기 위한 성벽은 더 공고해졌다. 미일합동위원회에서 협의한 상세 내용은 국회에도 공유되지 않는 탓에 미군의 운용 기준은 국민의 대표인 국회 검토 없이 결정된다. 심지어 일본 법은 적용되지도 않는다.

미일합동위원회 아래에는 총 25개의 위원회가 있고 이 중 환경분과위원회는 환경오염 대응과 관련해 실질적인 의사 결정을 내린다. 관계자의 말에 따르면 환경분과위원회는 1년에 4회 정도 열리며 의장은 일본과 미국이 번갈아 가며 맡는다. 일본 측 의장은 환경성 물·대기환경국 총무과장이다. 그 밖에 환경성 물·대기환경국 총무과, 외무성 북미국 지위협정실, 방위성 지방협력국 시설관리과가 주로 참석한다.

앞장에서 등장했던 요이치는 방위성 환경대책실장의 자격으로 미일합동위원회에 참석한 적이 있다.

"협의는 모두 물밑에서 이루어지고 내용은 밖으로 공개되지 않습니다."

이는 미일안전보장조약이 개정된 1960년 미일합동위원회 회의록에 적힌 문구 때문이다.

"쌍방의 합의가 없는 한 공개하지 않는다."

무엇이 논의되고 논의되지 않는지조차 외부에서는 알 수 없다. 요이치가 덧붙였다.

"말 그대로 블랙박스인 셈이지요."

환경성의 기지 내 조사가 중단되다

실제 사례를 들어보자.

환경성은 매해 오염 여부와 관계없이 주일미군 기지 내 물과 대기를 조사한다. 그러나 지금껏 수행해 왔던 기지 내 조사가 2014년부터는 중단되었다. 이유는 알 수 없다. 다만 2014년은 오키나와현이 가데나 기지 내 취수정에서 고농도의 PFOS를 발견한 다음 해이다. 출입 허가가 나지 않는 이유를 두고 환경성은 "미군과 협의한 내용은 밝힐 수 없다"며 설명을 거부했다.

나는 정보공개청구를 하기로 했다. 환경성이 작성하는 「주일미군 시설·부지 환경 조사」에서 2014년 이후 기지 출입 조사를 수행하지 않게 된 경위가 기재된 기록 및 미군과 관계 부처 사이에 작성·입수한 기록을 요청했다. 하지만 공개된 자료는 조사 업무를 위탁받는 민간기업과 관련된 문서뿐이었다. 사유는 이렇게 적혀 있었다.

"「주일미군 시설·부지 환경 조사」의 실시와 관련된 그 밖의 (…) 자료는 비공개 조건으로 작성되었습니다. 따라서 <정보공개법> 제5조 3호의 비공개정보, 즉 공개로 말미암아 국가 간 신뢰 관계가 훼손될 우려가 있는 정보에 해당하므로 비공개 처리했습니다."

환경성 담당자에게 출입 조사가 미일합동위원회의 안건인지를 묻자 짧은 답변이 돌아왔다.

"말씀드릴 수 없습니다."

이번에는 미일합동위원회에서 주일미군 기지의 과불화화합물 오염을 논의하기 위해 작성·입수한 기록을 공개 청구했다. 결과는 '공개 불가'였다. 이유는 다음과 같았다.

"청구하신 행정 문서는 존재 여부 자체가 일본과 미국의 신뢰 관계를 해칠 우려가 있는 <정보공개법> 제5조 3호 비공개정보에 해당하므로 같은 법 제8조에 따라 공개 청구 문서의 존재 여부를 포함해 관련 응답을 거부합니다."

'존재 여부 응답 거부'란 문서가 있는지 없는지조차 답변하지 않겠다는 뜻이다.

한편 오키나와 가데나 기지의 PFOS 오염에 관한 환경성 내부 메모에는 이렇게 적혀 있었다.

"미일합동위원회 환경분과위원회의 창구는 환경성이지만 이번 조정은 방위성이 수행하기로 했다."

업무 담당 주체를 놓고 "사안에 따라 다르다"라고도 쓰여 있어 내부 사정이 조금은 엿보였다.

태도를 바꾼 외무성의 정보 공개

미일합동위원회의 폐쇄성에 초점을 맞춘 흥미로운 판례가 있다.

원고는 NPO '정보공개 클리어링하우스'다. 시민 누구나 행사할 수 있는 정보공개청구 권리를 이용해 오랫동안 정부와 지자체의 시책을 감시해 왔다. 그러나 미군 기지와 미일 관계 관련 정보를 알고자 할 때마다 반드시 부딪히는 벽이 두 개 있었다. 하나는 환경성의 답변에도 등장하는 <정보공개법> 제5조 3호로, 국가 간 신뢰 관계가 훼손될 우려가 있을 때는 정보를 공개하지 않아도 된다고 정한 조항이었다. 다른 하나는 주일미군지위협정의 적용을 협의하는 미일합동위원회 회의록이었다.

앞에서 설명했듯 정부는 1960년에 열린 제1회 미일합동위원회의 회의록(이하 60년 회의록)에 "일본과 미국 쌍방의 합의가 없는 한 발표하지 않는다."는 문구가 적혀 있다는 이유로 정보를 감추어 왔다. 이 회의록이 이른바 블랙박스를 정당화하는 '절대 원칙'으로 작동하는 셈이다. 하지만 정말 그런 합의가 있었고 회의록에도 기재되어 있을까. 기재되어 있다면 어떤 식으로 적혀 있을까.

정보공개 클리어링하우스 이사장인 미키 유키코는 이를 확인하고자 60년 회의록 자체를 정보공개청구했다. 예상대로 외무성은 '공개 불가' 결정을 내렸다. 미키는 결정을 취소해 달라며 도쿄지방법원에 제소했다. 2015년 12월의 일이었다.

얼마 후 미키에게 흥미로운 제보가 들어왔다. 오키나와에서 문서 공개를 두고 벌어진 한 소송에서 정부가 60년 회의록을 증거로 제출했다는 것이었다.

경위는 이러했다. 오키나와 북부에 있는 미군 북부훈련장의 헬리포트 신설을 반대하던 주민들은 히가시손 70번 현도(県道)에서 연일 농성을 이어가고 있었다. 70번 현도는 미군 훈련장 앞을 지나는 도로로, 주민의 생활 도로다. 하지만 정부는 도로 중

보도의 사용 조건을 '미일 공동'에서 '미군 전용'으로 변경함으로써 헬리포트에 반대하는 주민을 배제하려 했다.

이를 알아챈 주민 측에서 '현도 사용 조건과 관련한 문서'를 확인하고자 오키나와현에 정보공개청구를 했고 오키나와현은 미해병대, 구 나하 방위시설국과 함께 3자가 체결한 협정서를 공개하기로 했다. 협정서에 기재된 내용은 생활 도로인 현도의 사용 정보에 지나지 않는다고 판단했기 때문이다.

그러자 정부가 나섰다. 70번 현도 사용 조건 관련 문서의 공개 결정을 취소해 달라고 오키나와현에 소송을 제기한 것이다. 방위성은 1990년 미일합동위원회에서 현도 사용 조건을 결정했고 협정서는 미일합동위원회 회의록의 일부이므로 공개해서는 안 된다고 주장했다. 그러면서 "쌍방의 합의가 없는 한 발표하지 않는다."라고 적힌 60년 회의록을 증거로 제출했다. 도쿄에서 외무성이 '공개 불가'라고 결정한 문서를 오키나와에서는 방위성이 '일부 공개'했다.

허점을 찔리자 외무성은 흔들렸다. 50년 이상 엄격하게 지켜 왔다던 60년 회의록 공개 불가 주장을 철회하고 방위성이 공개한 부분만 공개하겠다고 태도를 바꾸었다. 법정에서 손바닥 뒤집듯 말을 바꾸는 모습에 미키는 할 말을 잃었다.

"재판 내내 '공개하면 일본과 미국의 신뢰 관계가 훼손된다'고 하더니……. 얼마나 허무맹랑한 주장인지를 깨달았습니다."

'패소'를 택하고 지킨 것

외무성이 '일부 공개'로 주장을 바꾸고 "쌍방의 합의가 없는 한 발표하지 않는다."라는 문구가 60년 회의록에 적혀 있다는 사실이 확인되면서 재판의 쟁점은 사라졌다. 그러나 미키는 추궁을 멈추지 않았다.

애초에 60년 회의록을 공개 청구했을 때 외무성이 공개 결정을 내릴 수 있었음에도 공개 불가 처리한 사안은 행정기관의 주의 의무 소홀이라고 보고 처음에 내린 공개 불가 결정의 위법성을 묻기로 했다. 외무성에 110만 엔의 손해배상을 청구하며 법정 다툼을 이어간 것이다.

이 재판의 초점은 외무성이 공개 불가 결정을 내린 이유에 있었다. 외무성은 공개 청구 접수 이후 미 정부 측에 60년 회의록의 공개 의향을 물었으나 미 정부에서 공개하지 않겠다는 뜻을 밝혔다며 공개 불가 결정에 과실은 없다고 주장했다. 미키가 미일 양국 간 주고받은 메일 등 증거 제출을 요구하자 외무성은 미일 정부 간 내부 소통을 위축시킬 수 있다며 맞섰다. 도쿄지방법원 재판장 모리 히데아키는 재판관만 증거를 열람하는 '인 카메라(in camera) 심리'를 결정했다. 심리 대상은 미일 양국이 60년 회의록 공개 여부를 협의한 메일이다. 외무성의 주장대로 미국 측은 공개하지 않겠다는 의견을 밝혔을까. 아니면 외무성이 미국 측의 의중을 헤아려 자발적으로 정보 공개를 거부했을까.

증거 확인이라는 고비를 목전에 두고 재판은 뜻밖의 결말을 맞이했다. 외무성은 심리 대상인 미국 측의 메일을 제출하지 않은 채 돌연 110만 엔 전액을 배상하겠다는 뜻을 밝혔다.

"종합적으로 검토한 결과 공개 불가 결정에 과실이 있었다는 사실을 인정하고 손해배상 청구를 받아들인다."

손해배상 청구 소송을 당한 정부가 증거 제출을 거부하고 재판 중간에 스스로 패배를 인정하는 것은 극히 이례적인 일이다. 재판에는 이겼지만 미키는 이해가 되지 않았다.

"미국에서 받은 메일을 재판에 제출하지 않기 위해 패소도 불사하다니 이례적인 일입니다. 덕분에 외무성의 결정에 위법성이 있었는지 재판소의 판정을 들을 기회가 사라졌습니다. 게다가 외무성이 증거 제출에 응하지 않았다는 사실도 기록으로 남지 않지요. 사법을 우습게 보고 있습니다."

결국 미국이 정말 60년 회의록 공개를 거부했는지, 아니면 외무성이 "쌍방의 합의가 없는 한 발표하지 않는다."라는 회의록 문구를 이용해 공개 불가 결정을 내렸는지는 수수께끼로 남았다. 정부는 패소까지 해가면서 진상을 덮는 길을 택했다.

미군의 오염 조사 보고서를 공개하지 않는 외무성

정보 공개를 꺼리는 외무성의 태도가 잘 드러나는 사례는 여기서 끝이 아니다. 또 다른 예로 가데나 기지의 과불화화합물 오염 조사 보고서가 있다. 2019년 6월 18일, 중의원 안전보장위원회에 『오키나와타임스』 보도가 안건으로 올라왔다.

아카미네 "『오키나와타임스』는 정보공개청구로 입수한 미군 내부 문서를 바탕으로 2014년부터 2017년 사이에 미군이 가데나 기지 내 13곳을 조사했다는 사실을 보도했습니다. 가데나 경찰서와 약 150m, 군청에서 약 200m 떨어진 기지 내 저수지에서 90,000ng/L가 검출되었습니다."

여기서 미군 내부 문서란 앞서 제6장에서 등장한 저널리스트 존 미첼이 입수한 자료다. 외무성이 해당 보고서를 확보했다는 사실을 인정한 바 있으므로 공개해 달라는 요구였다. 외무성 북미국장이 답변석에 섰다.

외무성 "같은 말의 반복이라 송구합니다만 공개하려면 미국 측과 합의가 필요하므로 향후 적절하게 조처해 나가겠습니다."

그 이후에는 어떻게 되었을까. 약 9개월 뒤인 2020년 3월 10일, 참의원 외교방위위원회에서 이노우에 사토시 의원이 외무상에서 방위상으로 자리를 옮긴 고노 다로에게 질문했다.

이노우에 "외무성은 미국 측과 합의가 필요하니 적절하게 조처하겠다고 답변하셨습니다만 여태껏 보고서는 공개되지 않았습니다. 그동안 어떻게 조처하셨습니까? 어째서 미국은 공개를 거부하는 겁니까?"

고노 "해당 문서는 어디까지나 미국 정부의 문서이므로 문서 청구인 외 제삼자에게 해당 문서를 공개할지 말지는 미국 정부가 판단해야 한다고 생각합니다."

이노우에가 추가 질문을 하자 이번에는 모테기 도시미쓰 외무상이 답했다.

이노우에 "미국에 공개 동의를 구하셨습니까?"

모테기 "해당 문서를 문서 청구인 외 제삼자에게 공개할지 말지는 마땅히 미국 정부가 판단해야 한다고 생각합니다."

이노우에 "주민의 안전을 생각한다면 미국에 보고서 공개 동의를 구하고 조사 결과에 기반해 강력하게 출입 조사를 요청해야 한다고 봅니다. 하지만 일본 정부는 정보를 손에 쥐고 있으면서도 공개하지 않는다고요? 미국에 공개 동의 요청도 하지 않겠다고요? 한통속이 되어 문제를 은폐하고 있는 꼴이군요."

정부는 미군이 2014년부터 2017년까지 가데나 기지에서 실시한 과불화화합물 조사 결과를 여전히 공개하지 않고 있다. 이미 보도를 통해 다 밝혀진 내용인데도 말이다.

정보 확보 의지에 대한 의심

오키나와현 기노완시를 거점으로 미군 기지가 일으키는 환경오염을 감시하는 NPO 'IPP(Informed Public Project)'의 대표 가와무라 마사미는 정보의 중요성을 강조한다. 가와무라 대표는 가데나 기지 일부였다가 미군이 반환한 현 오키나와시 축구장과 미군 북부훈련장의 일부였다가 마찬가지로 반환된 부지에서 오염을 발견해 고발하고 가데나 기지와 후텐마 기지 주변에서 발생한 과불화화합물 오염을 세상에 알리는 일을 해 왔다. 덧붙여 정보공개청구로 얻은 국내외 공문서 속 사실을 바탕으로 정부와 미군을 상대하는 오키나와현의 대응 역시 검증하고 있다.

"딱히 특별한 일은 아니에요. 그저 목표를 정한 뒤 '문서 주세요' 하고 요청할 뿐이죠. 오키나와현은 DVD 1장에 100엔 정도니까요."

가와무라는 자신이 몸담은 NPO를 시민의 '아는 힘'을 기르기 위한 프로젝트라고 생각한다. 우리가 사는 지역에 무슨 일이 일어나고 세금은 어떻게 사용되며 시민이 위탁한 일이 어떻게 진행되었는지 관련 기록을 입수해 확인하려는 움직임이 확대됨으로써 정치와 행정기관의 투명성이 높아지리라 기대한다.

"일단 정보를 손에 넣는 것이 중요하겠지요. 먼저 사실을 파악해야 뭐든 시작됩니다. 시민이든 행정기관이든 마찬가지겠지요. 현재의 미일 관계에서는 미군이 나서서 정보를 제공하지 않으니 스스로 정보를 찾아야 해요. 아니면 저널리스트나 연구자가 입수해 공개한 미 공문서를 활용해도 좋습니다. 정보가 없으면 교섭을 유리하게 끌고 갈 수 없으니까요. 하지만 오키나와현과 방위성에 정보 확보 의지나 전략이 있는지는 의문입니다."

제8장에서 설명한 바와 같이 미 국방성은 자국 내 군 관련 시설에서 발생한 PFOS·PFOA 오염을 두고는 현황조사는 물론이고 조직 내 전담 태스크포스까지 꾸려 오염 제거에 힘쓴다. 반면 오키나와에서는 출입 조사조차 거부하고 있다. 가와무라는 말한다.

"과불화화합물 오염은 이제 환경문제를 넘어 주민 건강에 미치는 영향까지도 우려해야 하는 지경에 이르렀습니다. 그런데 후생노동성도 환경성도 움직이려 하지 않아요. 방위성은 미군을 컨트롤하지 못하고 교섭하려는 의지도 없어 보입니다. 정부를 움직이는 것은 여론입니다. 따라서 언론에는 커다란 사명이 있습니다. 하지만 언론의 뒷심이 부족해 성에 차지 않는 건 저뿐일까요?"

오염은 지금도 다양한 형태로 이어지고 있다. 가령 세계자연유산 등록이 결정된 옛 북부훈련장 부지 오키나와현 구니가미촌 일대에는 미군이 버린 폐기물이 대량으로 남아 있다. 방위성은 지금까지 55억 원을 들여 24톤을 회수했는데 이 중 탄환류가 약 1만 5,000발, 철판이 약 15톤에 달했다.

가와무라의 말에 따르면 정보 공개를 강력하게 요구하지도, 미군 측에 책임 추궁도 하지 않는 일본의 태도도 이러한 사태를 부추긴다.

"주일미군지위협정에는 공정한 정보 제공을 약속하거나 오염 제거 책임을 묻는 규정은 없습니다. 그런 의미에서는 미군 하고 싶은 대로 하도록 놔두는 셈이죠. 지금의 기본 틀 자체를 재검토 해야 하지 않을까요?"

오키나와현의 '지위협정' 조사

주일미군지위협정은 1960년 체결 이래 단 한 번도 개정된 적이 없으며 환경오염 실태 역시 개선되지 않고 있다. 미군 기지에서 발생한 일에 일본 국내법이 적용되지 않기 때문이다.

미국은 다른 나라와도 같은 방식으로 협정을 맺었을까. 오키나와현은 2019년 봄에 조사 보고서[1]를 발표했다. 일본과 마찬가지로 미국의 동맹국이자 북대서양조약기구(NATO)의 회원국인 독일, 이탈리아, 영국, 벨기에 4개국을 대상으로 ①주둔국 국내법 적용 여부, ②기지 관리권 소유 주체, ③주둔국의 미군 훈련·연습 관여 여부, ④항공기 사고 대응 등 총 4개 항목을 비교한 조사였다.

『마이니치신문』논설위원인 히라타 다카히로는 조사를 통해 드러난 실태를 2019년 6월 6일 자 조간신문에서 이렇게 평가했다.

국내법이 미군에게 적용되지 않는 곳은 일본뿐,
미군 기지 내부에 출입할 권리가 없는 곳 역시 일본뿐,

허가나 승인 없이도 미군이 훈련할 수 있는 곳은 일본뿐,
미군에게 경찰의 공권력을 행사할 수 없는 곳도 일본뿐.

유럽 4개국 모두 주민 생활을 보호하는 위치에서 미군을 통제하고 있는 데 반해 일본만 국내법을 적용하지 못해 국내 법체계 범위 밖에서 미군의 특권을 허용하고 있다. 그 배경을 두고 히라타 위원은 이렇게 썼다.

"일본이 미국의 방위 의무를 지지 않는 미일안전보장조약의 비대칭성은 유사시 미국이 일본을 지켜주지 않을지도 모른다는 불안을 내포하므로 일본 정부는 미군이 요구하는 편의를 앞장서 제공하게 되었을 것이다."

주일미군지위협정이 단 한 번도 개정되지 않은 이유는 이렇게 설명했다.

"원흉은 바로 '일반 국제법상 주둔군에게 국내법은 적용되지 않는다'는 일본 정부의 인식이다. (…) 오키나와현의 조사 보고서는 주일미군지위협정이 안고 있는 근본적인 모순을 일본 국민 전체에게 폭로하고 있다."

2014년, 일본변호사연합회도 「주일미군지위협정 관련 의견서」[2]를 내고 일본 국내법이 미군 기지에 적용되지 않아 마치 주권이라도 빼앗긴 듯한 현 상황을 개선해 달라고 요청했다. 이 의견서는 특히 현 주일미군지위협정에서 미국은 환경오염의 원상복구나 보상의 의무 등 환경 관련 문제에 대해 어떠한 책임도 지지 않는다는 점을 지적하며 '환경 보전·복구'와 같은 규정을 신

설하자는 제언도 담았다.

미군의 배상금을 떠안다

주일미군지위협정은 미군이 일본 국민의 호주머니 깊숙이 손을 찔러 넣고 있다는 사실도 숨기고 있다. 미군 주둔 경비로 사용되는 거액의 '오모이야리 예산'*만이 아니다.

주일미군지위협정에서는 미군이 일본 정부 외 제삼자에게 손해를 입혔을 때 지급해야 하는 배상금을 미국이 75%, 일본이 25% 부담하도록 정하고 있다. 미국과 일본에게 모두 책임이 있을 때는 각각 절반씩 낸다. 미군이 입힌 손해에 일본이 4분의 1을 부담해야 한다는 사실 자체가 쉽게 받아들이기 어렵다. 하지만 실제로는 4분의 1로 그치지 않는다. 일본이 배상금 전액을 먼저 지급한 후에 미군으로부터 4분의 3을 돌려받게 정해져 있으나 미군이 책임을 다하지 않기 때문이다.

예를 들어 주일미군의 비행 훈련 때문에 발생한 소음 피해 사건 총 13건의 재판에서 미군이 지급해야 한다고 확정된 배상금은 2004년까지 지연 손해금 포함 약 2200억 원에 달한다. 그러나 2014년 11월 5일 자 『류큐신보』에 따르면 2014년 기준 미군은 지급 요구에 응하지 않고 있고 전액을 일본이 떠안은 상황이

---

* 思いやり予算, 일본에 주둔하는 미군이 재정적인 부담을 느끼지 않도록 일본 정부가 대신 지출하는 미군 관련 경비를 의미한다. 공식 명칭은 동맹강화예산이다.

다. 기시다 당시 외무상은 4년 반 남짓한 임기 내내 미국의 논리를 이렇게 설명했다.

"미국은 (…) 미일안전보장조약의 목적 달성을 위해 필요한 활동을 하고 있으며 활동 중 발생한 소음 문제는 (…) 배상하지 않아도 된다는 의견이다."(2017년 3월 23일, 참의원 외교방위위원회 발언)

이 논리대로라면 미군의 활동은 모두 미일안전보장조약을 따른 활동이니 어떤 배상 청구도 받아들이지 않겠다는 말이 된다. 그래서인지 미국은 미군 병사의 '공무 외' 사건·사고에서도 피해자에게 배상금을 지급하지 않는다. 2009년 5월 26일, 참의원 외교방위위원회 기록에 따르면 일본 정부가 미군 대신 피해자에게 위로금을 지급하는 '구제 조치'는 1972년부터 2008년까지 51건, 금액은 38억 원을 넘어섰다.

게다가 1996년부터는 미군이 지급한 배상금이 총 배상액에 미치지 못할 때 차액을 "일본 정부가 지급하도록 노력"하기로 주일미군지위협정의 운용 방식이 바뀌었다. 그 규모는 최소 62억 원에 이른다(2009년 5월 26일, 참의원 외교방위위원회 발췌). 전부 오래전 수치들이기는 하지만 미군 조직이나 병사 개인이 끼친 손해를 일본 국민의 세금으로 메꾼다는 사실은 매한가지다.

기울어진 미일 관계를 상징하는 사례는 과불화화합물 오염 문제에서도 찾아볼 수 있었다. 오키나와 가데나 기지 주변을 흐르는 다쿠자쿠강에서 오염을 확인한 뒤, 오키나와현 기업국은 나하시 일대에 수돗물을 공급하는 자탄 정수장의 활성탄을 교체했다. 활성탄은 과불화화합물을 흡착해 제거하는 물질인데 물의 오염 정도가 심하거나 설치 연한이 지나면 흡착력이 떨어지기 때문이다.

교체 비용은 약 17억 원이 들었다. 기지 내 출입 조사가 승인되지 않아 오염원을 특정할 수 없었던 탓에 미군은 배상 책임을 지지 않았다. 오키나와현은 오염 제거 비용을 대신 지급해 달라고 방위성 산하 오키나와 방위국에 요청했다. 그러자 방위성은 미군과 오염의 인과관계가 확인된 바 없고 과불화화합물의 수질 관리 기준이 없으므로 "어떤 대응이 가능한지 검토가 필요"하다는 반응을 내놓았다.

사태가 일변한 것은 그로부터 3년쯤 지난 뒤였다. 방위성은 자탄 정수장 설비 개선 보조금 약 5,000만 원에 더해 총사업비 약 16억 원을 과불화화합물 제거에 특화된 설비 도입에 지원하기로 했다. <방위 시설 주변 생활 환경 정비 등에 관한 법률>에 따라 3분의 2는 정부 보조금, 나머지 3분의 1은 오키나와현 기업국이 수도 요금으로 충당했다.

보조금을 지원하기로 한 이유를 두고 방위성은 오키나와현에 지급하는 보상금이 아님을 강조했다. 미군과 오염의 인과관계가 증명되지 않았기 때문이다. 그렇다면 보조금의 이유를 뭐라고 설명했을까. 오키나와현 의회의 질문에 오키나와 방위국이 작성하고 방위성이 결재한 답변이다.

"주변 지역 주민과 가데나 기지에 안전한 수돗물을 지속적이고 안정적으로 공급하기 위해"

자탄 정수장은 나하시 일대의 주민 약 40만 명뿐 아니라 가데나 기지에도 수돗물을 공급한다. 그러니까 오염원으로 의심되는 미군 기지에 '안전한 수돗물'을 공급하기 위해 거액의 세금과 시민의 수도료가 사용된 셈이다. 심지어 미군이 쓰는 수도 요금 일부는 일본이 내는 '오모이야리 예산'에서 처리한다.

2021년 늦여름, 놀랄 만한 일이 또 벌어졌다. 오키나와현 기노완시에 있는 후텐마 기지에서 미 해병대가 PFOS 포함 폐수를 갑자기 하수도로 흘려보낸 것이다. 미군이 오키나와현과 외무성에 통보한 시각은 배출 25분 전이었다. 심지어 정부, 오키나와현과 함께 처리 방법을 협의하던 중에 일어난 일이었다.

미군은 폐수 배출 이유를 "오염수 처리에 드는 전문 업체 위탁 비용의 부담이 커서"라고 설명했다. 위탁 처리에 돈이 드니 하수도에 버리겠다는 소리다. 더 놀라운 사실은 방위성이 후텐마 기지 저수조에 남아 있는 PFOS 포함 폐수를 인수해 처리하겠다고 발표했다는 점이다. 이로써 폐수 총량 36만 리터, 9억 2천만 원의 처리 비용을 일본이 부담하게 되었다. 이것이 아베 신조 전 총리가 말한 '세계에서 가장 긴밀하고 공고한 동맹'의 일면이다.

10장

'공백'의 무대 뒤

눈을 뜨니 NHK 아침 드라마가 이미 끝나 있었다. 전날 새벽 2시가 넘도록 아와모리*를 마신 탓에 깜빡 늦잠을 잔 모양이다. 나는 과불화화합물 오염을 더 자세히 알아보기 위해 이미 오염 사실이 드러난 오키나와에 와 있었다.

2019년 6월 13일. 약속한 9시까지는 20분 정도밖에 남지 않았다. 신문을 읽을 새도 없이 서둘러 옷을 챙겨 입고 호텔을 나섰다. 근처 편의점에서 샌드위치와 커피를 사서 입안으로 욱여넣으며 오키나와현청으로 뛰어 들어갔다.

정부, "수돗물 수질 목표치 설정" 발표

수도사업을 담당하는 기업국에 이어 지하수 관리를 담당하는 환경부를 찾았다. 환경보전과 담당자가 반갑게 맞아주었다. 명

---

* 泡盛, 알코올 도수 40도가 넘는 오키나와 지역의 대표 술이다.

함을 교환하며 나에게 말했다.

"오늘 나왔더군요."

무슨 말인지 이해가 되지 않았다. 담당자의 시선 끝에 『오키나와타임스』가 놓여 있었다. 평소대로라면 반드시 훑어봤을 지역 신문이지만 늦잠을 자는 바람에 손조차 대지 못했다.

"정부, 수돗물 수질 목표치 설정"

1면에 기사 제목이 대문짝만하게 실려 있었다. 보는 순간 '물 먹었다' 싶었다. 물먹었다는 말은 다른 매체가 뉴스를 먼저 보도했을 때 쓰는 업계의 은어다. 수질 목표치의 중요성에 관해 기업국의 설명을 들은 뒤 취재 필요성을 느끼고 있던 시점이었던 만큼 충격은 더 컸다.

"정부가 과물화화합물과 관련하여 내년 4월경 법적 구속력이 없는 수돗물 수질 기준, 즉 목표치를 발표할 방침이라고 12일 밝혔다. 전문가로 구성된 '수질 기준 순차 개정 검토회'의 심의를 거쳐 설정한다."

이후 취재를 통해 오키나와현 공무원이 정부 청사가 모여 있는 도쿄 가스미가세키까지 직접 찾아가 후생노동성의 행동을 촉구했다는 사실을 알게 되었다. 수돗물 오염이 언론에 보도되는 상황에서 먹는물이 안전한지 판단할 근거가 없으면 시민의 불안은 해소되지 않는다며 목표치 설정을 재촉한 것이다. 그리고 얼마 뒤, 오키나와 지사인 다마키 데니가 도쿄로 떠나기 전날, 후생노동성은 수질 관리 기준이 될 목표치를 설정한다고 국회에서 밝혔고 지역 신문이 이 발언을 대서특필한 것이었다.

갑작스러운 방침 변경

지금껏 여러 번 언급했듯 후생노동성은 PFOS·PFOA의 인체 영향 평가가 유보되었다는 이유를 들며 수돗물 수질 관리 기준 설정을 미뤄 왔다. 마땅한 기준이 없으니 지자체는 조사하지 않고 조사하지 않으니 실태를 파악하지 못한다……. 공백의 무한 루프만 맴돌 뿐이었다. 그런 만큼 수질 목표치 설정은 분명 환영할 만한 일이었다. 하지만 나에게는 너무나 뜻밖의 결정으로 느껴졌다. 왜냐하면 3개월쯤 전 "PFOS·PFOA는 이미 끝난 일"이라던 전문가들의 말이 떠올랐기 때문이다. 그뿐 아니었다. 후생노동성 담당자 역시 여태껏 "근거가 부족하다"며 상황을 지켜보기만 했다. 실제로 오구치 요시노리 당시 후생노동성 부대신은 2019년 5월 10일 중의원 환경위원회에서 이렇게 답했다.

"최신 과학적 자료 등 꼼꼼한 정보 수집 과정을 거친 뒤 관계 기관과 연계해 조치하고자 합니다."

한 달 새 태도가 완전히 뒤바뀐 셈이다.

제1장과 제4장에서도 잠깐 설명했지만 수돗물 수질 관리 대상 물질은 '수질 기준 항목', '수질 관리 목표 설정 항목', '검토 필요 항목'의 세 가지로 분류된다. 가장 엄격한 분류인 수질 기준 항목에는 총 51종의 물질이 지정되어 있고 물질별로 정해진 기준을 만족하는지 검사하고 보고할 의무가 있다. 수질 관리 목표 설정 항목은 총 26종으로, 수질 관리 시 주의를 기울여야 하는 항목이기는 하나 검사와 보고의 의무는 없다. 마지막으로 검

토 필요 항목에는 인체 독성 평가가 유보되었거나 정수 처리를 거친 물에서는 발견되지 않는 물질 총 47종이 지정되어 있다.[*] PFOS·PFOA는 2009년에 검토 필요 항목으로 지정되었고 다음 해인 2010년에는 PFOS가 <화학물질심사규제법>에서 규제 대상 물질로 설정되었지만 인체 독성이 불분명하다는 이유로 목표치는 정해지지 않고 있었다.

WHO에 기준이 없는데

9년 뒤, 후생노동성은 뒤늦게나마 목표치를 설정하기로 했다. 정식 절차대로라면 전문가 그룹인 '수질 기준 순차 개정 검토회'에서 논의를 거쳐 결정하지만 검토회에 자문한 시점에 사실상 결정은 끝나 있었다. 급작스럽게만 보이는 정책 변경의 배경에는 무엇이 있었을까.

나는 후생노동성 의약·생활위생국 수도과를 찾았다. 취재에 응해준 수돗물 수질 관리관이 지금까지 목표치를 설정하지 못했던 이유는 인체에 미치는 영향이 불분명했기 때문이라고 운을 뗐다.

"최근 PFOS와 관련해 상황의 변화가 관찰되었습니다. 미국에서는 지금껏 PFOS 200ng/L이던 권고치를 PFOS·PFOA 합계

70ng/L로 강화했습니다."

나를 문외한이라고 얕잡아 봤을까. 순 엉터리 설명이었다. 왜 냐하면 EPA가 건강 권고치를 200ng/L에서 70ng/L로 낮춘 시 기는 3년 전인 2016년이었기 때문이다. 이 점을 지적하자 황급 히 설명을 덧붙였다.

"맞아요. 3년 전입니다. 하지만 근거를 더 모아야 하니까 요……. 근거 하나가 나왔다고 당장 처리하기보다는 여러 개 모 인 시점을 잘 가늠해야 합니다. 하나 나오면 처리하고 또 하나 튀 어나오면 처리하는 식으로 할 일도 아니니까요."

좀처럼 알아듣기 힘든 표현이었지만 어쨌든 어느 정도 근거가 모여야 목표치 설정이라는 판단을 내릴 수 있다고 말을 바꾼 셈 이다. 그렇다면 EPA 권고치 변경 말고는 어떤 근거를 입수했을 까. 관리관은 손에 들고 있던 자료를 뒤지기 시작했다.

"그리고 또 말이죠. 여러 가지 있는데……. 그게 그러니 까…… 유럽식품안전청(EFSA)이라는 곳에서 말이죠. 이런 걸 새 로 발표했습니다. 주간섭취허용량(TWI)입니다."

유럽식품안전청이 과학적 의견서[1]를 발표했다는 사실은 분명 했다. 하지만 1년 전인 2018년의 일이었다.

"이처럼 미국에서도 권고치를 강화하고, 유럽에서도 주간 섭취허용량을 발표했어요. 제법 근거가 모였기 때문에 이번에 PFOS·PFOA의 목표치 설정을 검토하게 되었습니다."

결론은 미국 정부와 유럽 기관이 발표한 두 개의 '기준'을 두고 근거가 모였다고 말하는 것이었다.

10장 '공백'의 무대 뒤

하지만 사실은 다른 이유가 있지 않을까. 취재를 나간 이날로부터 4개월쯤 전 EPA는 PFOS·PFOA를 포함한 모든 과불화화합물을 아우르는 '행동계획'을 발표하고 권고치를 대체할 기준치를 연내에 설정하겠다고 발표했다. 계획대로라면 미국에는 법적 구속력이 있는 기준치가 생기지만 일본에는 목표치조차 없는 상태가 된다. 목표치 설정에 나선 것은 이런 상황을 피하기 위함이 아니었을까.

관리관은 "물론 미국의 행동계획은 인지하고 있습니다."라면서도 내 질문에 확실한 답변은 하지 않았다. 미국 때문이라고는 차마 말할 수 없었으리라.

나는 질문을 바꿔 목표치를 설정하기로 방침을 정한 시점은 언제인지 물었다.

"언제라고 딱 떨어지게 말씀드리기가 어렵습니다만······. 그 부분은 그게 그러니까······. 오키나와현에서 목표치 설정 요청도 있었고, 그런 상황도 고려해서."

말을 끊고 언제 결정한 사항이냐고 같은 질문을 재차 물었다.

"말씀드리기가 참 어려운 부분이라······."

말하기가 어렵다니 무슨 뜻일까. 지금 당장 대답할 수 없다면 나중에라도 알아봐 달라고 밀어붙였다.

"······방침은 종합적으로 판단해서."

종합적으로 판단한 시기는 언제인가.

"언제 발표했는지가 더 중요하지요."

더는 질문을 받지 않겠다는 듯 관리관은 쏘아붙였다. 방침 결정 시점 같은 정책 결정 과정이 아닌 정책 발표 시점이 더 중요하다는 말이었다. 궁지에 몰려 뱉은 대답임은 분명했다. 통하지 않는 대화를 억지로 이어 나가며 나는 질문을 바꿨다. 추가로 입수했다는 유럽식품안전청 조사 결과를 통해 어떤 사실을 알았는가.

"그런 부분은 앞으로 수질 기준 순차 개정 검토회에서 전문가 선생님들 의견이나 관련 정보를 받아서 결정합니다."

지금까지는 근거 수집이 필요해서 목표치 설정을 미루어 왔고 이제 근거 수집을 완료했으니 목표치는 설정하지만 그 내용은 말하지 않는다…….

그래도 대화가 이어지는 동안 관리관은 속내를 얼핏 드러냈다.

"해외에서도 PFOS·PFOA의 목표치를 정하고 있는데 일본만 손놓고 있기가 좀 그렇기도 하고요. 근거는 아직 부족할지 모르지만 다른 나라 상황 참고해서 목표치도 정할 예정이라……. 확실한 근거가 있다면 따르자고 하겠지만요."

지금까지 후생노동성은 WHO가 공식 의견을 발표하지 않았고 세계적으로 통일된 기준이 없다는 이유로 목표치를 설정하지 않았다. WHO의 보증서를 받지 못했다는 상황에는 변함이 없으나 일본만 아무 기준 없이 있을 수도 없었다는 것이 방침 변경의 이유라는 소리인가.

"정세가 이러니 기준을 정해야겠다고 판단했고 검토야 수시로 진행하니까…… 뭐, 그래서 올해 검토회에서 논의하자고 방침을 정한 상황입니다."

10장 '공백'의 무대 뒤

내 질문은 방침을 정한 시점이었다.

"내부 사정이라 이런 자리에서 드릴 말씀은 아닌 것 같군요."

PFOS와 PFOA의 목표치를 설정한다는 발전적인 정책을 내걸었으니 적극적으로 알리려 하는 편이 자연스럽건만 어째서 새로운 방침을 정한 계기와 시점을 함구할까.

방침을 정한 계기로 추정할 수 있는 일은 세 가지였다. 얼른 떠올랐던 것은 2019년 5월에 UN 스톡홀름 협약에서 PFOA가 규제 대상으로 지정되었다는 사실이다. PFOA는 업계의 자발적인 협정을 통해 이미 일본 내에서 사용되지 않는 물질이기는 했으나 스톡홀름 협약 이후 정식으로 <화학물질심사규제법>의 대상으로 지정되었다. 이런 상황을 예측해 내린 판단이었다면 그럭저럭 이해는 된다. 하지만 그렇다면 굳이 감출 필요도 없었을 터였다.

다른 하나는 조금 전 언급했듯 EPA가 권고치 대신 법적 구속력이 있는 기준치를 설정하겠다고 발표한 일이다. 예정대로 2019년 안에 기준치가 정해진다면 목표치조차 없는 일본의 안일함이 도마 위에 오르리라 판단하지 않았을까. 관리관도 그런 뉘앙스를 흘리기는 했지만 외압에 따른 정책 변경이라고는 인정하고 싶지 않았을 것이다.

남은 하나는 제3장에서 살펴봤던 도쿄도와 같은 시나리오다. 혹시 NHK 다큐멘터리를 보고 허둥지둥 대응에 나섰을까. 가령 어느 정치가가 방송을 보고 위에서 게시를 내렸다면 공식적으로 인정하기는 어렵다.

아니면 이들 추정 중 둘 이상이 복합적으로 작용했는지도 모른다. 무엇이 됐든 목표치를 설정하기로 정하는 과정에서 정부가 언제, 무엇을, 어떻게 판단했는지는 밝히지 않았다. 행정기관의 불투명성이 강렬하게 뇌리에 박혔다.

과정을 기록한 문서는 "없음"

나는 정보공개청구를 통해 확인해 보기로 했다. 목표치를 설정하겠다고 판단하기까지 과정이 적힌 문서를 후생노동성에 청구했다. 그러자 눈을 의심케 하는 결정이 나왔다.

"없음"

문자 그대로 문서가 없다는 말이다. 목표치를 설정하겠다고 조직이 움직이는 동안 작성한 기록이나 메일이 하나도 없다는 뜻이다. 인사이동으로 교체된 후임 수돗물 수질 관리관의 설명은 곧이곧대로 받아들이기 힘든 내용이었다.

"구두로만 의견을 나눈 사항이라 딱히 기록으로 남기지 않았습니다. 수질 기준 순차 개정 검토회를 주재하는 수도과장이 PFOS·PFOA의 목표치를 설정한다고 정하면 따로 상부에 보고하는 일도 없습니다."

아무리 그래도 경위를 남긴 기록이 전혀 없을 리가 없다. 만약 방금 설명대로라면 과장이 결정을 내린 시점은 언제인가.

"거기까지는 기록으로 남기지 않아서……."

수질 기준을 개정한다는 판단을 과장 혼자서 내리고 심지어 기록조차 남아 있지 않다는 소리인가. 이 말 역시 액면 그대로 받아들일 수 없었다.

"여태껏 없던 PFOS·PFOA 목표치를 처음으로 정하는 일인 만큼 언제 기안했고 무엇을 검토했으며 언제 결재가 났는지 기록이 없을 리가 없잖아요. 심지어 부대신이 국회에서 목표치 설정을 언급했잖습니까?"

재차 몰아붙였더니 며칠 뒤 국회 답변용 자료가 공개되었다. 하지만 이미 국회에서 부대신이 읽은 내용일 뿐 의사 결정 과정을 서술한 부분은 없었다. 관리관의 설명에도 변함이 없었다.

"지난번에 말씀드린 내용입니다만 수질 기준 순차 개정 검토회는 수도과장 주재하에 개최되고 어떤 안건을 올릴지도 과장이 정하기 나름이라 딱히 문서로 기록은 남기지 않습니다."

<공문서관리법>에서 정하는 공개 대상 문서는 "업무상 작성·입수한 조직 공용문서"이다. 다시 말해 직원끼리 주고받은 대화나 전문가 자문을 위한 메일 등 업무를 위해 여러 직원이 공유한 문서가 공개 대상이다.

"그래도 결재 문서가 있을 텐데요."

"아니요. 지금까지 드린 게 전부입니다."

입씨름 끝에 나는 일단 물러나기로 했다.

전문가 검토가 시작되다

2019년 7월 2일, 제1회 수질 기준 순차 개정 검토회가 열렸다. 매년 2회 열리는 정례 회의로, 회의장은 도쿄 신주쿠에 있는 국립감염증연구소로 정해졌다. 안건 중 하나인 PFOS·PFOA 목표치 설정과 관련하여 「향후 개정 방침(안)」[2]이라는 자료가 배포되었다.

"최근 세계 각국, 각 기관이 PFOS·PFOA 목표치 설정에 나섰다. 일본 수돗물 내 PFOS·PFOA 농도는 현시점 세계 각국의 PFOS·PFOA 목표치를 밑도는 수준이기는 하나 그래도 계속 검출은 되고 있다. 따라서 바람직한 정수장 수질 관리의 관점에서 PFOS·PFOA의 잠정 목표치를 설정하고자 한다."

질의 시간으로 넘어가자마자 손을 든 사람은 검토회 위원이자 교토대학교 교수인 이토 사다히코였다.

"자료대로라면 (…) 일본이 세계 각국, 각 기관의 뒤꽁무니를 쫓는다는 뉘앙스로밖에 들리지 않습니다."

핵심을 찌르는 지적이었다.

"원래는 인체 독성 평가에서 새로운 근거를 입수하면서 목표치 설정을 할 수 있는 단계가 되었기에 행동에 나선다는 의도 아니었습니까? (…) 최신 과학적 근거를 바탕에 둔 재검토일 뿐 결코 다른 나라의 동향을 살핀 재검토가 아니라는 점을 확인 부탁드립니다."

후생노동성에 매서운 펀치를 퍼부은 뒤 이토 교수는 다짐받듯 물었다.

"'인체 독성 평가에서 새로운 근거가 입수되어 목표치를 설정할 수 있게 되었다'라고 이해하면 되겠습니까?"

질문을 받고 마이크를 쥔 사람은 국립의약품식품위생연구소의 히로세 아키히코였다. 안전성생물시험연구센터에서 안전성예측평가부장을 맡고 있는 독성 평가 전문가로서 사실상 PFOS·PFOA의 목표치를 정하는 사람이었다. 히로세 부장은 의외의 답변을 내놓았다.

"개인적으로는 상당히 곤란한 상황입니다."

그리고 PFOS·PFOA의 인체 독성은 평가 기관에 따라 두 자릿수까지 차이가 난다는 설명이 이어졌다.

"미국도 EPA 행동계획에서 밝힌 바와 같이 올해 말을 목표로 본격적인 행동을 (…) 현재 실시간으로 상황이 변하고 있다는 사실은 자명합니다. (…) 일본은 한발 늦긴 했습니다만 한편으로는 이제 다른 나라나 기관과 속도를 맞추어 가야 하는 상황이지 독성학적으로 명백한 목표치를 설정하기는 어렵다고 개인적으로 생각합니다."

히로세 부장은 독성 평가 방법이 나라와 기관별로 다르고 공통된 견해도 없어 목표치 설정이 쉽지 않다고 털어놓은 셈이다.

보고는 전국의 3%

회의 후반, 좌장이 회의를 정리하려는데 이토 교수가 다시 손을 들었다.

"그러니까 PFOS·PFOA의 세계적인 동향에 맞춰 대처한다는 말씀입니까? (…) 일본은 WHO의 동향에 따라 움직이는 경향이 있지요. 하지만 WHO의 움직임 없이, 수집한 독성 평가 근거를 바탕으로 목표치를 설정할 수 있는 단계에 이르렀다면 적극적인 실행 방침 혹은 계획이 있을 법도 한데요. 그런 방침이나 계획은 있습니까?"

지난 10년간 인체 독성에 관한 WHO의 견해가 불분명하다는 이유로 기준을 설정하지 않았던 후생노동성이 태도를 180도 바꿔 목표치를 설정하기로 나선 점을 지적하는 이토 교수의 말은 마치 일본이라는 나라에 주체성은 있느냐고 묻는 듯도 했다.

후생노동성은 이 검토회에서 PFOS·PFOA가 전국 각지에서 얼마나 검출되고 있는지를 나타내는 현황 조사 결과를 보고했다. 수도 관련 시설 총 164곳에서 측정한 과거 5년 동안의 자료 중 수돗물 1L당 PFOS·PFOA의 최대 농도가 150ng을 넘은 곳이 3곳, 70~150ng인 곳이 9곳, 50~70ng인 곳이 2곳이었다. 조사 대상은 전국 약 6,400곳에 달하는 수도 시설의 약 3%에 그쳐 실정을 얼마나 반영한 조사인지는 알 수 없었다.

한편 도쿄 다마 지역의 일부 정수장에서 취수를 중단해야 할 정도로 높은 농도가 연이어 측정되었다는 사실은 보고 내용에 없었다. 아울러 오염원이라고 추측되는 야마구치현 이와쿠니 기지, 가나가와현 아쓰기 기지, 아오모리현 미사와 기지 주변 지역의 수도 시설 자료 역시 포함되지 않았다. 그런데도 목표치를 설정한다는 방침은 이견 없이 승인되었다. 이미 답은 정해져 있었다는 느낌을 지울 수 없었다.

EPA 기준을 보고 나서

실제 목표치는 어떻게 설정할까. 관계자를 취재하는 동안 놀라운 실태가 드러났다. 한 전문가는 이렇게 털어놓았다.

"목표치를 정하려면 주민들의 건강에 미치는 영향을 확인해야 합니다만 바탕 지식이라고 할 수 있는 주민들의 건강 정보가 없습니다. 만약 맨땅에서부터 조사를 시작하면 2~3년은 족히 걸립니다. 하지만 후생노동성은 내년 4월까지 목표치를 정하겠다고 하지요. 그렇다면 EPA가 정한 수치를 참고로 하는 수밖에 없다고 봅니다."

지금껏 PFOS·PFOA의 수질 조사조차 제대로 수행하지 않았으니 주민의 혈액 중 농도 조사를 수행하지 않았다는 사실은 그다지 놀랍지도 않다. 하지만 목표치 설정 기한이 정해진 탓에 자국의 데이터 대신 다른 나라의 데이터를 끌어다 쓸 수밖에 없다는 말은 꽤 충격적이다.

주지하는 바대로 EPA는 먹는물 1L당 PFOS·PFOA 합계 70ng인 권고치를 재검토하겠다는 방침을 밝히고 2019년 안에 법적 구속력이 있는 기준치를 설정하겠다고 발표했다. 그럼 EPA의 새 기준치가 나오기를 기다렸다가 참고할 생각일까. 후생노동성 담당자에게 질문을 던지자 엉겁결에 속내를 내비쳤다.

"예정대로 12월에 발표해 줬으면 좋겠습니다만……."

역시 미국의 방침에 따라 목표치를 정하려는 모양이었다.

한편 트럼프 정권하의 미국에서는 새로운 기준을 둘러싸고 큰 소동이 벌어졌다. 『폴리티코(POLITICO)』라는 정치 전문 매체가 행정관리예산국의 환경문제 담당 고위직이 대통령보좌관에게 보낸 메일 내용을 특종으로 보도[3]한 것이다.

"이 수치는 국민과 언론, 더 나아가 의회에까지 커다란 반향을 일으킬 것이다."

'이 수치'란 미국 보건복지부 산하 독성물질 질병등록청(ATSDR)이 산정한 값으로, 과불화화합물이 인체에 영향을 미친다고 예측한 농도를 말한다. 보도에는 구체적인 수치까지는 기재하지 않았으나 당시 뉴욕주, 미시간주, 웨스트버지니아주 등에 있는 미군 기지와 화학 공장 근처의 먹는물을 조사한 결과 EPA 권고치보다도 훨씬 더 낮은 농도에서 건강에 피해를 준다는 사실이 밝혀진 상황이었다.

"이 수치의 발표는 어마어마한 악몽을 불러오겠지만 우리 미국방성과 환경보호청은 독성물질 질병등록청을 설득할 수 없다."

예상되는 파장의 크기를 악몽이라고까지 표현한 독성물질 질병등록청의 평가서는 이후 여론의 공개 요구에 못 이겨 세상에 알려졌다. 평가서가 제안한 최소 위험 수준(Minimal Risk Levels) 값을 전문가가 환산하자 PFOS는 7ng/L, PFOA는 11ng/L였다. 두 값을 합친 농도는 EPA 권고치인 70ng/L의 4분의 1 정도다. 다만 법적 규제치의 관점이 아닌 면역 기능에 미치는 영향까지 고려한 값이므로 단순 비교는 어렵다.*

---

* 실제로 EPA는 책에서 설명한 2019년보다 늦은 2022년 6월에 규제 기준치를 발표

50ng/L의 충격

　결국 EPA의 새 기준치 발표 없이 2020년이 밝았다. 후생노동성이 목표치 설정 기한으로 잡은 봄까지 3개월이 남았다. 퍼블릭 코멘트 청취*나 내부 심의회 승인 절차까지 고려하면 남은 시간은 별로 없었다. 담당자의 우려가 현실이 되고 있었다.

　2020년 2월 19일, 제2회 수질 기준 순차 개정 검토회는 도쿄 역 인근의 사무실을 빌려 열렸다. 제1회 회의 장소였던 국립감염증연구소는 코로나바이러스에 맞서 싸우는 전장으로 바뀌었고 요코하마항(橫浜港)에서는 크루즈선 '다이아몬드 프린세스호'의 승객들이 2주간의 격리를 마치고 하선을 시작했다.

　임대 사무실 안 좁은 회의실에 빽빽하게 나열된 40개가량의 기자석이 거의 찼다. 지금까지 PFOS·PFOA 오염에 거의 관심을 보이지 않던 언론도 사실상 규제 기준에 해당하는 목표치 설정을 앞두자 귀를 기울일 수밖에 없었던 모양이다.

　회의가 시작되고 후생노동성 수돗물 수질 관리관이 발언을 위해 일어섰다.

　"수돗물 1L당 PFOS·PFOA를 합쳐 50ng으로 설정하고자 합니다."

　발표된 목표치는 당시 미국의 권고치보다 낮았고 세계적으로

했다. 발표된 수치는 PFOA와 PFOS를 합쳐 4ng/L로, 기존 권고치 70ng/L의 17분의 1에 해당하는 상당히 낮은 값이었다.

* 정책과 관련해 시민들의 의견을 듣는 제도.

도 엄격한 편에 속했다. 2022년 1월 기준 주요 국가의 기준치는 표13에 정리했다. 표에는 없으나 북유럽 스웨덴에서는 11종의 PFAS를 모두 더해 90ng/L이다.

표13

단위: ng/L

네덜란드	PFOS 530
덴마크	PFOS 100 PFOA 300
독일	PFOS 300 PFOA 300
캐나다	PFOS 600 PFOA 200
미국	PFOS·PFOA 70
호주	PFOS·PFHxS 70 PFOA 560

과연 일본의 목표치는 어떻게 산정했을까. 회의에서 설명하기를, 지극히 엄격한 북유럽의 기준치를 제외하면 유럽식품안전청의 기준치가 가장 낮은 값인데 유럽 각국에서 이의가 제기되고 있는 상황을 고려해 검토를 유보했다. 한편 EPA의 권고치는 여러 나라가 채용하고 있는바 타당한 값이라고 판단했다. 따라서 체중 50kg인 사람이 하루 동안 2L의 물을 마시고 물을 통해 체내에 유입되는 비율이 10%라는 일본의 수질 기준 조건에 맞추어 EPA 권고치를 수정한 결과 PFOS·PFOA 합계 50ng/L라는 값을 얻었다. 다만 향후 변경의 여지도 있으므로 잠정 목표치로 정했다. EPA가 머지않아 발표할 새로운 기준치를 의식한 조치였다.

사상 첫 잠정 목표치가 발표된 후 질의로 넘어갔다. 우선 좌장인 홋카이도대학교 마쓰이 요시히코 교수가 마이크를 잡았다.

"미국 일부 주의 기준치는 약 20ng/L로 유럽식품안전청만큼 엄격합니다만 이 부분은 어떻게 보십니까?"

나 역시 궁금하던 참이었다. 미국에는 PFOS·PFOA 합계가 아니라 PFOS 농도만 한 자릿수로 정한 주도 있다. 검토회 위원으로서 독성 평가를 담당한 국립의약품식품위생연구소 히로세 부장이 손을 들었다.

"약 10개 주의 목표치 중에는 유럽식품안전청보다 낮은 값도 있습니다. 다만 일부 주는 모니터링을 위해 일부러 낮은 값을 설정했습니다."

가령 심각한 오염이 드러난 바 있는 미시간주에서는 PFOS와 PFOA를 각각 8ng/L, 49ng/L로, 캘리포니아주에서는 PFOS를 13ng/L, PFOA를 14ng/L로 설정한 예를 들 수 있다. 하지만 주 정부의 기준보다는 국제 사회에서 타당하게 받아들여지고 있는 미 중앙 정부의 기준을 참고했다는 설명이었다.

검토회 최종 결과, 잠정 목표치는 PFOS·PFOA 합쳐 50ng/L로 정하고 수질 관리 대상 물질 분류를 검토 필요 항목에서 수질 관리 목표 설정 항목으로 한 단계 격상하기로 만장일치 승인했다.

2020년 봄, 후생노동성은 PFOS·PFOA의 잠정 목표치를 정식으로 설정했다. 얼마 후 환경성 역시 후생노동성과 같은 50ng/L를 수질 관리 지침으로 설정하고 물질 분류를 조사 필요 항목에서 감시 필요 항목으로 상향 조정했다. 두 항목 모두 보고 의무가 없기는 마찬가지지만 앞으로 각 지자체는 설정된 지침을 사실상 수질 관리의 기준으로 보고 준수하게 될 것이다. 드디어 일본에도 과불화화합물의 수질 관리 기준이 생겼다.

당당하게 털어놓는 '공백'

PFOS·PFOA가 감시의 테두리 안에 놓이게 된 사실 자체는 환영할 만한 일이었고 오히려 너무 늦은 감이 있었다. 숫자만 본다면 북유럽을 제외하고 당시 세계에서 가장 엄격한 수치였다. 하지만 대략 1년 전, 내 취재에 응했던 전문가는 PFOS·PFOA를 '끝난 일' 취급했다. 마찬가지로 후생노동성 담당자 역시 근거가 더 필요하다는 말만 반복했다. WHO가 기준을 제시하지 않았다는 사실에는 변함이 없었으나 어느덧 일본은 수질 관리 기준이 없던 나라에서 비록 잠정이기는 하지만 세계에서 가장 엄격한 목표치를 가진 나라로 비약했다. 180도로 달라진 태도의 배경에 논리나 과학적인 근거는 없었다.

일본의 잠정 목표치는 EPA가 2016년에 권고치를 산출했을 당시의 평가 방법을 그대로 채용했기 때문에 후생노동성 간부의 말마따나 '일본의 계산 인자를 넣고 계산기를 두들기면 금방 나오는' 값이다. 이렇게 대놓고 따라 할 작정이었다면 미국의 권고치 발표 직후, 그러니까 4년 앞서 목표치를 설정할 수도 있었을 터였다.

게다가 잠정 목표치를 검토하는 과정에서 도쿄 다마 지역의 수돗물이 오래전부터 오염 상태였다는 사실은 전혀 고려되지 않았다. 나의 취재 이후 도쿄도가 보고한 '취수정 취수 중단' 사실을 후생노동성이 검토회에서 공유하지 않았기 때문이다.

왜 하필 이 시점에 목표치를 설정했는지도 끝내 밝히지 않았다. 목표치 설정 경위를 두고 나는 재차 후생노동성에 정보공개 청구를 넣었지만 정책 방향의 전환 과정을 확인할 만한 자료는 공개되지 않았다. 후생노동성에 다시 한번 문의하자 수돗물 수질 관리관은 2019년 5월 31일에 있었던 중의원 환경위원회 당시의 답변을 보여주었다.

"위원회 개최 전날 오키나와 PFOS·PFOA 오염과 관련한 야라 도모히로 의원의 질문을 받고 제 전임자가 결정했습니다."

건네받은 답변을 보니 주의 사항이 적혀 있었다.

"후생노동성의 업무 범위에 해당하지는 않지만 의견 표명을 요청받음"

지하수와 같은 자연환경 내 수질오염을 소관하는 곳은 환경성이지만 수돗물 수질 관리를 담당하는 후생노동성의 의견도 밝혀달라는 요청을 받았기에 목표치 설정에 착수했다는 뜻일까. 관리관은 말했다.

"글쎄요. 타이밍이라는 게 이래저래 맞다 보니."

하지만 10년이나 미뤄왔던 결정을 그렇게 간단하게 내릴 수 있는 일일까. 후생노동성은 왜 무거운 몸을 일으켜 행동에 나섰을까. 나로서는 분명한 이유는 알 수 없었다. 다만 한 가지 분명한 사실은 검증을 위한 기록이나 문서가 남아 있지 않다는 점이었다. 폐기해서가 아니라 처음부터 작성하지 않았다. 관리관의 얼굴에서 부끄러운 기색은 찾기 힘들었다.

"PFOS·PFOA 목표치 관련 문서가 없는 것은 그다지 특별한 일이 아닙니다. 감추고 있는 게 아니라 처음부터 기록을 만들지 않았을 뿐입니다. 얼마 전에 <수도법> 법 조문을 개정하는 과정에서도 전문가들과 몇 번이고 만났습니다만 마찬가지로 기록은 남기지 않았어요. 막바지에 결재 문서만 만들면 되니까요."

문서주의로 성립하던 관료 조직은 언제부터 기록을 멈추었을까. 관료의 인사권을 틀어쥐면서 권력이 집중되고 있는 총리 관저의 폐해가 요즘 들어 종종 지적되는데 후생노동성 역시 예외는 아니었다. 설명할 책임을 다하지 않는 행정기관을 어떻게 신뢰할 수 있을까. 당당하게 털어놓는 '공백' 앞에서 나는 말문이 막혔다.

건강에 미치는 영향을 파악하기 위한 혈액 검사를

비록 잠정치이기는 하나 새로이 설정된 목표치를 전문가는 어떻게 평가할까. 제1장에서 등장했던 국립환경연구소 인체노출실태연구실장 나카야마 쇼지를 찾아갔다.

"건강에 미치는 영향을 먹는물 농도만으로 판단하는 것은 그다지 과학적이지 않습니다. 왜냐하면 어느 정도 농도의 물을 얼마나 많이, 얼마나 오래 마셨고 얼마나 몸에 축적되어 있는지를 모르기 때문이지요."

애초에 후생노동성이 참고한 미 권고치, 즉 PFOS·PFOA 합계 70ng/L는 하루 2L의 물을 70년 동안 계속 마시더라도 건강에 영향이 없다고 판단되는 값이다. 가령 후추무사시다이 정수장이나 히가시코이가쿠보 정수장이 100ng/L가 넘는 수돗물을 공급했다고 하더라도 마신 수돗물의 양에 따라 건강에 미치는 영향은 달라진다. 만약 하루에 2L를 마시더라도 수도꼭지에서 나오는 물을 활성탄에 통과시킨 후 마신다면 농도는 어느 정도 낮아진다. 그리고 수돗물 대신 생수를 마신다면 체내로 들어오는 양은 크게 줄어든다. 반면 직접 마시지 않더라도 요리에 수돗물을 사용했다면 그만큼의 양이 체내로 들어오게 된다. 아울러 영유아, 임산부는 같은 농도라 하더라도 더 쉽게 영향을 받는다.

"물에 포함된 과불화화합물 농도는 그저 기준에 불과합니다. 건강에 미치는 영향을 따져보기 위해 필요한 값은 혈중 농도입니다. 그 물을 마신 사람의 혈액 속에 PFOS·PFOA가 얼마나 축적되어 있는지를 확인해야 정확한 판단을 내릴 수 있습니다."

화학물질에 따른 수질오염은 목표치를 넘었는지에 초점을 두기 쉽지만 실제로 건강에 미치는 영향은 화학물질이 체내에 얼마나 축적되었는지에 따라 좌우된다. 따라서 물속 농도보다도 혈중 농도가 더 중요하다.

혈액이나 소변에 포함된 화학물질을 측정·분석하여 건강에 미치는 영향을 판단하는 조사를 '바이오 모니터링'이라고 부른다. 바이오 모니터링에서는 국민을 대표할 만한 조사 인원 규모를 선정하여 어떤 물질이 얼마나 체내에 유입되는지를 지속적으로 확인한다. 조사 대상자의 평균값은 공중위생에 필요한 시책을 검토하거나 정책 유효성을 검증하는 데 활용할 수 있다.

아울러 특정 지역에서 오염이 발견되었을 때 오염이 그 지역 주민의 건강에 어떤 영향을 미치는지를 확인하기 위해 바이오 모니터링을 수행하기도 한다. 만약 오키나와나 다마 지역에서 고농도 PFOS·PFOA에 오염된 물을 마셔 왔던 사람을 대상으로 바이오 모니터링을 수행한다면 이에 해당한다.

하지만 일본에는 바이오 모니터링 제도가 확립되어 있지 않다고 나카야마 실장은 지적한다.

"환경성에도 후생노동성에도 바이오 모니터링을 전문으로 하는 부서는 없습니다. 현대인의 삶은 화학물질과 떼려야 뗄 수 없는 관계인 만큼 바이오 모니터링의 중요성이 커지면 커졌지 줄어들 일은 없겠지요. 하지만 일본에는 제대로 작동할 시스템이 없습니다."

해외의 바이오 모니터링

나카야마 실장에 따르면 선진국 중에는 미국, 캐나다, 독일, 한국 등이 정기적으로 전국 규모의 바이오 모니터링을 실시한다. EU 역시 28개국을 대상으로 바이오 모니터링을 수행하고 있다.

미국에서는 1971년부터 국민건강영양조사를 이어 왔다. 처음에는 5~7년마다 실시했으나 1999년부터는 매년 무작위로 선정한 약 7,000명을 대상으로 실시한다. 분석 물질은 300종이 넘는다. 공개된 조사 결과는 행정 시책의 검증이나 학술적인 연구에 활용하고 그 외에도 어린이 장난감에 사용하는 화학물질의 제한이나 공공장소 금연 정책 등을 수립할 때 근거로 사용하기도 한다.

독일에서는 어린이들의 소변에 수은이 고농도로 포함되었다는 사실이 밝혀지면서 원인으로 지목된 치과 치료법을 재검토하기도 했다. 이웃에 있는 한국 역시 2000년대 들어 정책을 크게 바꾸었다.

"한국에서는 2005년, 국민 혈중 중금속 농도 조사를 실시했고 이후 바이오 모니터링 시스템을 정비해 2009년부터는 3년마다 국민환경보건 기초조사를 수행하고 있습니다. 국민의 평균 데이터를 파악해 두면 일부에서 평균을 넘어서는 농도가 발견되었을 때 금방 알아챌 수 있습니다."

한편 일본은 바이오 모니터링의 불모지다. 과불화화합물뿐 아니라 여러 화학물질과 접촉하며 살아가는 현대 사회에서 한 사람 한 사람이 어떤 화학물질을 체내에 축적하고 있는지, 그 영향은 허용할 만한 범위인지를 아는 일은 지극히 중요한 일이다.

나카야마 실장의 말을 빌리면 우리는 우리의 혈액에 포함된 화학물질을 알권리가 있다. 이 말에 흥미가 생긴 나는 누군가를 만나기 위해 도쿄 신바시에 있는 변호사 사무실로 향했다.

11장

바이오
모니터링

예전부터 바이오 모니터링의 필요성을 주장해 온 여성이 있다는 소식을 듣고 도쿄 니시신바시에 있는 사무실을 찾았다. 변호사이자 NPO '다이옥신·환경호르몬대책 국민회의'의 대표인 나카시타 유코를 만나기 위해서였다. 키 147cm의 작은 체구에, 적당히 햇볕에 그을려 건강해 보이는 얼굴에는 부드러움과 날카로움이 공존했다. 도치기현에서는 직접 유기농 채소를 기르고 도쿄에서는 변호사 활동을 하는 이중생활을 하고 있단다.

"이 테이블은 도치기에 사는 지인이 원목으로 만들어 줬어요. 수령이 200년 정도라던가?"

응접실 한가운데 놓인 테이블에서 20년간 화학물질 문제와 씨름해 왔다는 나카시타 대표의 사상이 엿보였다.

화학물질에 관심을 두게 된 계기는 인체 내 호르몬 분비를 교란하는 환경호르몬의 위험성을 경고한 『빼앗긴 미래』라는 책이었다. 여성 변호사 모임에서 읽고 충격을 받았다. 모임의 브레인이기도 했던 강연자가 말했다.

"뭐라도 해야 해. 공부만 하고 있을 때가 아니야."

나카시타 대표는 인문학부로 대학에 입학해 3학년 때 변호사가 되기 위해 법학부로 전과한 자칭 '문과형 인간'으로 화학물질은 무척 생소한 분야였다. 뒤로 슬쩍 물러나 있는데 강연자는 퇴로를 막기라도 하듯 몰아붙였다.

"잘 모르면 이제부터 알아 가면 되지."

얼마 지나지 않아 환경호르몬뿐만 아니라 다이옥신 오염 문제가 매일같이 언론에 보도되었다. 당시만 해도 화학물질 문제를 다루는 단체는 거의 없었다.

1998년, 나카시타 대표와 동료들은 NPO를 설립했고 참여인 명단에는 약 150명의 변호사와 과학자가 이름을 올렸다. 모두 여성이었다. 단순히 환경 운동을 하는 집단이 아니라 환경 대책과 관련한 정책 제언을 하는 전문가 집단이 탄생한 순간이었다.

시작은 도코로자와 다이옥신 오염 사건

NPO 설립 이후 나카시타 대표는 다양한 화학물질 문제를 다루어왔다. 그중 하나가 과불화화합물 오염 문제였다. 덕분에 나와 동료들이 쓴 기사도 읽고 관심 있게 지켜보고 있었다고 한다.

"일본에서는 아직 생소한 개념이기는 하지만 바이오 모니터링은 중요한 일이라고 생각합니다."

비록 소규모이기는 하나 일본 내에서 유일하게 바이오 모니터링을 수행하는 곳은 환경성이다. 2002년부터 인체에 축적된 다이옥신류 화학물질을 검사했고 2011년 이후로는 「화학물질 인체 노출량 모니터링 조사」[1]를 수행하고 있다. 하지만 검사 대상이 80명 정도에 그쳐 국민을 대표할 만한 조사 결과라고 보기는 어렵다.

　나카시타 대표의 설명에 따르면 미나마타병이나 이타이이타이병 등 오염 지역에 국한하여 실시한 조사를 제외하고 정기적인 바이오 모니터링이 시작된 것은 2000년대 들어서다. 다이옥신 오염이 계기였다. 1997년, 오사카부 노세정에 있는 소각시설에서 고농도의 다이옥신이 검출되었다. 이후 사이타마현 도코로자와시의 농작물에서도 다이옥신이 고농도로 검출된 사실이 보도되면서 세간의 이목이 쏠렸다. 이때 나카시타 대표는 NPO의 일원으로서 <다이옥신류 대책 특별조치법>을 통과시키기 위해 동분서주했다. 환경성을 설득해 다이옥신류의 바이오 모니터링을 수행한다는 결론도 이끌어 냈다. 아울러 2001년, UN에서 잔류성유기오염물질의 규제를 검토하는 스톡홀름 협약이 채택되었을 때도 경제산업성과 환경성에 지속적으로 행동을 촉구했다. 이러한 탄원 활동을 통해 나카시타 대표는 어떻게 하면 정치가나 관료들이 움직이는지를 배웠다. 한편 본업인 변호사로 참여한 소송에서는 정부의 논리나 사고방식을 더 깊이 이해했다. 이를 바탕으로 사회를 바꾸는 스위치가 어디에 있는지 사방에 안테나를 둘러치고 지낸다고 했다.

　"정기적으로 바이오 모니터링을 수행할 수 있도록 체제를 구축하는 일은 중요합니다. 하지만 지금은 법적 근거가 없어 행정

　　　　　　　　　　　　　11장 바이오 모니터링

기관에 기대하기는 힘듭니다. 그럼 우리 스스로 할 수밖에 없지요. 실제 수치를 통해 보여주면 분명 설득할 때 무기가 될 겁니다."

이상론만으로는 아무런 일도 일어나지 않는다. 손수 일구는 도치기현의 밭에서 깨달은 교훈이었다. 기후 같은 자연조건에 따라 성패가 갈리는 채소 농사에서는 무성한 잡초와 사투를 벌이며 눈앞에 있는 흙, 머리 위로 펼쳐진 하늘에 맞서야만 수확을 얻을 수 있다.

"내가 어찌할 수 없는 일에 휘둘리지 않고 그저 할 수 있는 일을 하는 것. 눈앞에 닥친 현실을 받아들이는 일의 중요성을 몸으로 익혔습니다. 이제 채소가게에 파는 채소는 거의 다 직접 농사를 지어요. 품종 수로 따지면 매년 100종 정도 되려나요. 물론 화학비료나 농약은 전혀 사용하지 않습니다."

지속 가능한 미래를 다음 세대에 물려주려면 현재 코앞에 닥친 삶의 질을 높이는 수밖에 없다. 그러려면 편리함의 대가로 환경을 파괴하고 인체를 교란하는 화학물질의 감시가 중요하다고 나카시타 대표는 덧붙였다.

태동하는 후추·고쿠분지 조사

해외 각국에서 규제가 이어지고 일본에서도 후생노동성이 수돗물 목표치를 설정하면서 과불화화합물이 이목을 끌고 있다. 한편 안타깝지만 오키나와에서는 미군 기지의 과불화화합물 유출 사고도 끊이지 않는다. 혹시 지금이라면 바이오 모니터링으로 체내 오염 상태를 조사해야 한다는 주장에 귀를 기울여 주지 않을까.

"수돗물 내 PFOS·PFOA가 검출된 도쿄 다마 지역에서 바이오 모니터링을 실현할 적기라고 생각합니다."

얼마 후 NPO의 일원이자 저널리스트인 우에다 다케노리를 시작으로 사람들이 모여들었고 작전 회의가 거듭되었다.

가장 먼저 검토한 안건은 어떤 물질을 분석 대상으로 삼을 것인가 하는 문제였다. 혈액 채취와 과불화화합물의 검출·분석 작업을 맡아 줄 만한 연구자는 수도권에서는 찾을 수 없었다. 민간 연구소에 의뢰하면 온갖 인맥을 동원하더라도 분석 물질 한 종류당 대략 10만 원은 족히 넘었다. 넉넉지 않은 활동 자금을 고려하면 분석 대상 물질은 3종 정도가 현실적이었다. 그렇다면 이미 제조·사용이 금지된 PFOS와 PFOA에 더해 지금 사용되고 있는 대체 물질을 선정하고 싶었다. 어떤 물질이 좋을까. PFOS의 대체 물질로 사용되는 PFHxS는 어떨까. PFHxS는 도쿄도 수질 검사에서 이미 고농도로 검출된 바 있고 스톡홀름 협약에서도 향후 규제 대상으로 이름이 올랐다.

이리하여 혈액 검사를 통해 분석하는 과불화화합물은 PFOS, PFOA, PFHxS의 총 3종으로 정해졌다. 이어 혈액에서 세 물질을 추출하고 분석해 줄 업체도 찾았다.

다음으로 혈액 검사 대상자를 어떻게 정할지 논의했다. 제3장에서 소개했듯 2019년 도쿄도 수도국이 다마 지역 내 정수장 3

곳에서 취수를 중단했다는 사실을 고려하면 해당 정수장의 급수 구역을 조사 대상으로 삼는 것이 좋을 듯했다. 다만 예산의 제약이 있으므로 대상 인원은 20명 정도로 축소할 수밖에 없었다. 논의 끝에, 수돗물에서 높은 농도가 검출된 후추시의 후추무사시다이 정수장과 고쿠분지시의 히가시코이가쿠보 정수장의 급수 구역을 선정했다.

이제 각 구역에서 10명씩 참가자를 모집하면 된다. NPO의 인맥을 이용하면 그다지 어려운 일은 아닐 것이다.

혈액 채취라는 장애물을 넘어

남은 과제는 바이오 모니터링에 빠질 수 없는 혈액 채취를 누가 맡아 주느냐 하는 문제였다. 의료 행위에 해당하므로 혈액 검사의 의의에 공감하고 힘을 빌려줄 의사를 찾아야 했다.

그 무렵 나는 오염 지역에서 아이를 낳은 산모들의 의견을 듣고자 고쿠분지시 내 자연분만 조산원에 연락을 취했다. 과불화화합물은 모체에서 태아로 전이된다는 사실이 연구를 통해 밝혀졌기 때문이다. 나를 맞이해 준 직원은 취지는 충분히 이해한다고 운을 떼고는 목소리를 낮추어 말했다.

"지금 코로나바이러스 때문에 산모들은 초긴장 상태예요. 더 불안하게 하는 건 아무래도 좀……. 무척 중요한 일이라는 건 알지만요."

산모로서는 불안감을 느낄 수밖에 없으리라. 그럼 이 문제에 관심을 보이고 이야기를 들려줄 만한 사람은 없을지 물었다.

"유기농 채소로 유명한 카페가 있는데 알고 계시나요? 환경을 주제로 이벤트 같은 것도 종종 주최하니 이런저런 정보를 얻을 수 있지 않을까요?"

조산원 직원이 알려준 곳은 JR고쿠분지역에서 걸어서 5분 거리에 있는 '카페 슬로(Cafe Slow)'로, 지역에서는 꽤 유명한 가게인 모양이었다. 주소를 찾아보니 고쿠분지시 히가시모토정 2초메로 히가시코이가쿠보 정수장 급수 구역과 도로 하나를 사이에 두고 있었다.

홈페이지에 들어가 보니 SDGs*가 주목받기 훨씬 전인 1991년에 개업한 카페로 사람과 사람, 사람과 지역, 사람과 자연의 '이어짐'이라는 콘셉트로 다양한 사람들이 교류하는 거점인 듯했다. 카페에서는 지역에서 수확해 신선하고 안전한 식재료를 사용하며 유기농 커피의 평도 좋았다. 서둘러 요시오카 준 대표를 찾아갔더니 흔쾌히 맞아 주었다.

고쿠분지시에서는 지역 이름인 고쿠분지와 채소의 영어 베지터블(vegetable)을 합쳐 '고쿠베지'라는 이름의 지산지소** 운동을 하고 있다. 지역 농가가 재배한 채소를 지역 음식점이 구매하고 조리해 손님상에 낸다.

채소 농사에도 사용하는 지하수와 수돗물이 사실 과불화화합

---

* Sustainable Development Goals, 지속가능발전목표. 2015년 UN 총회에서 결의했다.

** 地産地消, '생산한 지역에서 소비한다'는 뜻이다.

물로 오염되어 있었다는 이야기를 꺼내자 곧장 반응이 돌아왔다.

"지하수는 채소 농사와도, 카페 메뉴와도 무관하지 않아요."

도쿄도는 수질 조사 결과를 적극적으로 알리지 않는가 하면 오염된 취수정의 취수를 중단했으니 안전하다고 주장하며 마치 문제가 해결된 듯한 태도를 보인다고 전하자 침착하던 요시오카 대표의 목소리가 돌변했다.

"오염된 지하수의 취수를 중단하면 그만이라니 어불성설이네요. 마시지 않는다고 오염이 사라진 건 아니지요."

이 말을 들으니 이야기를 꺼내 봐야겠다는 생각이 들었다. 다마 지역에서 밝혀진 지하수 오염과 관련하여 한 NPO가 혈액 검사를 계획하고 있으며 참가자 모집과 동시에 혈액을 채취해 줄 의사를 찾고 있는 모양이더라고 말을 흘렸다.

코로나로 잠시 쉬고 있기는 했지만 카페 슬로에서는 환경과 관련한 강연회나 영화 상영, 콘서트 등 다채로운 이벤트를 정기적으로 개최한다. 유네스코에 오랜 기간 근무했고 카페를 차린 지 20년을 맞이한 만큼 요시오카 대표에게는 폭넓은 인맥이 있었다.

"아, 세키노 씨한테 물어보면 되겠군요."

TV 프로그램 <그레이트 저니>*로도 유명한 모험가 세키노 요시하루는 요시오카 대표의 친구이자 바로 근처에 사는 이웃이라고 했다.

---

* The Great Journey, 1995년부터 2002년까지 일본에서 방송된 여행 다큐멘터리.

아프가니스탄 사정에 정통한 의사

요시오카 대표의 소개로 세키노를 찾아가자 모험가가 되기 전에 함께 일하던 병원 선배가 근처에서 작은 의원을 운영하고 있다고 했다. 심지어 예전에는 개발도상국에서 의료 봉사를 했고 지금은 후쿠시마 원전 사고로 방사능에 피폭된 어린이들의 갑상샘 검사에 참여하는 '행동하는 의사'였다. 그렇게 고쿠분지시 혼마치 클리닉 원장 마쓰이 요시히코를 만났다.

바이오 모니터링 계획의 주체는 NPO였지만 내친김에 내가 연락하기로 했다. 코로나바이러스 감염 의심 환자들의 진료로 쫓기는 일정 속에서도 마쓰이 원장은 진료 시간 사이에 짬을 내주었다.

진료실에 마주 앉자 마쓰이 원장은 본인이 겪은 일들을 풀어놓기 시작했다. 그러다 개발도상국에서 참여했던 의료 봉사 활동 이야기가 나왔다. 캄보디아와 파키스탄 난민 캠프에서 일했고 이날로부터 불과 몇 개월 전인 2019년 12월, 아프가니스탄에서 괴한이 쏜 총탄에 유명을 달리한 의사 나카무라 데쓰[*]와도 만난 적이 있다고 했다.

나카무라 데쓰는 '100군데 진료소보다 한 줄기 수로를'이라는 구호 아래 의사이면서도 관개 수로 건설에 앞장선 인물로 알려져 있다. 심한 가뭄에 사막으로 변해가는 아프가니스탄의 황무

---

[*] 나카무라 데쓰의 자서전 『의술은 국경을 넘어』(산지니)가 국내 번역출판되어 있다.

11장 바이오 모니터링

지를 목격하며 더 많은 목숨을 구하는 길을 택한 셈이다.

"돈은 없어도 살지만 흰 눈 없이는 못 산다."

눈석임물로 필요한 물을 충당하는 아프가니스탄인들의 속담을 듣고 나카무라는 마음이 움직였다. 스스로 중장비를 운전하고 현지인들에게 토목 기술을 전수해가며 조성한 수로는 총연장 27km에 달한다. 그 결과 사막으로 변했던 지역은 푸르름을 되찾았고 65만 명의 삶을 지탱했다. '아프가니스탄의 영웅'이라고도 불리는 나카무라 데쓰의 이름에 나도 입을 뗐다.

"사실은 저도 딱 한 번 인터뷰를 한 일이 있습니다. 차분한 분위기 속에서 무수히 쏟아져 나오는 날카로운 말들에 강렬한 인상을 받았습니다."

전쟁을 취재하기 위해 아프가니스탄을 방문했을 때였다.

2001년 9월 11일, 국제테러조직 알카에다가 미국 뉴욕에 있는 세계무역센터에 비행기를 충돌시켰다. 9·11 테러의 충격으로부터 한 달쯤 지나 미국은 알카에다 주요 인물이 잠복해 있다고 알려진 아프가니스탄에 공격을 가했다. 미군의 폭격이 시작된 다음 날, 타지키스탄에 대기하고 있던 나는 아프가니스탄으로 들어갔다. 세계 곳곳의 기자들이 모여든 북새통 속에서 첫 번째 군용기에 올라타는 데 간신히 성공한 것이다.

이어 현지에서 운전기사를 고용해 전투 지역에 가까운 거점으로 향했다. 하지만 인적 없는 산중에서 중고 사륜구동차가 멈춰서는 바람에 오도 가도 못하는 신세가 되고 말았다. 다행히 다른 기자가 탄 차를 만나 짐칸을 얻어탔다. 때로 4,000m에 달하는 산악지대도 넘어 가며, 출발한 지 이틀 뒤 판지시르라는 이름의 계곡에 도착했다. 판지시르는 2001년 당시, 그리고 20년이 지난 지금 다시 한번 아프가니스탄을 지배하게 된 탈레반에 반기를 든 북부동맹의 거점이자 북부동맹을 통솔했던 반군 지도자 아흐마드 샤 마스우드의 고향이기도 했다. 하지만 마을 곳곳에는 검은색 조기가 걸려 있었다. 마스우드는 9·11 테러가 발생하기 이틀 전에 암살당했다. 알카에다는 비밀리에 계획한 9·11 테러에 대한 보복을 예상해 유럽 및 미국과 연결 고리가 있는 북부동맹의 지도자를 사전에 제거한 것이다. 기자를 가장한 테러리스트가 인터뷰 중 카메라 혹은 컴퓨터에 설치해 둔 기폭장치를 작동시키고 마스우드와 함께 자폭했다고 한다.

아득해진 기억을 더듬다 문득 떠오르는 것이 있어 들고 있던 가방에서 수첩을 꺼냈다. 안에는 모서리가 닳은 사진과 낡은 엽서가 끼워져 있었다. 사진에는 마스우드가 암살당한 현장이라고 알려진 장소가 담겨 있었다. 늘어선 두 개의 소파 중 하나가 새카맣게 눌어붙었고 생활 집기로 보이는 물건의 잔해가 바닥 한쪽에 검게 탄 채 흩어져 있었다. 48년의 짧은 생을 마감한 또 다른 '아프가니스탄의 영웅'도, 자폭 테러리스트도 사진에는 나와 있지 않았다. 당시에 현지 운전기사가 보여준 사진을 근접 촬영하기는 했지만 실제 암살 현장인지는 확인하지 못한 채 계속 지니고만 다녔다.

엽서에는 풀밭에 드러누워 책을 읽는 마스우드의 모습이 인쇄되어 있었다. 1979년 아프가니스탄을 침공했던 소련에 맞서 싸

11장 바이오 모니터링

워 '판지시르의 사자'라 불리던 젊은 지휘관의 옆얼굴을 사진 기자 나가쿠라 히로미가 찍은 것이었다. 녹음이 물결치는 아름다운 산골 마을에 찾아온 오후의 정적. 전시라고 믿기 어려운 평화로운 한때를 포착했다. 하얀 가운 차림의 마쓰이 원장은 자기도 모르게 목소리를 높였다.

"오, 마스우드! 아프가니스탄에서 돌아와 몇십 년이 지났지만 일본에서 마스우드를 아는 사람을 만난 건 처음입니다."

파안일소라는 말이 꼭 어울리는 표정이었다.

정신을 차려보니 짧은 휴식 시간이 끝을 향하고 있었다. 서둘러 본론인 혈액 검사 이야기를 꺼냈다. 말없이 듣고 있던 마쓰이 원장은 곧장 대답했다.

"좋습니다. 하겠습니다. 상세한 일정이 정해지면 연락 달라고 NPO에 전해주세요."

이후 첫 번째 코로나 긴급사태선언으로 계획은 잠시 중단되었다가 긴급사태가 해제된 2020년 여름, NPO '다이옥신·환경호르몬대책 국민회의'는 과불화화합물 바이오 모니터링 계획을 실행하기로 결정했다.

오랫동안 마셔온 지하수

경마 축제 '일본 더비'가 개최되는 경마장이 자리하고 교기카루타*를 테마로 한 인기 만화 <치하야후루>의 주 무대이며 오쿠니타마 신사가 1900년 넘게 옛 모습을 간직한 이곳, 바로 도쿄도 후추시다.

"시원한 물과 상쾌한 녹음을 자랑하는 역사의 고장"

후추시 관광협회 캐치프레이즈에서 볼 수 있듯 풍부한 지하수역시 이 고장이 지닌 한 가지 매력이다.

후추시에 40년째 살고 있는 아사다 다쓰코는 부엌 수도꼭지에 정수 장치를 달지 않았다. 지하에서 퍼 올린 물이 맛있다는 이유로 수도꼭지에서 나오는 물을 그대로 마셨다. 요리할 때도 쓰고 텃밭의 채소에도 뿌렸다. 그러나 무사시노 평지 아래 저장된 지역의 자랑, 지하수가 오염되어 있었다……. 한 신문 기사를 통해 이 사실을 알게 되었다.

「도쿄 다마 지역 수돗물에서 고농도 유해물질 검출, 취수정 취수 중단」(2020년 1월 8일 자 『아사히신문』 조간)

과불화화합물이라니 처음 듣는 이름이었다. PFOS와 PFOA라는 물질이 다마 지역 내 세 군데 정수장에서 고농도로 검출되는 바람에 수원이던 지하수의 취수를 중단했다고 쓰여 있었다. 정수장 명단에 자신이 살고 있는 후추시에서 운영하는 후추무사시다

---

* 카드에 적힌 전통 시구를 외워 상대방과 겨루는 게임.

　　　　　　　　　　　　　11장 바이오 모니터링

이 정수장이 있었다. 나머지 두 군데는 고쿠분지시의 히가시코이가쿠보 정수장과 구니타치시의 구니타치나카 정수장이었다. 세 지역 모두 풍족한 샘물로 잘 알려진 고장이다. 도쿄도 수도국 홈페이지를 살펴보던 아사다의 눈에 이런 문구가 들어왔다.

"이미 모든 조치를 완료했으니 안심하십시오."

"안전한 수돗물을 공급합니다."

표14   단위: ng/L

2011년	110
2012년	110
2013년	150
2014년	120
2015년	150
2016년	140
2017년	110
2018년	80

홈페이지에 공개된 후추무사시다이 정수장의 농도는 표14와 같았다. 기사가 났던 2020년 1월 8일 당시에는 일본 국내 수돗물 수질 관리 기준치가 정해지지 않은 상태였다. 하지만 그로부터 3개월 뒤 후생노동성이 잠정 목표치로 정한 PFOS·PFOA 합계 50ng/L, 다시 말해 하루 2L의 물을 70년 동안 마셔도 건강에 영향이 없다는 농도 값과 비교하면 2~3배에 달하는 농도가 계속 이어져 왔다는 말이었다.

홈페이지에 올라와 있지 않은 2010년 이전 농도는 어떨까. 언제부터 오염된 물을 마셔 왔을까.

지하수 취수를 중단했다고 정말 안심할 수 있을까. 아사다의 머릿속에 몇 가지 의문점이 생겨났다. 그리고 지하수 오염 문제에 몰두했던 지난날이 떠올랐다.

1982년, 화학물질인 트리클로로에틸렌이 지금처럼 후추무사시다이 정수장의 취수정에서 고농도로 검출되었다. 환경문제에 관심 있는 시민들이 입을 모아 대책을 요구하자 후추시는 지하수를 퍼 올려 공기를 불어 넣은 뒤 다시 땅속으로 주입하는 방식으로 지하수를 정화하기로 했다. '폭기'라고 불리는 정화 대책은 40년 가까이 지난 지금도 계속되고 있다.

"덕분에 한번 오염된 지하수는 간단히 정화되지 않는다는 사실을 잘 알고 있지요."

PFOS는 2010년에, PFOA는 2015년에 각각 제조·사용이 제한되었다고는 했지만 안심할 수 없었다.

예전에 시의회 의원을 역임하며 환경문제 해결에 적극적으로 나섰고 현재도 여전히 지하수 보호 활동을 이어 오고 있다. 따라서 함께 활동하는 지인에게서 혈액 검사 프로젝트가 있다는 이야기를 들었을 때 망설임 없이 신청하기로 했다.

독일 PFOS 지침을 훌쩍 넘긴 다섯 명

2020년 8월 30일 오전 9시, 이미 기온은 30도를 넘어서고 있었다. 아사다는 고쿠분지시의 카페 슬로에서 혈액 검사 프로젝트를 주관하는 NPO의 설명을 들었다. 서약서에 서명하자 프로젝트 관계자가 차로 안내했다. 5분 정도 차를 달려 작은 의원에서 채혈을 마쳤다.

채취된 혈액은 원심분리기에 돌린 뒤 보냉 용기에 넣어 시즈오카현에 있는 민간 검사기관으로 보낸다. 추출 물질은 이미 사용이 금지된 PFOS와 PFOA, 그리고 향후 규제 대상으로 예상되는 PFHxS라는 물질이라고 했다. 3주쯤 지났을 무렵 집으로 분석 결과가 날아왔다.

PFOS 27ng
PFOA 5.8ng

두 값 모두 백혈구와 적혈구 성분을 제외한 혈장 1mL에 포함된 양이었다. 적혀 있는 말은 이해했지만 수치가 의미하는 바까지는 알 수 없었다.

9월 말, 혈액 검사 결과 보고회에 참석했다. 보고회가 시작되자 검사를 주최한 NPO의 이사이자 구마모토가쿠인대학교 교수인 나카치 시게하루가 마이크를 잡았다. 두 정수장의 급수 구역에서 살거나 일한 경험이 있는 사람들 11명씩, 총 22명의 혈액을 검사한 결과 PFOS와 PFOA의 혈중 농도 중앙값은 아래와 같았다. 이때 중앙값이란 총검사자의 검사 결괏값을 작은 순서대로 늘어놓았을 때 한가운데 있는 값을 말한다.

PFOS 15ng

PFOA 4.85ng

　스크린에 비친 분석 그래프에서 아사다의 PFOS 혈중 농도는 중앙값에서 한참 떨어진 곳에 있었다. 그뿐 아니라 27ng은 전체 검사자 중에서 가장 높은 값이었다.

　"순간 온몸이 떨리는 느낌을 받았습니다."

　지금껏 유기농 채소를 먹고 무첨가 식품을 고르며 최대한 화학물질 섭취를 피하려 신경 썼다. 그랬기에 더욱 마음이 동요했다.

　건강에는 어떤 영향이 있을까. 나카치 교수는 참고할 만한 자료가 환경성이 발표한 「화학물질 인체 노출량 모니터링 조사」 정도밖에 없다고 했다. 2011년 그리고 2013년부터 2016년까지의 총 다섯 해 동안 전국 다섯 곳의 도시, 농촌, 어촌에 사는 주민 406명을 대상으로 체내에 축적된 과불화화합물과 다이옥신류를 검사한 보고서이다. 보고서의 결과와 이번 혈액 검사의 중앙값을 비교하니 PFOS는 약 2.1배, PFOA는 약 1.3배 높았다. 아사다의 혈중 농도는 그보다도 더 높은 셈이다.

　한편 일본에는 과불화화합물의 혈중 농도 평가 기준이 없어 독일의 지침을 참고했다. 지침에 따르면 PFOS가 5ng 이하일 때 건강에 특별한 영향은 없다. 하지만 20ng을 넘으면 건강에 영향을 미친다고 여겨지므로 정부는 서둘러 노출 저감 대책을 마련할 필요가 있다고 되어 있다.

"이번 조사에서 독일 지침상 건강에 영향이 있다고 판단되는 20ng 이상 검사자는 22명 중 5명이었습니다."

아사다는 그중 한 사람이었다.

도쿄도 수도국은 고농도로 오염된 지하수의 취수를 중단했으므로 당장 건강 영향이 나타날 수준은 아니라고 주장했지만 아사다의 몸에는 이미 상당량의 화학물질이 쌓여 있었다. 독일에서는 임신 가능성이 있는 연령대의 여성과 어린이의 경우 성인의 절반 값을 지침으로 삼고 있다는 사실도 알게 되었다. 문득 생후 2개월, 4살 난 손주들의 얼굴이 떠올랐다.

반감기는 '수년'

과불화화합물은 임산부와 태아에게 어떤 영향을 미칠까. 나는 2000년대 초부터 연구를 이어온 홋카이도대학교 기시 레이코 특별초빙교수를 만나보기로 했다. WHO의 연구협력센터이기도 한 연구실은 노랗게 물든 은행나무 가로수 옆에 자리하고 있었다.

기시 교수의 연구 그룹은 삿포로에서 500쌍, 홋카이도 전역에서 2만 쌍의 엄마와 자녀를 대상으로 장기간에 걸쳐 혈중 농도를 추적하며 건강 영향을 조사해 왔다. 이 조사는 「환경과 어린이 건강을 조사하는 홋카이도 스터디」[2]라고 불린다. 기시 교수는 말했다.

"세대를 넘어 오염이 전해지는 것이 과불화화합물의 무서운 점이지요."

지금까지 과불화화합물이 탯줄을 통해 모체에서 태아로 전달된다는 사실 외에도 임산부의 혈중 PFOS 농도가 높으면 출생 후 신생아의 저체중을 불러오고 알레르기나 감염증 발병의 위험성이 높아지며 면역 기능이나 성호르몬에 영향을 준다는 사실도 논문으로 발표했다.

"과불화화합물은 생활 곳곳에 넘쳐나므로 누구든 자기도 모르는 사이에 공기나 먼지를 통해 흡입합니다. 인체에 축적되면 그 양이 반으로 줄어들기까지 수년이 걸린다고 알려져 있고 안타깝지만 이미 다양한 방식으로 건강에 영향을 미치고 있습니다."

눈에 띄는 오염이 보고된 바 없는 홋카이도에서도 영향이 나타난다면 오랜 기간 오염이 이어져 왔던 다마 지역에서는 어떨까. 삿포로에 사는 임산부 500명의 조사 결과와 홋카이도 전역의 임산부 2만 명 중 약 2,000명을 추출한 조사 결과를 다마 지역과 비교해 보니 다마 지역이 PFOS는 2.9~4.4배, PFOA는 2.4~3.7배 높았다(표15). 모두 혈장 1mL당 혈중 농도의 중앙값이다. 심지어 PFOS 및 PFOA가 일본에서 사용 금지된 지 각각 9년과 5년이 지난 시점에서 채취한 혈액의 농도다.

표15

단위: ng

	PFOS	PFOA
삿포로	5.2	1.3
홋카이도	3.4	2
다마 지역	15	4.85

　　　　　　　　　　　　　　11장 바이오 모니터링

기시 교수는 수치를 비교하며 신중한 태도를 보였다.

"삿포로와 홋카이도의 검사자는 임산부지만 다마 지역 검사자는 평균 연령 60대 이상의 고령층입니다. 그만큼 오염된 지하수를 마신 기간이 길고 체내에 축적된 양도 많겠지요. 그러니 단순 비교는 어렵습니다."

나 같은 풋내기의 눈에는 분명한 차이가 있어 보였지만 수치를 단순 비교하기에는 무리가 있다는 설명이었다. 이어 기시 교수는, 일본에는 기준도 없으니까요, 하고 말을 보탰다. 나는 독일에 혈중 농도 지침이 있음을 알리고 다시 한번 의견을 물었다.

"다마 지역 내 두 정수장에서 고농도의 과불화화합물이 검출되었다는 사실은 분명하니 독일 지침에 따른다면 행정기관은 주민의 혈중 농도를 검사하고 추이를 지켜볼 필요가 있겠지요. 특히 임산부와 어린이가 걱정이군요."

기시 교수는 그제서야 검사의 필요성을 언급했다.

나는 또 하나 흥미로운 검사 결과를 전했다. 세 번째 물질인 PFHxS의 혈중 농도에서 다마 지역이 별개로 조사[3]를 수행한 오키나와 지역보다 높게 나왔다는 사실이다. 이 조사는 2019년에 교토대학교 연구팀이 오키나와현 기노완시의 주민 44명을 대상으로 수행했다(표16).

표16

	PFOS	PFOA	PFHxS
다마 지역	15	4.85	20.5
기노완시	13.7	3.2	6.4

기시 교수는 가만히 고개를 끄덕인 후 입을 뗐다.

"이미 사용이 금지된 PFOS·PFOA를 대체하려고 만든 규제 대상 외 과불화화합물은 지금도 몇 가지나 사용되고 있습니다. 이 물질들의 영향도 걱정입니다."

주지하는 바대로 PFHxS는 UN 스톡홀름 협약의 다음 규제 대상으로 예상되는 물질이다. 경제산업성은 PFHxS의 사용 실태를 조사한 적이 있다. 그러나 정보공개청구를 통해 받은 문서는 온통 새까맸다. '사용 실적 및 대체 가능성 조사 결과 일람'이라는 제목과 '용도', '대체 완료 예상 시기', '대체 비용', '대체 불가능한 이유', '사업 중단 시 중단 예상 시기' 등과 같은 11개 질의 항목만 보일 뿐 25개 기업이 작성한 답변은 모두 검게 칠한 상태였다. 이유를 묻자 경제산업성은 '기업 정보에 해당하기 때문'이라고 설명했다.

이미 PFOS·PFOA는 사용 금지에 이어 수질 관리 목표치도 설정되었지만 6,000종에 달하는 대체 물질은 지금도 규제 범위 밖에 있다. 이 때문에 해외에서는 과불화화합물 전체, 즉 PFAS를 규제해야 한다는 지적도 나온다.

오사카에서 최고 농도

2020년 여름, 혈액 검사를 진행한 곳은 도쿄뿐만이 아니었다.

도쿄에서 500km 떨어진 오사카부 셋쓰시 시민 69세 남성 A는 2020년 6월, TV로 지역 뉴스를 보다 눈이 번쩍 뜨였다. 환경성이 강물과 지하수에 포함된 PFOS·PFOA의 농도를 전국 171곳에서 조사한 결과 총 13개 지자체, 37곳에서 환경관리 지침을 넘어섰는데 그중에서도 셋쓰시의 취수정에서 가장 높은 농도가 검출되었다는 소식 때문이었다.[4] 과불화화합물의 환경관리 지침은 물 1L당 PFOS·PFOA 합계 50ng으로, 후생노동성이 정한 수돗물 잠정 목표치와 수치는 같지만 자연계에 존재하는 물에 적용된다는 점이 다르다. 셋쓰시의 취수정에서 측정된 값은 PFOA의 농도만 해도 1,812ng으로, 환경관리 지침의 36배가 넘었다. 도쿄 다마 지역의 지하수가 PFOS로 오염된 반면 오사카의 지하수는 PFOA로 오염되어 있었다.

전자기기로 이름난 큰 회사에 다니다 8년 전 정년퇴직한 A는 집에서 도보 5분 거리에 있는 밭에 가 채소를 가꾼다. 계절마다 가지, 감자, 오이, 시금치, 무 등을 직접 수확해 매일 상에 올린다. 농부였던 아버지에게서 물려받은 밭에는 지하수와 농업용수를 끌어 쓴다.

밭 근처 공장에 문의하자 곧 담당자가 찾아왔다.

"예전에 저희 공장에서 PFOA를 생산한 적이 있기는 합니다만 5년 전에 완전히 생산을 중단했습니다. 그리고 공장 부지 내 취수정에서 지하수를 퍼 올리고 있기 때문에 오염된 지하수가 주변으로 확산되는 일도 없습니다. 퍼 올린 지하수의 농도 역시 감소하고 있고요."

담당자가 보여준 꺾은선 그래프는 분명 하향 곡선을 그리고 있었다. 2007년에 26이던 농도는 2015년에 4.8까지 줄었다. 다만 μg(마이크로그램)이라는 낯선 단위가 붙어 있었다. 비슷하게 생기기는 했지만 환경관리 지침을 표시하는 단위인 ng의 1,000배에 해당한다. 그러니까 환산하면 2007년에는 26,000ng/L, 2015년에는 4,800ng/L으로 현 환경관리 지침보다 각각 520배, 96배 높은 값이다. 이미 생산을 중단했다고는 하지만 지하수 농도가 현격히 높다. A가 셋쓰시에 문의하자 환경정책과 담당자는 말했다.

"지금 살고 계신 지역의 수돗물에는 지하수가 포함되어 있지 않으니 걱정하지 않으셔도 됩니다."

그래도 불안은 사라지지 않았다. 오사카부에 조사를 요청했지만 반응은 냉담했다.

"자연계에 존재하는 과불화화합물의 환경관리 지침이 있기는 하지만 지자체가 정책 목표로 삼는 기준치가 아니기 때문에 특정 지역만을 조사할 수는 없습니다. 필요하시다면 직접 전문가를 수배해서 조사하시기 바랍니다."

하는 수 없이 민간 검사기관에 문의했다. 하지만 10억분의 1g에 해당하는 ng, 즉 수영장에 소금 두세 알갱이를 녹인 것과 같은 정도의 미세한 농도를 검출하는 정밀 기기는 보유하지 않고 있다며 세 업체가 거절했다. 그래도 포기하지 않고 인터넷을 뒤

　　　　　　　　　　　11장 바이오 모니터링

지던 중 한 연구자의 이름을 발견했다.

힘겹게 만난 교토대학교 명예교수

교토대학교 고이즈미 아키오 명예교수는 20년 넘게 과불화화합물 오염을 연구했다. 2003년, 오사카 지역 일대를 흐르는 요도가와강에서 고농도의 PFOA를 검출했고 그로부터 4년 뒤에도 요도가와강 주변에서 수행한 조사 결과를 발표하며 과불화화합물에 사회의 관심을 모으는 데 일조했다. 2018년에 교토대학교를 퇴직한 뒤에는 교토 시내에 있는 한 연구소의 소장을 맡고 있다. A는 연구소로 메일을 보냈다.

"과불화화합물 농도를 측정해 주셨으면 합니다."

2주 뒤, 의사이기도 한 고이즈미 소장은 교토대학교에서 오랫동안 연구를 함께한 하라다 고지 준교수와 셋쓰시를 방문했다. 그리고 밭에서 사용하는 지하수 및 토양 샘플과 함께 A의 혈액을 채취했다. 다시 3주가 흘러 분석 결과를 손에 든 고이즈미 소장의 눈이 휘둥그레졌다. 먼저 지하수였다.

"18,366ng/L"

환경성이 실시한 전국 조사에서 가장 농도가 높았던 셋쓰시 취수정의 10배, 환경관리 지침의 360배가 넘는 수치였다. 20년쯤 전에 이 지역에서 비슷한 농도가 나온 적은 있었지만 PFOA 사용 금지 이후 10년 이상 세월이 지났음에도 지극히 높은 농도가 나타난다는 사실에 충격을 받았다.

A의 혈액에서도 높은 농도가 나왔다. 혈장 1mL에 포함된 PFOA의 농도는 예상을 크게 웃도는 값이었다.

"110ng/mL"

PFOA가 인체 건강에 미치는 영향은 15년쯤 전에 미국에서 대규모로 조사한 바 있다. 제1장에서 이미 소개한 내용이지만 한 번 더 훑어보기로 하자.

미국 동부 웨스트버지니아주, 대형 화학 기업 '듀폰'이 운영하는 공장에서는 프라이팬 눌음 방지 처리용 PFOA를 대량으로 생산하고 있었다. 공장에서 나온 폐기물이 근처를 흐르는 오하이오강을 오염시켰고 강물을 먹는물의 수원으로 활용하던 유역 주민들에게 이상 증상이 연이어 발생했다. 그 후 집단 소송이 진행되었고 결국 듀폰은 약 8천억 원을 배상하는 데 합의했다.

강 유역의 주민 약 7만 명을 대상으로 한 혈액 검사를 통해 PFOA가 신장암, 고환암, 궤양성 대장염, 고콜레스테롤혈증, 갑상샘 질환, 임신 중독증 등 여섯 개 질환을 일으킬 가능성이 크다는 사실이 검증되었다. 검사자 혈중 농도의 중앙값은 28.2ng/mL로, 2005년부터 2006년까지 전체 미국인을 대상으로 조사한 값의 약 7배에 달했다. 60세가 넘은 어느 남성의 몸에서는 42.8ng/mL가 검출되기도 했다. 셋쓰시에 사는 A의 혈중 농도는 110ng/mL였으니 42.8ng/mL보다도 2.6배가 높은 셈이다.

물론 오염되지 않은 지역의 PFOA 혈중 농도는 한참 낮다. 가령 2015년부터 2016년 사이에 1,993명을 대상으로 실시한 미국 국민건강영양조사[5]에서는 1.57ng/mL로 측정되었다. 앞서 소개한 환경성의 「화학물질 인체 노출량 모니터링 조사」에서는 약 3.6ng/mL였다. 이 수치들과 비교해 보면 A의 혈중 농도는 두드러진다. 다만 콜레스테롤 수치가 약간 높고 신장 기능이 약한 것을 제외하면 A가 자각하는 건강 이상이나 특별한 질환은 없었다. 그래도 원인을 모르는 만큼 마음은 쉽게 가라앉지 않았다.

"셋쓰시의 말에 따르면 제가 사는 지역의 수돗물에는 지하수를 사용하지 않는다고 합니다. 그렇다면 식재료 때문에 혈중 농도가 높게 나타났을까요? 저희 밭에서 기른 채소가 밥상에 오르지 않은 날이 없었으니까요."

지하수, 농업용수, 토양, 작물과 혈중 농도 사이에 인과관계가 있을까. 고이즈미 소장은 상세하게 검증해 보지 않는 한 알 수 없다고 운을 뗀 후 한마디 덧붙였다.

"이 정도 수치가 나온 이상 오사카부와 환경성은 이 지역에서 건강검진을 수행해야 하지 않을까요?"

오사카부에서 환경 보전 규제 및 지도를 담당하는 사업소지도과 니시이 유코 과장보좌는 말했다.

"PFOA가 건강에 미치는 영향은 의학적인 견해가 제각각인지라 당장 주민 건강에 위협이 된다고 보기는 어렵습니다."

그리고 덧붙였다.

"PFOA는 행정기관 정책 목표인 '환경 기준' 항목도 아니라서 공장 주변에서 건강검진을 할 법적 근거가 없어요. 만약 한다고 하면 환경성 소관인데 현재로서는 혈중 농도를 평가할 기준도 없습니다."

226

혈액 검사를 수행할 의향이 없다는 뜻이었다.

오염 기업 다이킨의 책임

2020년, 오사카부는 환경성의 전국 조사에서 가장 높은 농도가 검출되었던 셋쓰시 취수정을 조사했다.[6] 5년 만이었다.

"PFOA 1,380ng/L"

환경성이 정한 환경관리 지침, 1L당 PFOS·PFOA 50ng과 비교하면 27배가 넘는 값이었다. 오사카부는 조사 결과 분석 의견을 홈페이지에 게시했다.

"이번 조사 결과인 1,380ng/L는 작년 환경성 조사 결과인 1,812ng/L에 비해 감소한 수치이며 장기적으로도 감소 경향이 나타나고 있음을 확인했습니다."

오사카부는 환경성 조사보다 농도가 낮아졌다는 점을 강조했지만 두 값 모두 애초에 지극히 높은 농도라는 점은 언급하지 않았다. 게다가 게시글을 올린 곳은 홈페이지 메인 화면에서 다섯 번은 클릭해야 접근할 수 있는 '화학물질대책' 페이지였다. 일부러 검색해서 찾아가지 않는 이상 여간해서 발견하기 힘들다. 오염이 발생한 경위는 이렇게 설명했다.

"과거에 PFOA를 생산했던 다이킨공업주식회사 요도가와 공장은 2012년 10월에 PFOA 사용을 전면 중단했고 PFOA가 포함된 지하수를 공장 부지 안에서 처리하고 있습니다."

오염원으로 지목된 곳은 에어컨·공조기 제조업체인 다이킨

공업주식회사(이하 다이킨)였다. 다이킨은 1960년대 후반부터 PFOA를 생산해 여러 기업에 납품해 왔지만 2000년대 들어 해외에서 PFOA가 건강에 미치는 위험성이 지적되자 어쩔 수 없이 방침을 변경했다. 그리고 미국 EPA의 지도 아래 3M, 듀폰, 아사히글라스(현 AGC) 등의 기업들과 함께 PFOA의 제조·사용을 2015년까지 전면 중단했다. 하지만 여전히 지하수 오염은 심각하다. PFOA 혈중 농도가 110ng/mL로 나왔던 A의 밭은 다이킨 요도가와 공장 바로 앞에 있다.

오염은 어떻게 진행되었을까. 우선 다이킨 공장 부지 밖에 있는 취수정에서 오사카부가 측정한 지하수 농도를 살펴보자(표 17).

표17

단위: ng/L

2007년	26,000
2008년	18,000
2009년	20,000
2010년	17,000
2011년	13,000
2012년	8,800
2013년	5,800
2014년	3,900
2015년	4,800

공장 주변에서 측정한 농도가 8년 동안 대략 5분의 1로 감소

한 것은 다이킨이 실시한 오염 제거 대책이 효과를 발휘한 덕이 리라. 공장 부지 안에 있는 취수정에서 지하수를 퍼 올려 지하수 위를 낮춤으로써 공장 주변의 지하수를 부지 안으로 흘러들도록 유도해 확산을 막는 방식이다. 오사카부 홈페이지에는 굵은 화살표가 부지 밖에서 안으로 향하는 그림이 게시되어 있다. 하지만 환경성의 환경관리 지침과 비교하면 2007년 520배에서 2015년 96배로 줄었을 뿐 여전히 농도는 지극히 높다.

다이킨은 요도가와 공장 부지 안에 감시용 취수정을 세 군데 설치하여 오사카부와는 별개로 지하수 농도를 측정하고 있다. 그중에서도 부지 경계와 가까운 취수정은 오염 제거 대책의 성공 여부를 판단하는 지표로 주목하고 있다. 아울러 2009년부터 오사카부, 셋쓰시와 함께 비공개회의인 '대책연락회의'를 열고 현황을 보고한다. 오사카부에 정보공개청구를 넣어 입수한 회의록에서 해당 부분을 발췌해 보았다.

"높은 농도가 나타나는 (…) 원인은 불명" (2013년 9월 12일)

"향후 최소 5년은 측정할 예정" (2014년 9월 24일)

PFOA 생산을 중단했음에도 생각만큼 농도가 낮아지지 않았던 정황이 드러나 있다. 문제를 해결하기 위해 2015년에는 공장 부지 안에서 퍼 올리는 지하수 양을 연간 3만 톤에서 6만 톤으로 두 배 늘렸으나 일부 구역에서 지반 침하가 발생하는 바람에 더는 양수량을 늘릴 수가 없었다. 부지 내 세 취수정에서 측정한 농도는 12,000~42,000ng/L로 오사카부가 부지 밖 취수정에서 측정한 농도보다 훨씬 높았다.

"장기적으로 보아 감소 경향이라고 보기 힘들다."

"PFOA 제거는 5년, 10년보다도 더 멀리 봐야 하는 목표다."
(2015년 10월 2일)

이 시점에서 이미 오염 제거 대책이 막다른 골목에 처했다는 사실을 엿볼 수 있다. 아니나 다를까, 다음 해에는 90,000ng/L로 급상승했다.

"향후 측정 결과를 주의 깊게 감시해야" (2016년 12월 13일)

"농도 추이를 주시하는 중" (2017년 12월 26일)

2018년 기록 중에는 다이킨과 오사카부 사이에 발생한 견해차를 보여주는 대목도 있었다.

다이킨 "전체적으로 농도가 낮게 유지되고 있으므로 문제는 없다."

오사카부 "최근 상승 경향이 나타나고 있어 향후 추이가 우려스럽다."

2019년 농도는 68,000ng/L였다. 다이킨의 환경기술 대외전임부장 고마쓰 사토시의 발언이다.

"크게 봤을 때 농도가 감소 경향을 보이고 있어 지하수 처리 대책에 어느 정도 효과는 있었다고 판단한다. 다만 농도 감소 속도가 더뎌 이 상태로는 주변 지역 확산을 막기 어렵다."

2020년 가을, 다이킨은 약 13년 만에 지하수 처리 대책의 근본적인 재검토에 들어갔다. 공장 부근의 셋쓰시 취수정에서 전국 최고 농도가 측정되었다는 환경성 조사 결과가 발표된 지 3개월 만의 일이었다.

다이킨은 앞으로도 부지 내에서 측정하는 지하수 농도를 공개할 계획은 없다고 밝혔다.

"이제 PFOA를 생산하지도, 사용하지도 않기는 하지만 어쨌든 농도를 발표하면 환경 대책 비용을 어림 계산할 수 있어 해외 경쟁 업체에 정보를 제공하는 꼴이 되기 때문이지요."

"미 권고치는 규칙도 아니고 규정도 아니다"

회의록에는 과불화화합물 규제를 바라보는 기업의 속내도 드러나 있다. 가령 2016년에 EPA가 먹는물 농도 권고치를 70ng/L로 하향 조정한 사실을 두고 이렇게 말했다.

"적정한 값이라고 보지 않으며 적정한 값으로 정정하도록 힘쓰고 있다." (2016년 12월 13일)

"이 권고치는 규칙도 아니고 규정도 아니다." (2017년 12월 26일)

EPA의 권고치는 해당 농도의 물을 하루 2L씩 70년 동안 마셔도 건강에 영향을 미치지 않는다는 가정하에 정한 값으로 다이킨의 말대로 법적 구속력은 없다.

PFOA가 인체 건강에 미치는 영향은 어떻게 보고 있을까.

"역학 조사에 따르면 생식 기관이나 간암과 상관관계가 있다고 되어 있다. 하지만 역학 조사 결과에 기반한 기준을 채용하고 있는 곳은 없다." (2016년 12월 13일)

이때 '역학 조사'란 이미 여러 번 언급했던 사례, 즉 미국 웨스트버지니아주 주민 약 7만 명을 대상으로 실시한 조사를 말한다. 주지하듯 PFOA가 신장암, 고환암, 궤양성 대장염 등 여섯 개 질환의 발생 가능성을 높인다는 결론을 내린 바 있다. 하지만 고마쓰 부장의 주장은 달랐다.

"재판 결과는 양측 합의였지 법원이 공식적으로 판결을 내린 게 아닙니다. WHO 역시 건강 영향에 관해 결론을 내리지 않았고 영향이 없다고 주장하는 연구 결과도 있으므로 의학적으로는 증명되지 않았다고 봅니다."

고마쓰 부장의 말처럼 과불화화합물에 관한 의학적 평가는 보류 중이다. 그러나 그렇다고 해서 모른 척 무시할 수 있을까.

다이킨 공장 근처에서 밭을 가꾸는 69세 남성 A의 혈액에서 지극히 고농도의 PFOA가 검출되었다는 사실을 전했다.

"해당 내용을 알고는 있습니다만 어떻게 검사를 진행했는지도 모르는 상황에서 답변을 드리기는 어렵습니다."

그래도 만약 오사카부가 공장 주변 지역에서 건강검진을 진행한다면 협력하겠다는 뜻을 밝혔다. 앞서 살펴봤듯 오사카부는 건강검진을 진행할 계획이 없다.

한편 오사카부는 공장 부근에서 수질 조사를 재개했다. 2021년 1월, 셋쓰시 히토쓰야 지역에 있는 A의 밭 우물에서 22,000ng/L, 즉 환경관리 지침의 440배에 해당하는 PFOA가 검출되었다. 인근을 흐르는 농업용수의 농도 역시 높았다. 주변에서 농사를 짓는 주민들에게서 불안을 호소하는 목소리가 터져

나오기 시작했다. A는 다시 한번 오사카부에 건강검진을 요청할 생각이다.

다마 지역에서 전수 검사를

도쿄에서도 행정기관에 조사를 요청하는 움직임이 있었다. 다마 지역 후추·고쿠분지시의 혈액 검사로부터 두 달이 지난 2020년 가을, NPO '다이옥신·환경호르몬대책 국민회의'의 회원 6명은 환경성을 방문했다. 코로나바이러스가 기승을 부리던 시기였음에도 회의실에는 담당자인 환경보건부장을 비롯해 9명이 기다리고 있었다. 나카시타 대표는 NPO에서 진행한 혈액 검사 결과까지 담아 건의서[7]를 제출했다.

"도쿄 다마 지역에서 대규모 혈액 검사와 건강검진을 실시해 주십시오. 오염원 조사와 지하수 정화 대책도 필요합니다."

하지만 관료들의 반응은 싸늘했다.

"해당 지역 지자체를 건너뛰고 환경성이 나설 수는 없습니다. 지자체와 함께 고심해 보겠습니다."

환경성은 조사의 주체가 도쿄도라는 견해를 끝까지 고수했다.

그로부터 2주 뒤 나카시타 대표와 회원들은 신주쿠에 있는 도쿄도청을 찾아가 마찬가지로 혈액 검사를 요청했다. 하지만 도쿄도 역시 신중한 자세였다.

"환경성이 움직이지 않는 이상 도쿄도에서 나서기가……. 게다가 혈중 농도 결과가 나와도 일본에는 기준도 없습니다. 현재 정부가 '에코치루 조사'를 진행하고 있기 때문에 저희는 상황을 지켜볼 생각입니다."

에코치루 조사란 엄마와 자녀 10만 쌍을 대상으로 태아 단계에서부터 13세가 될 때까지 자녀의 건강 상태를 추적 조사하는 프로젝트를 말한다. 환경성이 주관하며 과불화화합물 등 체내로 유입된 화학물질도 검사한다. 2027년까지 데이터를 수집하고 이후 5년에 걸쳐 해석하는데 전국 15개 조사 대상 지역 중 도쿄도는 빠져 있다. 나카시타 대표가 말했다.

"오염된 물을 각 가정의 수도꼭지로 보낸 주체는 도쿄도입니다. 후생노동성과 환경성은 1년 전까지만 해도 수질 관리 기준조차 설정하지 않았어요. 주민 건강을 조사할 책임은 행정기관이 져야 하지 않겠습니까?"

내가 취재를 요청하자 도쿄도 환경국은 "인체에 미치는 영향을 조사하는 문제이므로 복지보건국으로 연락하라"라고 답변했고, 복지보건국은 "정해진 혈중 농도 기준이 없으므로 혈액 검사는 계획하고 있지 않다. 그리고 원래 건강검진은 환경성 주관이다"라고 설명했다. 환경성은 "주민 건강에 피해가 발생했는지 도쿄도 측에 정보를 요청한 상황"이라고 했고 다시 도쿄도 환경국은 "구체적으로 들은 바가 없다"라고 답변했다.

이번에도 책임 소재는 보기 좋게 허공에 붕 떴다.

고이즈미 환경상을 향한 호소

같은 2020년 가을, 고이즈미 신지로 환경상은 이바라키현 쓰쿠바시에 있는 국립환경연구소 시찰에 나섰다. 이미 여러 번 등장한 바 있는 인체노출실태연구실 나카야마 쇼지 실장이 설명을 위해 고이즈미 환경상 앞에 섰다. EPA에서 근무한 경험이 있고 국립환경연구소에서는 전국 에코치루 조사를 총괄하는 코어 센터 차장도 맡고 있다.

"국민이 어떤 물질에 얼마나 노출되어 있는지 혈액을 채취해 파악해 두지 않으면 오염이 발견된다 한들 건강에 어떤 영향을 미치는지 판단할 수 없습니다. 따라서 전국 규모로 지속적인 바이오 모니터링을 실시할 필요가 있습니다."

잔류성유기오염물질의 전문가인 나카야마 실장은 일부러 경제적인 측면까지 연관 지어가며 조사의 필요성을 강조했다.

"화학물질 때문에 신생아의 체중이 줄면 이후 성장 발달에 영향을 미치거나 IQ가 낮아진다는 해외 연구 결과가 있습니다. 특정 세대에서 IQ가 1만큼 떨어지면 수십조 엔에 달하는 경제 손실로 이어진다고도 합니다."

고이즈미 환경상은 나카야마 실장과 눈을 맞추며 "꼭 해야겠군요." 하고 답변했다. 단지 상황을 모면하기 위한 빈말이 아니라 일말의 의지가 엿보이는 대답이었다는 전언이다.

뒤처지는 일본

국민을 대상으로 광범위하게 실시하는 조사라면 후생노동성의 국민 건강 영양 조사가 잘 알려져 있다. 전쟁이 끝나고 얼마 지나지 않은 1945년 12월부터 연합군 최고사령부*의 지시로 시작되었다. 1948년부터는 전국으로 확대해 시행했고 시대의 변화에 따라 조사 항목을 조정해가며 지금까지 이어져 왔다. 다만 주로 음식물 섭취 현황을 조사하고 화학물질은 조사 대상이 아니다.

환경성은 「화학물질 인체 노출량 모니터링 조사」를 수행하고 있기는 하나 대상자 수가 80명에 그쳐 국민 전체의 경향을 파악하는 조사로 보기는 어렵다. 아울러 에코치루 조사 역시 대상이 엄마와 자녀에 한정되었을 뿐만 아니라 도쿄도는 대상 지역에서 빠져 있다. 결과적으로 '영원한 화학물질'의 체내 오염 실태는 거의 알려진 바가 없다. 덧붙여 혈액 검사를 시행하더라도 결과를 평가할 지표가 없다. 이번에도 과불화화합물을 둘러싼 공백이 드러난 셈이다. 나카야마 실장은 말했다.

"오염 지역의 조사와 국민 전체의 경향을 대표할 수 있는 조사, 두 가지가 모두 갖추어져야 비로소 실태를 정확하게 평가할 수 있습니다. 그러려면 환경성은 현재 진행 중인 모니터링 조사

---

* GHQ, General Headquarters. 제2차 세계대전 이후 패전국 일본을 점령·관리했던 조직으로 미국을 중심으로 꾸려졌다.

를 재검토해 조사 방식을 손보고 규모를 확충해야겠지요."

하지만 환경성은 모니터링 조사 예산 편성에 인색하다. 심지어 예산 부족으로 2016년 이후 혈액 시료 분석이 정체를 겪고 있다.

와세다대학교 초빙연구원으로 근무했던 다카쓰키 미네오는 2년 전까지 UN 스톡홀름 협약에 일본 대표로 참가했다.

"수많은 화학물질이 넘쳐나는 현대 사회에서 인간이 어떤 물질을 얼마나 흡입하고 어떤 영향을 받는지 확인하려면 바이오 모니터링이 꼭 필요합니다. 스톡홀름 협약에서도 판단의 지표로 삼고 있습니다."

다카쓰키는 한숨 고른 뒤 말을 이었다.

"이대로라면 다른 나라에 뒤처질지도 모릅니다."

하지만 법적 근거가 없으면 관료 조직은 움직일 수 없다. 그렇다면 법을 제정하면 되지 않을까…….

후추·고쿠분지시 조사를 수행했던 NPO '다이옥신·환경호르몬대책 국민회의'는 <환경안전기본법(가칭)>의 제정을 위한 서명 운동을 시작했다. 법안에는 화학물질 체내 오염 정도를 조사하는 혈액 검사 조항도 담겨 있다.

11장 바이오 모니터링

12장

번져가는
오염

지금까지 과불화화합물에 따른 지하수와 수돗물의 오염 그리고 인체 축적을 설명했다. 이쯤에서 다시 이야기의 주 무대인 도쿄 다마 지역으로 되돌아가자.

사실 PFOS·PFOA에 따른 먹는물 오염은 정수장뿐만이 아니라 개인이 소유한 취수정이나 학교, 병원 및 그 밖의 시설이 운영하는 대형 취수정에서도 광범위하게 일어나고 있었다.

묻혀 있던 연구 성과

도쿄의 지하수에 포함된 PFOS·PFOA를 조사한 연구는 도환연이 수행한 것을 제외하면 그다지 많지 않다. 그러던 어느 날, 인터넷 창 한쪽 구석에서 흥미로운 논문 한 편을 발견했다. 도쿄도 내 지하수를 대상으로 PFOS·PFOA 포함 13종의 과불화화합물 농도를 조사해 2014년에 발표한 내용이었다.[1] 논문에 따르면 도쿄 시내 23개 구 중 19개 구에 있는 53곳의 취수정에서 PFOA

가 최대 1,800ng/L, PFOS가 최대 990ng/L로 검출되었다. 논문에 첨부된 지도에는 빨간색, 파란색, 연두색 등 물질마다 다른 색깔로 조성과 농도를 표시한 원기둥 그래프가 여기저기 그려져 있어 넓은 범위에서 다양한 과불화화합물이 사용되었음을 알 수 있었다. 논문 저자 중 가장 앞에 이름을 올린 도야마현립대학교 구로다 게이스케 준교수에게 문의하자 각각의 오염원까지는 조사하지 않았다고 했다. 그러면서 말을 이었다.

"도쿄도 건강안전연구센터라면 다마 지역에서도 과불화화합물을 조사하지 않았을까요?"

처음 듣는 말이었다.

도쿄도 건강안전연구센터(이하 건안연)는 도민의 생명과 건강을 지키는 과학·기술 거점 역할을 하는 연구 기관이다. 홈페이지에 들어가 보니 식품, 의약품, 생활 환경 등과 관련 있는 조사를 수행하며 지하수에 포함된 화학물질 역시 연구하고 있는 듯했다. 과불화화합물을 키워드로 논문을 검색해 훑어보던 도중 어느 한 문장이 내 눈을 확 잡아끌었다.[2]

"스즈키와 동료들은 다마 지역 내에 1,000ng/L가 넘는 고농도의 Total PFCs가 측정된 지점이 몇 군데 있으며 특히 PFOS 및 PFHxS의 존재감이 두드러진다고 보고했다."

PFCs란 과불화화합물을 총칭하는 말로 최근에 사용하는 PFAS와 같은 뜻이다. '존재감이 두드러진다'라고 표현한 PFHxS는 앞 장에서도 설명했듯 과불화화합물의 일종으로 제조 및 사용이 금지된 PFOS를 대신해 사용하는 물질이다.

12장 번져가는 오염

이 문장은 이미 사용이 중단된 PFOS와 대체 물질인 PFHxS가 1,000ng/L의 농도 대부분을 차지한다는 뜻으로 읽힌다. 급이 다른 농도에 호기심이 발동했다.

"데이터는 공개할 수 없다"

'보고'했다는 '스즈키'라는 인물은 누구일까. 건안연 연구 연보에도, 일본학술진흥회 데이터베이스에도, 관련 학회 홈페이지에도 '보고'에 해당하는 자료는 없었다. 그러다 논문 끝에 첨부된 색인에서 이 보고가 『제44회 일본물환경학회 연례강연집』에 수록되었다는 실마리를 발견했다. 하지만 인터넷을 뒤져봐도 강연집은 없었다.

다시 심기일전해 강연집과 관련한 정보를 찾던 중 과불화화합물을 다룬 또 다른 연구 논문에 눈길이 멈췄다. 제1저자의 이름이 눈에 익었다. 산업기술종합연구소의 즈시 야스유키로, 전에 취재를 통해 만난 적이 있었다. 게다가 즈시의 논문은 이 학회에서 상을 받았다. 그렇다면 강연집을 보관하고 있지 않을까. 바로 연락해 보았다. 예감은 적중했다.

"도쿄 다마 지역 지하수 내 과불화화합물 실태 조사"

즈시가 보내준 논문에는 건안연 주관하에 2007년부터 2008년까지 다마 지역에 있는 전용 상수도 52곳과 먹는물 취수정 182곳을 합쳐 총 234곳의 농도를 조사한 결과가 담겨 있었다. 이때 전용 상수도란 학교, 병원 및 그 밖의 시설에서 101명 이상을 대상으로, 혹은 일 최대 20톤 이상을 공급하는 수도를 의미하는 용어로 대부분 일반 수돗물보다 저렴한 지하수를 수원으로 삼고 있다. 정수장이 공급하는 수돗물이 아닌, 취수정에서 양수한 지하수를 마시는 사람들이 있다는 말이다.

논문에 실린 분포도에는 PFOS와 PFOA를 포함한 15종 과불화화합물의 합계를 농도에 따라 5단계로 분류해 기호로 표시해 두었다. 1,000ng/L 이상의 농도를 표시한 ◉는 4곳이었다. 요코타 기지의 인접 지역인 다치카와시, 무사시무라야마시 그리고 구니타치시와 고쿠분지시의 경계 부근이다. 100ng/L 이상을 의

도쿄 다마 지역 지하수 내 과불화화합물 농도 분포

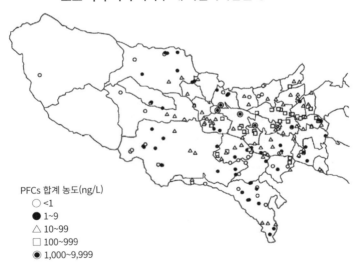

PFCs 합계 농도(ng/L)
○ <1
● 1~9
△ 10~99
□ 100~999
◉ 1,000~9,999

(출처: 스즈키 슌야, 고스기 유키, 구리다 마사유키, 오가타 아키오, 「도쿄 다마 지역 지하수 내 과불화화합물 실태 조사」)

12장 번져가는 오염

미하는 □는 30곳 정도로 동쪽으로는 무사시노시와 니시토쿄시, 남쪽으로는 다마강 건너 이나기시와 히노시까지 광범위하게 분포한다. 아무래도 과불화화합물은 무사시노 평지 구석구석까지 널리 스며들어 있는 모양이다. 분포도에 지자체명은 기재되어 있지 않지만 경계선이 그려진 덕분에 일반 지도와 대조해 보면 표기된 취수정이 어느 지자체에 속해 있는지 금방 알 수 있다.

조사 대상이 식수용으로 조성한 취수정인 만큼 지극히 고농도의 물이 사람들의 몸속에 그대로 유입되고 있는지도 모른다. 건강에 미칠 영향을 생각하면 모른 척 지나칠 수 없는 노릇이었다.

조사 결과와 관련해 건안연에 문의하자 예전에 학회에서 포스터 발표했던 자료로 5년이 지나 남아 있지 않다고 했다. 그렇다면 자료를 만들 때 참고했던 원본 데이터를 달라고 요청했다. 그러자 홍보 담당자가 전화를 걸어 왔다.

"데이터는 공개할 수 없습니다."

공공 기관이 실시한 조사 결과를 공개할 수 없다니 또다시 이해하기 어려운 답변이 돌아왔다. 번거롭지만 나는 2008년 조사 결과를 공개해 달라는 정보공개청구서를 넣었다. 도쿄도 산하 연구 기관이니 쉽게 자료를 손에 넣을 수 있으리라고 안일하게 생각했다.

검게 칠한 데이터

2주쯤 뒤 정보공개청구 결과가 나왔다는 소식에 직접 건안연에 자료를 받으러 갔다. 우편으로도 받을 수 있지만 한시라도 빨리 내용을 보고 싶었다. JR야마노테선 신오쿠보역에서 주택가 사이를 10분쯤 걷다 모퉁이에 서 있는 건물로 들어서자 1층 카운터에서 담당자가 기다리고 있었다. 담당자가 내민 종이에는 "일부 공개 불가 결정 통지서"라고 적혀 있었다. 과연 어떤 부분이 공개 불가일지 불안한 마음을 안고 A3 용지에 인쇄된 자료를 꺼냈다. 놀랍게도 조사 결과 중 농도를 나타내는 숫자와 항목명을 제외한 글자 대부분이 검게 칠해져 있었다.

'소유인 주소', '경도', '위도', '소유인'

분명 이 네 가지 정보는 취수정을 특정하는 데 쓰일 수 있다. 하지만 어느 지자체에서 얼마만큼의 농도가 나왔는지는 오염 분포를 파악하는 데 필수적인 사항이다. 지자체명을 밝힌다고 해도 개인 정보를 위협할 일은 없을 터였다. 담당자에게 호소해 보았지만 태도가 너무도 완고해 들어줄 기미가 보이지 않았다. 아마 위에서 내린 결정을 뒤집을 권한이 없었을 것이다. 쳇바퀴처럼 맴도는 언쟁 끝에 나는 사무실 한쪽 구석에 있는 의자에 걸터앉았다. 늘 들고 다니는 메모지를 가방에서 꺼내 책임자 앞으로 메시지를 남겼다.

공공 기관에는 시민이 필요로 하는 최소한의 정보를 공개할 의무가 있다. 지자체명을 공개한다고 하더라도 개인의 프라이버

12장 번져가는 오염

시는 침해받지 않는다. 그러니 검게 칠한 부분 중 지자체명만은 공개해주기 바란다…….

"언론사에서 나오셨으니 기사라도 나면……"

며칠 뒤 답변하겠다는 연락을 받고 다시 건안연을 향했다. 회의실에 도착해 기다리고 있던 6명의 직원과 분주하게 명함을 교환한 뒤 자리에 앉았다. 거두절미하고 검게 칠한 지자체명 이야기를 꺼내자 조사 책임자인 스즈키 슌야가 입을 뗐다. 명함에는 의약품환경과학부 인체영향연구과장이라는 직책이 적혀 있었다. 논문에 등장한 '스즈키'다.

"지자체명은 아무래도 공개하기가 어려울 것 같습니다. 학회 포스터 발표 당시에도 지자체명은 밝히지 않았어요. 그 대신 공개된 문서에 보시면 관할 보건소명이 나와 있습니다."

물론 공개된 자료에 '다마고다이라', '니시다마', '다마후추', '미나미다마', '다마다치카와' 같은 관할 보건소명은 기재되어 있었다. 하지만 보건소별로 3~8개 지자체를 관할하기 때문에 취수정이 속한 지자체를 유추하기에는 역부족이었다.

학회 발표용 포스터에 실린 분포도에는 각 지자체의 경계선과 농도별 기호가 표시되어 있어 일반 지도와 비교하면 어느 지자체에 속한 취수정인지 쉽게 알 수 있다. 그런데도 포스터 발표 원본 데이터에서 지자체명을 공개할 수 없다니 이상하지 않은가. 이런 논리를 나열하며 끈질기게 물고 늘어졌지만 맞은편에서는 그저 머리를 내저을 뿐이었다.

"취수정이 특정될 만한 정보는 공개할 수 없습니다. 보건소의 이름이 있지 않습니까."

조사 수행 기관에서 조사 대상 취수정이 특정되지 않도록 배려할 필요는 있지만 내가 요청한 정보는 취수정의 정확한 위치가 아니라 취수정이 속한 지자체의 이름에 불과했다. 예컨대 도쿄도 수도국은 정수장 주소를 지번까지 표시한다. 환경국 역시 정기 현황 조사 대상 취수정이 속한 지자체를 공개한다. 2014년까지는 마을 이름도 공개했다. 다시 말해 건안연이 조사를 수행했던 2008년에는 '지자체명'이 비공개 정보가 아니었던 셈이다. 그런데도 탁자를 사이에 두고 입씨름은 이어졌다.

비공개 정보 범위가 너무 넓으면 오히려 조사 결과를 곡해하는 일이 발생할 수 있다. 나는 거듭 호소했지만 들어주지 않았다. 이번에는 "도쿄도 연구 기관이 수행한 조사 결과를 세금을 낸 도민이 알 수 없다니 이상하지 않냐"고 원론적인 이야기를 꺼내자 갑자기 속내가 튀어나왔다.

"언론사에서 나오셨으니 기사라도 나면⋯⋯."

물론 수치가 새어나갈 것을 우려하는 심정도 이해는 간다. 하지만 정보공개 여부를 판단할 때 언론사를 별도 취급하라는 규정이 도쿄도 정보공개조례에 있을 리가 없다. 기자가 아닌 일반 개인이 청구한다면 공개하겠다는 뜻인가. 나의 반론에도 상대는 조금도 물러서려 하지 않았다.

그뿐만이 아니었다. 나는 2008년 조사의 지자체명을 공개해 달라는 요청과 함께 이후 실시했다는 2018년의 조사 결과도 청구한 바 있었다. 그러나 이 역시 학회 발표 전이라는 이유로 공개를 거부했다.

"이미 시료 채취는 끝났고 농도도 측정하셨겠지요. 측정값을 어떻게 분석·평가했는지 학회 발표 전에 공식화할 수 없다는 뜻은 이해합니다. 하지만 원본 데이터 자체도 공개할 수 없다니 이해하기 힘듭니다. 공개한다고 결과가 바뀌는 것도 아니잖습니까? 학회 발표 전이라서 공개할 수 없다는 설명은 받아들일 수 없습니다."

건강에 미칠 영향이 우려스러울 만큼 높은 농도가 측정되어 신중을 기하고 있는지도 모른다. 하지만 그 사실이 데이터 공개 여부를 결정하는 기준이 될 리가 없다. 양쪽 의견은 평행선을 그었다.

나는 설득을 포기하고 도쿄도에서 정보공개 결정을 내린 책임자가 누구인지 물었다. 주저하는 기색이 엿보이기에 알려주지 않으면 돌아가지 않겠다고 버텼다. 간신히 도쿄도 복지보건국 건강안전과장이라는 대답을 받아낸 후 자리에서 일어났다. 교섭 대상을 바꾸기로 한 것이다.

동료 기자인 후지야마 게이와 역 앞 식당에서 히야시추카*를 욱여넣은 뒤 택시를 잡아타고 도청이 있는 니시신주쿠로 향했다. 가는 길에 전화로 약속을 잡는 일도 잊지 않았다.

---

* 채소와 양념을 얹어 차게 먹는 일본식 비빔면.

먹는물 취수정의 농도가 밝혀지다

도쿄도청 제1청사 30층에 복지보건국 사무실이 있다. 갑작스러운 방문이었음에도 건강안전과장은 너그럽게 우리를 맞아주었다. 건안연 조사 대상인 전용 상수도와 먹는물 취수정의 관리 부서를 총괄하는 베테랑이다. 자료 정리용 상자로 구분된 좁은 응접실에 마주 앉아 대강의 자초지종을 듣고 난 뒤 차분히 입을 열었다.

"말씀하신 대로 이미 조사가 끝났고 결과가 나왔음에도 공개하지 않는다는 건 도리에 어긋나는 일이군요. 취수정 주소는 정확한 위치나 소유인이 특정되지 않는 선에서 지자체명까지만 알려드리면 되겠지요?"

허탈하리만치 깔끔하게 결정이 뒤집혔다. 과장의 말에 따르면 독극물 살포와 같은 테러 방지나 개인 정보 보호 때문에 취수정 관련 정보는 지나치다 싶을 정도로 민감하게 다루고 있다고 했다.

"시간이 조금 걸릴지는 모르겠습니다만 2008년과 2018년 조사 결과 모두 지자체명 부분까지 공개하도록 조정해 보겠습니다."

정보공개를 둘러싸고 도쿄도와 나눈 실랑이에서 처음으로 만족할 만한 답을 얻었다. 예전에 홍보과에서 근무할 때 언론사와 이견을 조율하는 일이 일상이었다는 과장의 말에 수긍이 갔다. 마땅히 공개되어야 하는 정보이건만 수도 없이 거절당해 온 탓

            12장 번져가는 오염

에 나도 모르게 머리를 숙였다.

　우여곡절 끝에 공개된 수치는 경악스러운 수준이었다. 주지하듯 2008년은 다마 지역 내 총 30곳에서 미 권고치인 PFOS·PFOA 합계 70ng/L를 넘겼다. 그중 14곳은 예전 권고치, 즉 PFOS 200ng/L조차 웃돌았다. 일본에서 PFOS가 규제 대상으로 지정된 시기가 2010년이니 이들 농도는 PFOS가 사용되던 때의 값이다.

　이어 규제 이후인 2018년 조사에서도 마찬가지로 상당히 높은 수치가 나타났다. 조사 대상 취수정 중에는 제6장에서 언급했던 '요코타 기지 모니터링 취수정'도 있었다. 그 밖에도 다치카와시에서 860ng/L와 208ng/L, 고다이라시에서 176ng/L, 고마에시에서 163ng/L 등 총 8곳에서 PFOS·PFOA 합계가 70ng/L를 넘었다. 2008년의 30곳과 비교하면 큰 폭으로 줄어든 듯 보이지만 조사 대상 취수정이 서로 달라 단순 비교는 어렵다.

고농도가 검출되었지만 취수를 멈출 수도, 알릴 수도 없다

　우려되는 점은 취수정 소유인이 장기간에 걸쳐 고농도로 오염된 물을 마셨을지도 모른다는 사실이었다. 하지만 복지보건국은 취수 중단 권고를 하지 않았다. 개인 소유의 먹는물 취수정은 수도법 적용 대상이 아닌 탓에 수질 관리는 물론이고 먹는물로 사용할지 말지의 판단 역시 소유인에게 위임한다. 따라서 복지보건국에는 취수정에서 양수한 물을 마시면 안 된다고 소유인에게 권고할 권한이 없다. 사업의 형태로 수돗물을 제공하는 수도국과는 행정 권한 범위가 다른 것이다.

더구나 취재 시점에는 PFOS·PFOA의 수질 관리 기준이 일본에 없었던 까닭에 안전 여부를 판단할 수 없다고도 담당자는 털어놓았다. 복지보건국 내부 회의에서는 먹는물로 사용하지 않도록 주의를 환기할 필요가 있다는 의견도 있었지만 법적 근거가 없는 계도나 조언은 할 수 없다는 이유로 결국 보류되었다.

이후 복지보건국이 취수정 소유인에게 확인해 본 결과, PFOS·PFOA 합계 70ng/L를 넘은 취수정 중 25곳에서 지하수를 먹는물로 사용하고 있었다. 다만 다행스럽게도 1,340ng/L가 측정된 취수정에서는 지하수를 마시지 않고 있었다고 한다.

전용 상수도에서도 고농도 검출

건안연이 작성한 수질 조사 결과표에는 측정 지점의 번호 옆에 'ido' 혹은 'sen'이라는 표시가 있다. ido는 먹는물 취수정, sen은 전용 상수도를 의미한다. 방금 살펴본 먹는물 취수정뿐만 아니라 sen이 붙은 전용 상수도에서도 고농도 과불화화합물이 확인되었다. 몇 군데 꼽아 보자면 고쿠분지시에서 598ng/L, 구니타치시에서 447ng/L와 409ng/L(이상 2008년 측정 결과), 후추시에서 338ng/L, 다치카와시에서 197ng/L와 135ng/L(이상 2010년), 다시 구니타치시에서 102ng/L(2013년) 등이었다.

전용 상수도로 퍼 올린 물을 먹는물로 사용하고 있을까. 도쿄

12장 번져가는 오염

도가 발표한 전용 상수도 시설 일람표를 바탕으로 취재에 들어 갔다. 2012년에 327ng/L가 측정된 구니타치시의 한 교육·문화 시설에서는 1930년경에 설치한 취수정을 이후 전용 상수도로 개보수해 지금도 먹는물, 식당 조리 용수, 화장실 용수로 사용한 다고 밝혔다. 이어 2019년에 120ng/L가 측정된 구니타치시 내 호텔에서도 지하 200m 아래에서 퍼 올린 풍부한 지하수가 수돗 물보다 훨씬 경제적이라 먹는물뿐만 아니라 식당, 화장실, 목욕, 세탁 등에도 사용한다고 했다.

산업 기기 제조 업체로 유명한 도시바 그룹의 후추 사업소에 서는 2013년에 196ng/L, 2019년에 290ng/L가 검출되었다. 도 시바 후추 사업소에 따르면 사업소 내 취수정 7곳 중 5곳이 가동 중이며 수질 조사 수치는 지하수 자체의 농도이다. 먹는물로 사 용하기는 하지만 정화 시설을 거친 정수에서는 PFOS·PFOA가 검출되지 않아 안전상의 문제는 없다고 했다.

마음에 걸리는 점은 광활한 사업소 부지와 지하수 오염으 로 취수를 중단한 후추무사시다이 정수장 사이의 최단 거리는 200m 정도밖에 떨어져 있지 않다는 사실이었다. 후추무사시 다이 정수장에서 2000년대 초부터 고농도로 검출되기 시작한 PFOS의 오염원이 도시바 후추 사업소일 가능성은 없을까. 무시 당할 각오로 문의했는데 얼마 후 홍보 담당자가 답변을 보내 왔 다. 답변 내용에 따르면 도시바 후추 사업소에서는 1988년부터 2008년까지 20년에 걸쳐 PFOS를 사용했다. 하지만 그 양은 연 간 200g 정도의 소량이며 폐수 처리를 거쳐 하수도로 배출했다.

자신들이 오염원일 가능성을 두고는 아래와 같이 설명했다.

"이 지역 지하수의 추정 흐름 방향은 대체로 서쪽에서 동쪽입니다. 후추무사시다이 정수장 내 취수정은 당 사업소의 북서쪽에 자리 잡고 있어 지하수의 흐름 방향을 고려해 볼 때 당사가 오염원일 가능성은 적다고 판단됩니다."

만약 도시바 후추 사업소의 설명이 타당하다면 해당 사업소가 PFOS의 오염원이라고 보기는 어렵다.

이온 분석으로 오염원을 찾다

오염원을 가려내는 한 가지 방법은 검출된 과불화화합물의 조성을 비교하는 것이다. 즉, PFOS·PFOA를 비롯한 15종의 과불화화합물이 각각 차지하는 비율로 판단한다.

또 다른 방법은 물에 포함된 이온 종류를 분석해 지하수를 분류하는 '스티프 다이어그램' 혹은 '헥사 다이어그램'을 이용하는 것이다. 나트륨과 칼륨 농도의 합, 칼슘 농도, 마그네슘 농도, 황산이온과 질산성 질소 농도의 합, 탄산수소 이온 농도, 염소 이온 농도 등 총 여섯 개 수치를 XY 좌표축에 표시한 뒤 선으로 이으면 육각형이 만들어진다. 이때 육각형의 형태가 유사하면 같은 줄기를 흐르는 지하수일 가능성이 있다. 다이어그램 이름인 '헥사'는 육각형을 의미하는 헥사곤(hexagon)에서 왔다.

이 생소한 용어를 발견한 곳은 수질 조사 결과를 정리한 건안연 자료였다. 작성자는 먹는물 취수정 정보공개를 놓고 불꽃 튀

　　　　　　　　　　　　　12장 번져가는 오염

는 설전을 벌였던 상대, 스즈키 과장이었다. 눈 딱 감고 연락했더니 흔쾌히 시간을 내겠다고 했다. 나는 다시 한번 인체영향연구과 스즈키 과장을 찾아갔다.

헥사 다이어그램의 설명을 듣고 나서 내가 가지고 있던 자료를 꺼냈다. 18개의 육각형이 표 안에 빽빽하게 나열되어 있었지만 그림이 작아 각각의 형태는 알아보기 어려웠다. 하나씩 모양을 확인하고 싶었던 나는 원본 그림이 남아 있는지 물었다.

"벌써 10년도 지난 일이라서요."

부드러운 음색에서 무언가 감추는 기색은 보이지 않았다. 그래도 그림은 없다. 낙담하고 있는데 스즈키 과장이 덧붙였다.

"헥사 다이어그램을 그렸던 원본 데이터는 남아 있으니 그 값들을 좌표축에 표시하면 직접 그리실 수 있습니다."

얼마 후 정보공개청구를 통해 입수한 데이터를 바탕으로 스즈키 과장이 알려준 방법에 따라 다이어그램을 그려보기로 했다.

다마 지역에서 PFOS·PFOA 합계가 50ng/L를 넘은 취수정은 44곳으로 취수정별 육각형은 납작한 모양, 마름모꼴, 항아리 모양 등 제각각이었다. 비슷한 형태를 모아 보니 다음과 같이 분류되었다.

①아키시마시·구니타치시·다치카와시·고쿠분지시의 일부 취수정

②고다이라시·니시토쿄시·무사시노시의 일부 취수정

③후추시와 조후시의 일부 취수정

④아키시마시와 고가네이시의 일부 취수정

⑤히노시의 일부 취수정

그 밖에 어디로도 분류되지 못하거나 미묘하게 모양이 달라 판단하기 어려운 육각형도 있었다. 하지만 그룹별로 육각형 형태를 비교해 보면 수질이 서로 다르다는 사실은 한눈에 알 수 있다. ①의 오염원은 제6장에서 밝혔듯 요코타 기지일 것이다. 하지만 그 외에도 오염원은 여럿 있음을 엿볼 수 있다. 이제 예상 오염원의 오염 원인 물질, 이를테면 포소화약제 등의 성분과 지하수 내 과불화화합물의 성분을 비교하면 오염원을 검증할 수 있다.

도쿄도 수도국에 따르면 2020년 이후 취수를 중단한 수원 취수정은 고다이라시의 오가와 정수장, 조후시의 가미이시와라 급수장, 구니타치시의 야호 급수장이다. 그리고 후추무사시다이 정수장과 구니타치나카 정수장에서 가동하던 나머지 취수정에서도 취수를 중단했다고 한다. 아울러 후추시의 와카마쓰 정수장, 훗사시의 훗사무사시다이 급수장, 니시토쿄시의 호야정 급수장에서는 수질 감시를 강화했다고 밝혔다. 이처럼 과불화화합물은 다마 지역 내 넓은 범위에 걸쳐 심지어 매우 높은 농도로 검출되고 있다. 오염 실태는 생각보다 훨씬 심각했다.

물순환 기본계획

2014년, 일본 정부는 <물순환기본법>에 근거한 물순환 기본계획을 채택하고 다섯 개의 기본 이념을 정립했다. 그중 하나가

'물의 공공성'이다.

"물은 모든 국민이 공유하는 귀중한 재산이며 공공성이 높다는 점을 고려해 적정하게 이용해야 함은 물론 그 혜택을 미래에도 누릴 수 있어야 한다."

기후 변화에 따른 재해가 일상이 된 현 상황에서 지하수를 어떻게 활용해야 할까. 핵심 대처 방안으로 '지하수 관리'라는 용어가 등장한다.

"일반적으로 지하수의 이동 속도는 매우 느리므로 지하수 오염, 염수 침입 등과 같은 피해가 발생하면 회복에 상당히 긴 시간이 필요하다. (…) 따라서 지역의 지하수를 보전해 수자원으로 이용하는 '지속가능한 지하수 보전과 이용'을 추진한다."

덧붙여 땅속을 흐르는 지하수는 눈에 보이지도 않을뿐더러 밝혀지지 않은 부분이 많으므로 지하수 이용 실태와 지하수 거동을 파악해야 하며 지역 실정을 잘 아는 관계자가 지하수 관리의 주체가 된다는 내용이 명기되어 있다.

하지만 과불화화합물 지하수 오염에 대처하는 도쿄도의 움직임은 굼뜨다. <토양오염대책법>에는 주민 건강에 피해가 발생할 우려가 있는 경우 지자체가 조사를 요청할 수 있다고 정해져 있지만 도쿄도는 오염원 특정을 위한 조사를 실시할 계획이 없다. 과불화화합물이 건강에 미치는 영향을 두고 세계적으로 일관된 평가가 내려지지 않았다는 이유에서다.

후생노동성에 따르면 과불화화합물은 '정수 처리가 어려운 물질'로, 활성탄에 흡착시키는 방법 외에는 효과적인 제거 방법이 없다. 제11장에 등장했던 변호사 나카시타 유코는 말한다.

"지하수에서 고농도의 오염물질이 검출되어 도쿄도 수도국은 취수를 중단했습니다. 주민들의 건강을 생각하면 당연한 일이겠지요. 하지만 취수 중단만으로는 진정한 해결이라고 하기 어렵습니다. 오염원을 밝혀내고 오염을 정화해 풍요로운 지하수로 되돌려 놓는 것이 지금까지 오염을 묵인해왔던 도쿄도의 책임이 아닐까요?"

그러면서 지금 필요한 일은 '물의 지산지소'를 지키는 정책이라고 덧붙였다.

제자리걸음 걷는 PFOS 폐기

과제는 또 있다. 사용 금지된 PFOS·PFOA를 어떻게 처리하느냐다. 2021년 1월 30일 자 조간 『아사히신문』에 나는 동료 기자와 함께 기사 하나를 냈다.

「유해물질 함유한 포소화약제 전국에 340만L, 폐기는 제자리걸음」

조금 길지만 내용을 발췌해 보았다.

"발암성 물질로 의심되는 과불화화합물의 일종 'PFOS(피포스)'를 함유한 포소화약제가 전국의 상업 빌딩, 아파트 지하주차장, 공항, 군 기지 등에 약 339만L 남아 있다는 사실이 환경성 조사를 통해 밝혀졌다.

12장 번져가는 오염

PFOS의 제조·사용은 약 10년 전, 법에 따라 원칙적으로 금지되었으나 소화약제로 사용할 때만 예외적으로 인정했다. 하지만 이후 교환 비용 부담 등의 이유로 폐기가 이루어지지 않고 있다. 자연계에서 거의 분해되지 않아 인체나 환경 중에 장기간 잔류하는 특성 때문에 PFOS는 2009년 UN 스톡홀름 협약에서 제조·사용 제한이 결정되었다. 다음 해인 2010년에는 일본에서도 <화학물질심사규제법>의 규제 대상으로 지정되어 제조·사용이 원칙적으로 금지되었다. 하지만 연료 화재 등을 진압할 때 효과가 큰 포소화약제는 이미 다양한 장소에 적용되어 있었으며 당장 폐기하기도 어려워 공항, 석유화학단지, 군 기지, 주차장 등에 보관하는 경우나 화재 진압을 위해 사용할 때만 예외적으로 인정해 왔다.

(⋯)

작년 9월 환경성이 실시한 조사에 따르면 PFOS 포함 소화약제의 보관량은 전국 총 338만 8,199L에 달한다. 대형 탱크로리 약 240대분에 상당하는 양이다. 소화약제는 물로 수십 배 희석해 포소화약제로 만든다.

보관량을 항목별로 상세히 살펴보면 각 지자체 내 소방서 및 화학소방차가 약 119만L로 가장 많았고 이어 석유화학단지와 화학 공장 등이 87만L, 주차장 80만L, 군 기지와 함선 38만L, 공항 14만L의 순이다. 이는 사용 규제 전 누적 출하량의 3분의 1에 해당하는 양이다. 환경성은 PFOS를 포함하지 않는 소화약제로 신속하게 교체를 진행해 달라고 촉구하고 있다.

2020년 2월, 방위성은 군 기지와 함선 등에 남아 있는 PFOS 포함 포소화약제를 2023년 말까지 모두 처리하겠다는 방침을 발표했다. 예상 비용은 약 230억 원 남짓이다. 2020년 6월, 소방청 역시 PFOS 포소화약제를 2022년 말까지 전량 폐기할 수 있도록 계획을 수립하라고 전국 소방서에 지시했다."

인체에 미치는 영향을 염려해 법적 규제를 시작한 지 10년 이상이 지났건만 어째서 교체·폐기가 지지부진할까. 동료 기자인 스즈키 사이코는 긴자 지역에서 도쿄도가 직접 운영하는 히가시긴자 주차장을 취재했다. 다시 기사를 살펴보자.

타산이 맞지 않는 폐기 비용

"1964년 도쿄 올림픽 개최 직전 문을 연 히가시긴자 주차장은 올해로 56주년을 맞이했다. 180대를 수용하는 24시간 주차장에는 끊임없이 차가 드나든다.

천장에는 가는 배관이 여기저기 뻗어 있고 샤워 헤드처럼 생긴 돌기가 이곳저곳 매달려 있다. 화재 발생 즉시 진압하기 위해 설치한 소화 설비. 배관에는 PFOS 포함 포소화약제가 가득 차 있다. 1993년에 도입해 지금까지 단 한 번도 사용한 적이 없다. 도쿄도 담당자는 '규제 대상 물질을 포함하고 있다는 건 알지만…….' 하고 말끝을 흐렸다. PFOS 포함 물질을 소화약제로 사용하는 것은 위법 사항이 아니며 소화 성능에도 문제가 없어 지금껏 교체를 서두르려는 움직임은 없었다고 한다.

도쿄도는 현재 2025년을 목표로 히가시긴자 주차장을 비롯해 도에서 운영하는 주차장 6곳 모두에서 소방 설비를 교체하는 사업을 추진하고 있다. 소화약제를 PFOS 미포함 물질로 순차적으로 대체하고 배관 등의 설비도 교체한다. 220대를 수용하는 신쿄바시 주차장에서는 이미 공사를 완료했고 공사 비용은 약 10억 원이 들었다. 노후화한 주차장의 대규모 개보수 공사의 일환으로 겨우 교체 비용을 편성 받았다.

하지만 상업 빌딩과 아파트 주차장 등 민간 시설의 반응은 굼뜨다. 도 내에서 빌딩 개발 사업을 추진하는 대형 개발사들은 '비용이 드는 문제라 PFOS 규제가 시작된 2010년 이전에 설치된 시설들은 아직 교체가 끝나지 않았다'라고 입을 모은다.

교외에서 대형 슈퍼마켓을 운영하는 유통업체도 '비용 부담이 커 주차장의 약 70% 정도는 아직 교체가 이루어지지 않았다'라고 털어놓았다. 전국에 매장을 가진 대형 슈퍼마켓 체인 역시 규제가 시작되기 전에 조성한 주차장 중에는 교체가 이루어지지 않은 곳이 있다고 밝혔다.

주차장 소방 설비 업체들로 구성된 일본소화장치공업회의 설명에 따르면 포소화약제는 오랫동안 성능이 유지되고 사용 기한도 없다. 게다가 주차장 내 소화약제 탱크 교체만 하더라도 수천만 원이 드는 데다 교체 작업 중에는 주차장을 사용할 수도 없다. 따라서 보관이 위법 사항이 아니고 성능에도 문제가 없는 이상 교체할 동기가 부족하다."

환경성에 따르면 PFOS 포함 소화약제는 고온 소각 설비 등 환경성의 허가를 받은 처리장에서 폐기하도록 정해져 있으나 소각 비용이 장벽이 되고 있다. 가령 2013년 가을, 이탈리아에서 개최된 스톡홀름 협약 당사국 총회 자료에는 이런 내용이 있었다.

"일본에서는 PFOS 포함 과불화화합물을 환경 측면에서 바람직한 방법으로 교체하려면 수집, 재주입, 운송, 보관, 소각 등의 공정에 소화약제 1톤당 1,700만 원 혹은 총액 약 2,200억 원의 비용이 소요된다."

이는 민간 기업뿐만 아니라 포소화약제를 대량으로 보관하고 있는 방위성과 자위대에도 중대한 과제이다. 2020년 9월, 방위성 사무실 인근의 한 호텔에서 전시회가 열렸다.

"제14회 밀리터리 엔지니어 테크노 페어, 방위 시설 관련 신기술 전시회"

일본에서 유일하게 방위 시설 관련 기술을 연구한다는 일반사단법인 방위시설학회가 주최했고 방위성을 비롯한 관공서 담당자, 대학·연구 기관의 건설 공학 연구자, 건설업계 관계자 등이 참가했다. 전문가 강연 외에도 향후 방위 분야에서 활용이 기대되는 신기술을 22개 단체가 발표했다. 발표의 마지막을 장식한 주제는 이랬다.

"PFOS·PFOA 포함 소화약제를 기지 내부에서 무해화 처리하는 획기적인 기술"

12장 번져가는 오염

대형 건설사인 마에다건설공업이 열분해 용용로를 통해 PFOS를 99.9% 분해해 무해화할 수 있다는 실험 결과를 발표했다. 담당자는 설명했다.

"현재 PFOS·PFOA 포함 소화약제의 처리 기준을 만족하는 처리장은 전국에 10곳 정도밖에 없으므로 운반 비용이 비용 부담을 가중하는 상황입니다. 이렇게 PFOS 처리에 속도가 붙지 않으면 예전에 전국에 넘쳐나던 유해물질, PCB처럼 되지 말란 법은 없습니다."

그러면서 대형 트럭에 싣고 다니며 PFOS를 처리할 수 있는 설비를 개발해 실용화하고자 하는 의지를 밝혔다.

"이 설비를 기지 안에 들여 처리하면 폐기물을 기지 밖으로 반출할 필요가 없어지므로 주변 지자체의 협조도 얻기 쉬워지겠지요. 운송에 드는 비용과 시간을 절약하고 운송 중 발생할지도 모르는 사고의 리스크도 없앨 수 있습니다."

제9장에서 미 해병대가 2021년 여름 오키나와 후텐마 기지에서 일방적으로 PFOS를 하수로 흘려보낸 이유도 소각 폐기 비용의 부담을 덜기 위한 행동이었다고 알려져 있다.

잔류성유기오염물질 규제 분야에 정통한 전 와세다대학교 초빙연구원 다카쓰키 미네오는 사업자에게 폐기를 전적으로 맡기기보다는 정부가 폐기 비용을 지원할 필요가 있다고 주장하며 이렇게 덧붙였다.

"현재 다른 나라에서는 유해성의 우려가 있는 과불화화합물(PFAS) 전체를 규제하려는 움직임이 있습니다. 정부는 앞으로 과

불화화합물을 포함하지 않는 대체 물질의 개발에 공을 들여야
합니다."

마지막 장

오염과
은폐

　도쿄 다마 지역의 과불화화합물 오염이 지역 주민에게 미치는 영향을 다시 정리해 보자. 다마 지역 주민들이 오염된 물을 마셨다면 크게 세 가지 루트를 생각해 볼 수 있다.

①정수장의 수원 취수정에서 퍼 올린 지하수를 통해 생산한 수돗물
②개인이 소유한 먹는물 취수정
③대학교나 병원 등에서 지하수를 양수해 쓰는 전용 상수도

　각 항목의 오염 상황을 되짚어보자. 수돗물에서는 후추무사시다이 정수장과 히가시코이가쿠보 정수장에서 지속적으로 고농도가 검출되었다. 2011년부터 2018년까지 도쿄도 수도국이 해마다 측정한 값 중 최댓값을 살펴보자. 후추무사시다이 정수장에서는 2018년에 측정된 80ng/L를 제외하면 109~149ng/L의 범위 안에, 히가시코이가쿠보 정수장에서는 2012년에 측정

된 79ng/L를 제외하면 112~134ng/L의 범위 안에 있다. 두 정수장 모두 2020년에 설정된 잠정 목표치, 즉 PFOS·PFOA 합계 50ng/L를 8년 내내 넘겼음은 물론 대부분 2배를 넘는 수치이고 3배에 가까운 수치도 있었다.

건안연과 수도국의 데이터에 따르면 먹는물 취수정과 전용 상수도에서는 2007년부터 2018년까지 총 80곳에서 70ng/L를 넘겼고 그중 24곳에서는 잠정 목표치의 4배에 해당하는 200ng/L 이상이 검출되었다.

하지만 이 값들은 실제 농도보다 낮은 값일 가능성이 크다. 2020년에 잠정 목표치를 설정하면서 과불화화합물 측정 방법도 개정했기 때문이다. 지금까지는 과불화화합물 분자에서 곧은 사슬 구조를 띠는 본체 부분만 측정해 왔으나 이제 본체에서 갈라져 나온 분기 사슬 부분까지 측정하는 방식으로 통일했다. 다시 말해 실제 농도는 측정 데이터보다 더 높다. 그렇다면 지하수 오염의 영향은 더욱 심각해질 수밖에 없다.

보이지 않는 과거

일본에서 PFOS가 규제되기 시작한 2010년 이전의 농도가 밝혀지지 않았다는 사실도 간과할 수 없다. 도쿄도 수도국이 홈페이지에 게재한 2011년 이후의 수질 검사 결과를 두고 당시 전문가들은 "이 데이터로는 당장 주민 건강에 영향이 있다고 보기는 어렵다"라고 하면서도 우려되는 점이 없지는 않다고

마지막 장 오염과 은폐

덧붙였다. 잠정 목표치는 하루 2L의 물을 70년 동안 마셔도 건강에 영향을 미치지 않는 농도를 가정하므로 10년도 채 안 되는 데이터로는 판단할 길이 없기 때문이다. 따라서 건강에 미치는 영향을 확인하려면 2010년 이전의 농도를 반드시 알아야 한다.

제4장에서 밝혔듯 나는 수차례에 걸쳐 예전 수돗물 농도 데이터는 없는지 도쿄도에 문의했다. 수도국은 2005년 무렵부터 수질 조사를 해왔다고 하면서도 2010년 이전의 데이터는 없다고 설명했다. 이래서는 얼마만큼의 농도로, 어느 정도의 양을, 얼마나 오랫동안 마셔 왔는지 알 수 없다. 데이터가 없는 이상 건강에 미치는 영향을 정확하게 판단하는 일은 불가능하다.

단, 이미 언급했다시피 도환연이 다마강 하구와 맞닿은 도쿄만의 해저 토양을 분석한 결과 과불화화합물은 1950년대 중순부터 측정되기 시작해 1970년대 들어 양이 급증했고, 법으로 금지된 2010년경까지는 계속 다양한 쓰임으로 사용됐다. 다시 말해 다마 지역 지하수는 적어도 50년 전부터 PFOS·PFOA에 오염되어 있었다. 그렇다면 오염된 지하수로 만든 수돗물을 공급받았던 일부 지역의 주민들은 수십 년에 걸쳐 오염된 물을 마셔 왔다고 추정할 수 있다. 더군다나 세월을 거슬러 올라갈수록 수원에서 지하수가 차지하는 비율이 높아지므로 농도도 높았을 것이다.

그런데도 수도국은 데이터가 없다는 말만 반복했다. 수도국의 말을 완전히 믿을 수는 없었지만 반론할 근거 역시 갖고 있지 않았다. 데이터는 정말 존재하지 않는 것일까. 담당자에게 몇 번이나 묻고 정보공개청구를 여러 번 넣어 봐도 늘 대답은 같았다.

그런데 취재를 시작하고 맞는 세 번째 겨울, 갑자기 수도국 홍보 담당자에게서 전화가 걸려 왔다.

"알고 보니 있었습니다."

어리둥절한 채 무슨 말인지 되물으니 존재하지 않는다고 여겨 왔던 데이터, 끊임없이 찾아 헤맸던 과거 수질 조사 결과를 발견했다는 말이었다.

거듭된 거짓말

과거 수질 조사 결과를 둘러싸고 지금까지 있었던 일들을 다시 한번 정리해 보자.

과불화화합물 오염을 겨냥해 처음으로 정보공개청구를 넣었던 시기는 2019년 7월이었다. 정보공개 청구서의 청구정보란에는 이렇게 적었다.

"2000년 이후 다마 지역에서 취수 중단한 취수정. 중단 일시, 시설명, 주소, 오염물질명과 농도를 포함한 중단 사유"

2주 뒤 도쿄도 수도국이 공개한 문서에는 다마 지역 내 정수장 3곳에서 지하수 취수를 중단했다는 사실이 명기되어 있었다. 취수를 중단했다는 말은 수질 조사를 했다는 말과 같다. 수질 조사 결과를 알면 오염 실태에 한 발짝 더 다가설 수 있지 않을까. 나는 다시 수도국에 정보 공개를 신청했다.

"다마 지역 수원별 과불화화합물 측정 결과"

그러자 정수장별로 수돗물, 지하수, 수원 세 항목의 농도 데이터가 공개되었다. 2,000장이 넘는 문서를 훑어보는 동안 후추시와 고쿠분지시의 정수장에서 과불화화합물 농도가 매우 높게 측정되었다는 사실을 깨달았다. 하지만 데이터는 대부분 2011년 이후의 값이었다. 확인을 위해 수질 조사를 언제부터 실시했는지 물었다.

"수질 조사는 2005년인가 2006년부터 했습니다."

그러나 남아 있는 데이터는 2011년 이후의 값뿐이라고 했다. 예전 데이터는 어째서 남아 있지 않은가. 더 설명을 요구하자 다마 지역 수도 관리 기관인 다마수의 요시자와 겐이치 수질 관리 담당 과장이 답했다.

"분석 기기 교체도 있었고 해서 데이터가 남아 있지 않은 것 같기도 하네요."

분석 기기 교체 시 데이터를 옮기지 못해 소실되었을 가능성을 언급했다. 하지만 모호한 말투가 어쩐지 석연치 않았다.

다마강에서 고농도의 PFOS가 검출되고 오염원이 다마 지역 내에 있을 가능성이 크다는 연구 보고서가 처음 나온 시기는 2003년이었다. 해외에서는 이미 과불화화합물이 건강에 미치는 영향을 주목하기 시작하던 때였다. 당시 다마강 강물은 중유역에 있는 제방에서 취수되어 도쿄 도심의 23구에 해당하는 세타가야구와 미나토구 등에 수돗물로 공급되었다. 그리고 다마 지역 내 여러 정수장에서는 지하수를 수돗물 수원으로 사용하고 있었다. 따라서 도민의 먹는물을 책임지는 수도국은 틀림없이 실태를 파악하려고 했을 것이다. 아니, 발암성이 의심되는 물질이라면 오염 가능성을 조사하지 않았을 리 없다. 하지만 수도국은 오염 사실을 발표하지 않았을뿐더러 정보공개청구를 해도 데이터가 없다며 공개하지 않았다.

한 달쯤 지나 나는 다시 한번 물었다. 정말 공개된 데이터가 전부인가. 거듭 확인하는 나에게 요시자와 과장은 망설임 없이 대답했다.

"다 드렸습니다."

수도국의 설명에 따르면 수질 조사 결과는 두 종류다. 하나는 PFOS·PFOA 등 물질별 농도를 정수장마다 기록하는 미가공 데이터, 크로마토그램이라는 데이터이고 다른 하나는 크로마토그램의 값을 엑셀에 정리한 표다. 두 데이터 모두 극히 일부 경우를 제외하면 시료 채취 계획에 따라 수질 조사를 수행하기 시작한 2011년 이후에 측정한 값밖에 남아 있지 않다. 그리고 수도국에서 가지고 있는 데이터는 모두 제공했다.

수도국의 설명을 곧이곧대로 믿는 것은 아니었지만 하는 수 없이 나와 동료들은 이 시점까지 입수한 데이터를 바탕으로 기사를 작성했다.

「수돗물에서 유해물질 검출, 도쿄 다마 지역 취수정 일부 취수 중단」(2020년 1월 8일 자『아사히신문』조간)

　　　　　　　　　　　　마지막 장 오염과 은폐

데이터를 버렸을 리 없다

마음 한쪽이 개운치 않았다. 과불화화합물이 건강에 미치는 영향을 확인하기 위해서는 얼마만큼의 농도가 얼마나 오랫동안 체내로 유입되었는지를 파악하는 일이 필수이기 때문이다. 그래서 더더욱 도민의 생명과 직결될지도 모르는 데이터를 쉽게 버렸으리라고는 여겨지지 않았다. 하물며 건강에 끼칠 영향의 평가가 답보 상태라면 만일의 사태에 대비해 남겨 두는 것이 일반적인 대처가 아닐까.

기사가 보도된 다음 날, 나는 다시 도쿄도에 정보공개청구를 넣었다.

"수도국이 2010년 이전에 다마 지역에서 실시한 과불화화합물(PFOS·PFOA) 수질 조사 결과"

표현을 살짝 바꾸어 과거 데이터를 청구하자 도쿄도에서 연락이 왔다.

"이미 공개해 드린 자료와 똑같은데 그래도 괜찮으신가요?"

거절해 봤자 바뀔 것은 없었기에 알겠다고 했다. 실제로 공개된 자료는 이미 공개된 문서와 똑같았고 새로운 데이터 역시 포함되어 있지 않았다.

이번에는 문서 폐기 기록을 요청했다.

"수도국이 다마 지역에서 2005년 무렵부터 실시한 과불화화합물(PFOS·PFOA)의 수질 조사 결과는 2010년까지의 데이터가 누락·폐기되었음. 문서 폐기 혹은 데이터 이동 실패에 따른 누락과 관련하여 작성하거나 입수한 모든 기록물을 공개 청구함.”

하지만 결과는 '기록 없음'이었다. 예전 데이터는 존재하지 않으며 폐기한 기록도 없다는 말이다. 할 수 있는 일은 다 했다는 생각이 들었다.

나는 예전 데이터를 쫓는 일에서 손을 떼고 취재의 초점을 오염 지역 내 바이오 모니터링으로 옮기기로 했다. 혈액에 포함된 과불화화합물 농도를 측정하는 일은 과거에 어떤 농도의 물이 체내로 유입되었는지를 조사하는 일이기도 하다. 물론 혈중 농도는 먹는물 오염 정도에 좌우된다.

다마수와 세 지자체

혈중 농도 검사를 통해 오염의 심각성을 재확인한 나는 다시 한번 예전 데이터를 공개 청구해 보기로 했다. 단, 지금까지 했던 방식대로라면 똑같은 결과가 나올 게 뻔했다. 돌파구는 없을까. 과거의 취재 메모와 공개 자료를 다시 읽어 보다 문득 터닝 포인트에 포커스를 맞춰보자는 생각이 들었다.

수도국이 2011년 이후의 데이터를 공개한 시점은 2019년 8월 27일이었다. 과불화화합물에 따른 수질오염이 언론에 보도된다면 도쿄도에서도 같은 정보를 공개해야만 주민들의 비판을 피할 수 있다. 따라서 수도국은 취수를 중단한 정수장이 속한 세 지자체에 보낼 설명 자료를 작성하는 한편 홈페이지에 게재할 내용

마지막 장 오염과 은폐

을 검토하기 시작했다.

어떤 데이터를 어떻게 게재할지 논의하는 과정에서 2010년 이전의 데이터를 언급하지는 않았을까. 아니면 데이터 누락이나 폐기의 단서가 될 만한 정보가 섞여 있지는 않을까. 기대를 안고 나는 세 번째 정보공개청구를 넣었다. 한 해의 업무를 마무리하는 2020년 12월 28일 퇴근 직전, 나는 마치 던져 넣듯 도쿄도 수도국에 팩스를 보냈다.

"홈페이지에 수질 조사 결과를 게시하는 과정에서 작성·입수한 모든 문서"

취수 중단한 정수장이 속한 후추시, 고쿠분지시, 구니타치시에는 다음과 같이 청구했다.

"2019년 정수장 취수 중단 및 보도와 관련하여 작성·입수한 모든 문서와 이메일"

취수 중단을 두고 도쿄도가 각 지자체에 어떻게 설명했는지 확인하고 싶었기 때문이다. 운이 좋으면 어딘가에 예전 데이터를 언급한 자료가 있을지 모른다는 기대도 있었다.

잠시 후 수도국에서 연락이 오길 이번 정보 청구 건을 다마수에서 담당하기로 했는데 연말연시 휴가가 끼는 바람에 공개 결정까지 시간이 걸린다고 했다.

한편 새해가 밝고 얼마 지나지 않아 지자체들이 속속 자료를 보내 왔다. 도쿄도와 달리 정보공개청구의 접수부터 결정까지 소요 기간이 일주일로 정해져 있기 때문이다. 하지만 세 지자체가 보내준 자료는 모두 비슷비슷했고 새로운 정보는 없었다. 히가시코이가쿠보, 후추무사시다이, 구니타치나카 등 세 정수장의 취수 중단과 관련해 도쿄도가 각 지자체에 보고한 자료가 그 예다.

"수도국의 과불화화합물 대응 방안"

2019년 9월 11일 자였다. 내가 정보공개청구를 통해 2011년 이후의 데이터를 입수한 지 열흘 정도 지난 뒤 작성된 문서였다. 일부 언론에서 과불화화합물 오염 문제를 보도하게 되었음을 알리고 도쿄도의 대응 방안과 견해를 설명하는 내용이었다.

"취수정을 일시 중단했으며 현재는 모든 정수장에서 세계적으로도 엄격한 편에 속하는 미국의 권고치를 밑도는 수준입니다."

두 번째 페이지에는 후추무사시다이 정수장과 히가시코이가쿠보 정수장의 연간 최대 농도 추이가 꺾은선 그래프로 표시되어 있었다. 이미 다른 루트를 통해 입수한 자료였으므로 특별히 주의 깊게 살펴볼 필요는 없었다. 사실 이 그래프 안에 도쿄도의 '거짓말'이 뒤섞여 있었지만 나는 전혀 눈치채지 못하고 있었다.

왜 숨긴 걸까

그로부터 한 달 가까이 지났을 무렵, 수도국 홍보 담당자가 전화를 걸어 온 것이었다.

"지난번에 예전 데이터가 없다고 말씀드렸는데 있었습니다."

지금껏 내가 문의할 때마다 반복했던 "2010년 이전의 수질 조사 결과는 없다"라는 답변에 착오가 있었고 따라서 2010년 이전의 데이터가 존재한다는 말이었다. '역시 있었구나' 하는 안도감과 '왜 지금에서야……' 하는 노여움이 뒤섞인 채 다음 날 도청으로 향했다.

　테이블 위에는 2005년부터 2010년까지 다마 지역 내 정수장 등 11곳에서 측정한 수질 조사 결과가 놓여 있었다. 예로 이미 예전부터 고농도가 나타났던 후추무사시다이 정수장의 데이터를 살펴보면 수원인 지하수와 정수 공정을 거친 수돗물의 농도가 월별로 기재되어 있었다. 그만큼 관심을 두고 지켜보고 있었음을 엿볼 수 있는 대목이다. 감춰져 있던 데이터를 보태니 후추무사시다이 정수장에서는 적어도 15년 연속으로 목표치를 크게 상회하고 있었음을 알 수 있었다. 다시금 심각한 오염 실태가 드러난 셈이다. 하지만 한편으로는 예상하던 결과이기도 했다. 2010년 이전이면 PFOS가 실제로 제조·사용되던 시기이므로 농도가 높더라도 이상한 일이 아니기 때문이다.

　그런데 어째서 데이터를 숨긴 걸까. 다마수 담당자는 미리 준비해 두었던 설명을 시작했다.

　"정보공개청구를 접수한 뒤 면밀하게 검토하던 중 지자체에 보낸 자료 속 꺾은선 그래프에 2009년과 2010년 데이터가 실려 있다는 사실을 깨달았습니다. 이들 데이터의 출처를 확인하는 과정에서 찾아냈습니다."

　보완해 설명하자면 다마수는 지금까지 2010년 이전의 데이터는 없다고 주장해 왔으나 내가 낸 세 번째 정보공개청구를 접수하고 대상 문서를 재검토하던 중 도쿄도 측에서 지자체에 보낸 설명 자료 내 '과불화화합물 최대 농도 추이'라는 꺾은선 그래프에 지금까지 없다고 여겨왔던 2009년, 2010년 데이터가 포함되어 있다는 사실을 깨달았다. 그래서 다시 확인해 본 결과 예전 데이터가 다마수 공유 서버에 남아 있었다. 그러니까 적어도 이 자료가 작성된 2019년 9월 11일까지는 예전 데이터의 존재를 인지하고 있었다는 말이다.

그동안 왜 숨겼는지 재차 물었다.

"2010년 이전의 데이터는 측정 방법이나 횟수를 명기해 둔 시료 채취 계획에 기반해 측정한 값이 아니어서 누가, 무슨 목적으로, 어떻게 측정했는지 확인할 길이 없습니다. 데이터의 신뢰성을 담보할 수 없어 외부에 공개하는 일은 피하는 편이 좋겠다고 판단했습니다."

설령 데이터의 신뢰성이 확보되지 않았다고 하더라도 정보공개청구에서 공개할지 말지의 판단 기준은 별개의 문제다. 행정 조직에서 공유하는 기록과 문서는 모두 공문서로 간주해 어떤 내용이든 행정기관의 운영에 지장을 초래하지 않는 이상 공개해야 한다고 <정보공개조례>로 정해져 있다. 이런 기본 개념이 결여된 설명은 설득력이 없었다.

"조직에서 공유하는 데이터이므로 정보공개청구가 접수되면 공개해야 한다고 수도국 내부적으로 이번에 정리했습니다. (…) 이제 와서 제출드리게 되어 송구하지만 받아 주시기 바랍니다."

이제 와서 정리할 일이 아니라 자명한 일이다. 거기까지 설명을 듣고 나니 몇 가지 의문이 생겼다.

첫 번째, 왜 '데이터의 신뢰성이 확보되지 않았으니 공개하지 않는다'라는 잘못된 결정을 내리게 되었을까.

두 번째, 애초에 어떤 근거로 데이터의 신뢰성이 확보되지 않았다고 판단했을까.

세 번째, 이 데이터는 어디에, 어떻게 보존되어 있었을까. 그리고 데이터의 존재는 언제 알아챘을까.

도쿄도는 바로 답변하기 곤란하다며 질문을 가지고 돌아갔다. 이후 메일을 통해 여러 번 문답을 주고받았지만 여전히 의문은 해소되지 않았다. 나는 다시 도청을 찾아갔다. 변화무쌍한 도쿄도의 설명과 함께 방문 내용을 정리해 보았다.

수질 관리 담당 과장이 내린 공개 불가 결정

우선 첫 번째 의문점이다. 왜 '데이터의 신뢰성이 확보되지 않았으니 공개하지 않는다'라는 잘못된 결정을 내리게 되었을까. 수도국 홍보 담당 과장이 답했다.

"2010년 이전의 데이터는 조사 장소도 횟수도 통일성이 없어 외부에 널리 공개할 만한 자료가 아니라고 판단했습니다. 수도국이 홈페이지에 데이터를 게시할 때 시료 채취 계획을 정립한 2011년 이후의 데이터를 게시하는데 홈페이지 정보 게시와 정보공개청구에 따른 정보 공개의 기준을 혼동하고 말았습니다."

타당한 결정이었는지는 나중에 판가름나지만 어쨌든 다마수 내부적으로는 2010년 이전의 데이터는 공개하지 않는다는 방침이 있었다고 한다. 조직이 공유하는 문서이므로 원칙대로라면 정보 공개 대상이 맞지만 이미 공개하지 않는다는 결정이 내려진 상황이었으므로 공개하지 않았다는 뜻이다. 결정 주체는 다마수 수질 관리 책임자인 요시자와 과장이었다고 한다. 과장한 사람이 데이터 봉쇄라는 독단적인 결정을 내렸고 조직 내부에서는 최종 결재권자의 승인도 없이 그대로 받아들여졌다는 말일까.

만일 '공개 불가' 결정을 내리더라도 원래대로라면 해당 데이터가 존재한다는 사실을 밝힌 후 공개하지 못하는 이유를 표기해야 한다. 하지만 도쿄도는 공개 결정 통지서에 '전부 공개'라고 썼다. 다시 말해 존재하는 데이터를 공개 대상에서 제외함으로써 '전부 공개'라는 결정을 허위로 만들어 낸 셈이다. 그뿐만이 아니다. 취재 과정에서 여러 번 예전 데이터의 존재 여부를 물었음에도 존재하지 않는다고 거짓말을 하기도 했다.

덧붙여 말하자면 제3장과 제4장에서 언급했다시피 취재 초기 수도국은 과불화화합물이 수질 기준 항목이 아닌 탓에 수질 조사 의무가 없고 수질 조사 데이터도 없다고 했다. 하지만 이후 후생노동성에서 도쿄도가 측정한 데이터를 보유하고 있음을 확인하고 재차 수도국에 문의하자 그제야 2015년에 수질 조사를 실시했다는 사실을 인정했다. 다마 지역 내 정수장별 데이터를 두고도 처음에는 대표적인 2곳만 측정한다고 했다가 나중에야 15

년에 걸친 수질 조사 데이터를 공개했다.

　지금까지의 과정을 종합해 봤을 때 다마수를 비롯한 도쿄도 수도국의 조직적인 정보 은폐가 없었다고 보기 어렵다. 의도하지 않은 일이었다면 행정기관의 판단력과 설득력이 현저하게 낮은 상태라고밖에 볼 수 없을 것이다.

신뢰도 검증 없이 공개 불가로

　두 번째, 데이터의 신뢰성이 확보되지 않았다는 공개 불가 사유 역시 의문 부호가 붙는다. 2010년까지 실시한 수질 조사를 두고 다마수는 이렇게 설명했다.

　"측정 목적, 측정 방법을 기록한 문서가 없습니다. 근거 문서를 확인할 수 없어 공개하기 부적절하다고 판단했습니다."

　하지만 기록을 남기지 않은 당사자가 근거가 불분명해 공개하기 부적절하다고 발언하다니 무척 수긍이 가지 않는 상황이다.

　게다가 다마수가 내게 건넨 예전 데이터를 살펴보면 2010년 이전의 데이터와 2011년 이후의 데이터는 같은 엑셀 표에 나란히 기재되어 있다. 데이터 근거의 유무도, 보충 설명도, 심지어 구분 선조차 표시되어 있지 않다. 요컨대 같은 중요도를 가진 데이터로 관리해 온 셈이다. 그런데도 수도국은 주장했다.

　"2011년 이후의 데이터는 시료 채취 계획에 따라 얻은 값이므로 정식 데이터이고 2010년 이전의 데이터는 시료 채취 계획을 따르지 않았으므로 정식 데이터라고 볼 수 없습니다."

그러나 예전 데이터를 봐도 수질 조사가 상당히 계획적으로 이루어졌음은 명백했다. 예컨대 가장 농도가 높았던 후추무사시다이 정수장에서는 정수 처리 후의 수돗물은 물론 원수인 지하수와 수원 취수정별 농도가 매월 상세하게 기록되어 있었다. 시료 채취 계획이라는 문서를 따르지 않았다는 이유만으로 공개에 부적절한 데이터라고 판단하기에는 무리가 있다.

기록이 남아 있지 않을지라도 기억은 남아 있지 않을까. 당시 다마수 수질관리과에서 근무했고 현재도 수도국에 적을 두고 있는 직원 14명을 대상으로 의견 청취를 해 보았으나 전원이 "기억나지 않는다"라고 대답했다고 한다. 그러나 재조사 결과 도청사 창고에서 발견된 2006년 문서에는 이렇게 적혀 있었다.

"생물 축적성이 높고 인체 건강에 영향을 미칠 가능성도 제기된 상황이므로 구체적인 독성 규명과 오염 실태 파악이 필요하다."

수도국 내부 정기 회의인 수질보고회의 보고 문서에는 PFOS·PFOA가 다마강 하류에서 검출된 사실을 바탕으로 다마 지역 내 56곳의 정수장에서 수질 조사를 실시했다고 쓰여 있다. 분명히 수질 조사는 실시했고 일부 지점에서는 고농도가 검출되었다. 기억을 잃어버린 직원들을 대신해 수도국 창고 안에 묻혀 있던 자료가 진실을 말해주었다. 남겨진 기록은 나중에 손을 대지 않는 이상 변하지도, 움직이지도 않는다. 기록을 남기는 일의 중요성이 새삼 증명되었다고도 볼 수 있겠다.

한편 세 번째 의문은 예전 데이터가 어디에, 어떻게 보존되어 있었고 데이터의 존재를 언제 알아챘을까 하는 점이다. 다마수의 설명에 따르면 모든 데이터는 수질관리과의 공유 서버 안에 분석 기기별로 보관된다. 예전 데이터는 과불화화합물 분석 기기인 'LC/MS'라는 폴더 내 '24'라는 파일 안에 들어 있었다. 아울러 파일의 '속성' 정보를 통해 '2002년 5월 23일'에 작성했다고 추정된다. 데이터가 있다는 사실을 알게 된 계기는 불분명하고 시기는 2019년 8월경이라고 설명했다. 나의 정보공개청구를 접수한 후 대상 문서를 찾는 과정에서 발견했다고 여겨진다.

나는 '8월경'이라고 두루뭉술하게 대답했다는 점에 주목했다. 설명대로라면 내가 수질 검사 데이터의 정보공개청구를 넣은 8월 8일부터 공개 결정이 나온 8월 27일 사이라는 말이 된다. 그러나 처음에는 '7월인가 8월쯤'이라고 대답했다. 만약 8월 8일 이전부터 데이터의 존재를 알고 있었다면 취재하는 자리에서도 거짓말을 한 것이 되니 일부러 두루뭉술하게 답변하지 않았을까. 실제로는 이보다 빨리 데이터의 존재를 깨닫고 공개하지 않겠다는 방침을 정했다는 생각이 들었다.

당시 나의 거듭된 질문에 "데이터가 없다"며 고개를 젓던 자리에 수도국 홍보 담당 과장과 정수과 직원까지 동석했음을 생각해보면 "다마수 수질 관리 담당 과장이 <정보공개법>을 잘못 해석해 공개하지 않았다"는 설명 역시 의심스럽다.

왜 공개하기로 한 걸까

이렇게까지 철저하게 공개하지 않기로 결의한 문서를 이번 정보공개청구에서 공개하게 된 이유는 무엇일까. 이미 언급했듯 다마수 담당자는 처음에 이렇게 설명했다.

"2019년 당시 홈페이지에 수질 조사 결과를 게재하는 과정에서 작성하거나 입수한 문서를 공개해 달라는 『아사히신문』의 정보공개청구를 접수한 뒤 해당 문서를 검토하던 중 홈페이지에는 2011년 이후의 데이터만 실려 있는 반면 고쿠분지시·후추시 등의 지자체로 보낸 설명 자료에는 2009년과 2010년의 데이터가 실려 있다는 사실을 깨달았기 때문입니다."

그러나 앞 절에서 살펴봤다시피 실제로는 이보다 약 1년 4개월 앞선 2019년 여름, 이미 예전 데이터의 존재를 알고 있었고 나중에야 그 사실을 인정했다. 처음에 했던 설명은 교묘한 눈속임이었던 셈이다.

굳게 걸려 있던 빗장을 푼 열쇠는 다마수와 동시에 정보공개청구를 넣었던 고쿠분지시, 후추시, 구니타치시에 있었다. 취재를 통해 밝혀진 정황은 이러했다.

2020년 12월 28일 오후 5시 무렵, 다마수는 고쿠분지시에서 연락 한 통을 받았다.

"정보공개청구 대상 문서 중 도쿄도가 작성한 문서가 있는데 공개해도 되는가."

해당 대상 문서는 도쿄도가 작성하고 고쿠분지시 환경대책과

마지막 장 오염과 은폐

가 보관하고 있던 2019년 9월 11일 자 설명 자료였다. 다마수의 답변은 무엇이었을까. 다마수 담당자가 취재에서 밝힌 답변 내용은 이랬다.

"공개해야 하는 자료이니 당연히 공개해 달라. 공개하면 안 될 이유가 전혀 없다. 공개해도 좋다는 말밖에는 달리 할 말이 없다."

즉 고쿠분지시가 보유하는 공문서이므로 고쿠분지시로서는 공개 외에는 선택지가 없다는 뜻이다. 하지만 실제로 다마수는 고쿠분지시의 질문을 받고 연초에 답변하겠다며 답을 미뤘다.

새해가 밝고 업무가 시작되는 2021년 1월 4일, 다마수는 조금 더 시간을 달라고 고쿠분지시에 요청했다. 이 문서에 2009년과 2010년 데이터가 실려 있음을 깨달은 것이다. 취재에서든 정보 공개청구에서든 2011년 이후의 데이터밖에 없다고 주장해왔기 때문에 이 문서가 공개되면 지금껏 해 왔던 말들이 허위였음이 드러난다. 따라서 대응책을 협의하는 데 시간이 걸렸다.

다음 날인 1월 5일, 다마수는 간신히 세 지자체에 의견을 전달했다. 고쿠분지시 담당자는 당시 통화 내용을 메모지에 받아 적었다.

"공개하고 싶지 않으나 어쩔 수 없다."

고쿠분지시는 공개를 보류했다. 한편 후추시 담당자는 문서를 공개하면 다마수의 처지가 난처해진다는 뉘앙스를 강하게 전달받았지만 후추시가 보유하는 공문서이므로 공개하지 않을 이유가 없다는 판단하에 공개를 결정했다. 구니타치시 역시 같은 판단을 내렸다.

세 지자체 중 한 곳이라도 문서를 공개하면 예전 데이터의 존재가 밝혀진다. 그리고 지금껏 다마수가 해 왔던 설명은 앞뒤가 맞지 않는다는 사실이 드러난다. 그뿐만 아니라 정보 은폐 혐의를 추궁받을 가능성도 있다. 이제 도망칠 곳은 없다…….

이 소식은 다마수 담당 부장을 거쳐 도쿄도 수도국 전체를 총괄하는 국장에게까지 올라갔고 수도국 내부 방침이 정해졌다. 지금까지 덮어 두고 있던 예전 데이터를 공개한다. 다만 은폐하려는 의도는 아니었고 단지 공개 대상 문서 선정에 착오가 있었다고 설명한다.

아마 이 정도로 빠져나갈 수 있으리라 예상했을 것이다.

정보 공개 결정에 착오가 있었던 이유

2021년 2월 3일, 나는 도청 회의실에서 2005년부터 2010년까지의 데이터를 받았다. 설명을 마친 다마수 담당자는 공개 결정 통지서를 다시 제출하고 싶다는 의사를 밝혔다.

"준비는 다 해 두었습니다."

의자를 빼고 자리에서 일어나려는 찰나 문득 한 가지 생각이 머리를 스쳤다. 그 전에 확인해야 할 일이 있었다. 황급히 다시 자리에 앉았다.

"새 통지서에는 공개 결정을 변경한 이유가 명기되어 있습니까?"

마지막 장 오염과 은폐

정보 공개 결정권자였던 다마수 기술지도과장 시오다 쓰토무는 말했다.

"공개 결정 통지서에 변경 사유는 적혀 있지 않습니다."

그렇다면 도쿄도의 정보 공개 결정에 착오가 있었다는 사실은 어디에 기재되는가.

"내부 결재 문서에는 적혀 있습니다."

그럼 내부 결재 문서를 보여 달라. 설마 다시 정보공개청구를 해야 하는가.

"어떤 방식으로 드릴지는 조금 더 검토할 시간을 주십시오. 어쩌면 결재 문서를 공개 청구해 달라고 부탁드려야 할지도……."

말끝을 흐리기는 했지만 깜짝 놀랄 만한 발언이었다. 자신들의 잘못으로 정보 공개 결정을 번복하는데도 번복 이유를 통지서에는 적지 않고 내부 문서에만 기록한다. 해당 내용을 청구자가 확인하려면 다시 정보공개청구를 해야 한다.

"말도 안 됩니다. 정말 그렇게 하실 작정입니까?"

우스갯소리라고 생각했지만 시오다 과장은 진지했다.

"그냥 그런 방법도 있다는 뜻으로……."

다시 말끝을 흐렸다.

약 한 달 뒤 나는 내부 결재 문서 대신 "정보 공개 결정 번복과 관련한 의견서"라는 제목의 문서를 받았다. 마지막에 "깊이 사죄드립니다"라며 잘못은 인정했지만 정작 내가 알고 싶은 내용은 나와 있지 않았다. 마땅히 공개해야 할 문서를 어째서 공개하지 않았을까. 공개하지 않은 데이터가 있었음에도 어째서 사실과 다르게 "전부 공개"라고 표기했을까. 현 상황에 이르게 된 정황 설명이나 이유는 전혀 언급하지 않았다.

'없다'던 공문서가 '있다'로 바뀐 이유는 도쿄도가 작성해 배포한 자료를 다른 지자체가 가지고 있었기 때문이었다. 마침 세 지자체에도 정보공개청구를 넣어 둔 덕에 정보 공개 결정의 판단이 서로 어긋나면서 '없다'고 정한 문서를 공개할 수밖에 없었다. 만약 도쿄도만 보관하는 정보였다면, 혹은 다른 지자체에 정보공개청구를 넣지 않았다면 예전 데이터가 빛을 보는 일은 아마 없었을 것이다.

정보공개 클리어링하우스 이사장인 미키 유키코는 말했다.

"정보공개제도는 행정기관이 성실하게 공개 대상 문서를 선정하고 공개한다는 전제하에 성립합니다. 이번 일은 전제 사항인 정보 공개 정신을 소홀히 하는 바람에 데이터의 은폐가 발생한 사례라고 볼 수 있겠지요."

덧붙여 본래 공개했어야 할 자료를 추가 공개하는 절차에도 문제가 있다고 지적했다.

"공개 대상 문서가 변경되었으니 이전의 공개 결정을 취소한 뒤 다시 공개 결정을 내려야 합니다. 취소한 내용을 명기하지도 않고 어떤 자료를 새롭게 추가했는지도 밝히지 않은 점은 문제입니다."

마지막 장 오염과 은폐

어디까지나 공개 부적합 데이터

문제는 또 있다. 수도국은 공개하기에 부적합한 데이터였으므로 공개하지 않기로 했을 뿐 결코 은폐하려는 의도는 아니었다는 주장을 고수하며 버텼다.

"정보공개청구의 관점에서는 걸맞지 않은 대응이었지만 예전 데이터가 공개하기에 적합하지 않다는 생각에는 변함이 없습니다."

공문서인 이상 해당 문서와 기록은 <정보공개법>의 대상이므로 정보공개청구를 접수하면 원칙적으로는 공개해야 한다. 하지만 공개에 부적합한 데이터라고 정해 두면 언론사 취재에서는 존재를 밝히지 않아도 된다. 따라서 비록 이번 정보공개청구 결정에는 착오가 있었지만 취재 시 데이터가 있다는 사실을 밝히지 않은 점에는 문제가 없다…….

환경오염을 다루는 리스크 커뮤니케이션에서는 정보 공개를 통해 사실을 공유하는 일과 사회가 겪을 혼란을 고려하는 일이 늘 저울 양쪽에서 흔들리기 마련이다. 하지만 아무래도 석연치 않다. 때로 행정기관은 주민의 리스크가 아니라 자신들의 리스크를 피하기 위한 결정을 내리기 때문이다.

공개에 부적합한 자료라는 말은 무슨 뜻일까.

"채수 관련 사항을 명기한 시료 채취 계획에 기반해 공식적으로 수행한 조사 결과가 아니라는 뜻입니다."

그럼 2010년 이전의 수질 조사는 직원이 개인적으로 수행한 일인가. 수도국이 예산을 들여 사업으로서 수행하지 않았는가.

"물론 개인이 재미로 한 조사는 아니지요. 수도국 업무로서 수행했습니다."

그렇다면 비공식 데이터라서 공개하지 않는다는 말은 어불성설 아닌가. 수질 조사 개요를 뒷받침할 자료가 없다면 참고치로 공개하면 될 일이다. 논리의 비약이 지나치다는 생각이 들었다. 어째서 비공식 데이터라는 이유로 공개하지 않는가.

재차 근거를 묻자 수도국은 시간을 달라며 답을 미뤘다. 그리고 다음 날 갑자기 말을 바꾸었다.

"비공식 데이터라서 공개하지 않는다는 판단에 착오가 있었습니다."

마침내 도쿄도는 지금까지 '없다'고 주장했고 이후에도 '공개할 만한 자료가 아니다'라고 우겨왔던 예전 데이터 총 2,829건을 모두 홈페이지에 공개했다.[1] 지난 연말에 정보공개청구를 넣은 지 약 3개월 만의 일이었다.

고쿠분지시 환경대책과장의 승진

나뿐만 아니라 일반 시민에게까지 예전 데이터를 공개하기로 한 이유를 수도국 홍보 담당 과장이 설명했다.

"과불화화합물에 따른 수질오염 문제는 도민이 크게 관심을 가지는 부분이므로 생각을 바꾸었습니다."

하지만 홍보 담당 과장의 말대로라면 정수장 3곳에서 지하수 취수를 중단했던 2년 전, 혹은 후생노동성이 잠정 목표치를 설정했던 1년 전에도 공개할 수 있지 않았을까. 언론에 보도되리라는 사실을 눈치채고 울며 겨자 먹기로 공개할 수밖에 없었던 것은 아니냐고 물었다. 그러자 홍보 담당 과장은 고개를 떨구고 입을 굳게 다물었다. 그리고 예전 데이터의 존재를 알면서도 공개하지 않았던 다마수 책임자는 끝내 모습을 드러내지 않았다.

아무리 궁지에 몰렸다고는 하지만 그토록 정보 공개에 저항하던 수도국이 어떻게 방침을 변경하게 되었을까. 나는 다시 한번 지금까지의 경위를 기록한 문서를 공개 청구했다. 스스로도 너무 집요하게 군다는 생각은 들었지만 만날 때마다 바뀌는 설명과 겉만 번지르르한 말들을 이제는 믿기 어려웠다. 얼마 후 수도국의 결정이 나왔다. 예상대로였다.

"없음"

바로 얼마 전 도쿄도 수도국장의 결재까지 받은 일이건만 기록이 없다고 주장하는 것이다. 이번에도 공개 대상 문서 선정에 착오가 발생했을까. 아니면 이제 아예 기록을 남기지 않기로 했을까.

정보는 누구의 것인가. 행정기관 직원은 기록을 남기고 문서를 관리하는 일을 시민을 대신해 일시적으로 담당하고 있을 뿐이다. 그러나 공문서의 조작과 은폐는 이제 드문 일이 아니다. 재무성을 비롯한 중앙행정기관뿐 아니라 도쿄도에서도, 그리고 도쿄도 산하의 지자체에서도 일어나고 있다. 정보의 빗장을 걸어 잠그는 악순환의 고리는 이미 나라의 말단 기관까지 퍼져 있다.

한 사례를 살펴보자. 언급했다시피 예전 데이터의 단서를 찾기 위해 도쿄도와 별개로 세 지자체에 각각 정보 공개를 청구했을 때 고쿠분지시는 도쿄도 작성 자료를 대상 문서에서 제외했다. 이 같은 판단을 내린 고쿠분지시 환경대책과장은 정보 공개를 꺼리는 다마수의 의도를 읽고, 다음 날 은폐 공작이라고 할 만한 행동을 취했다. 훗날 별도의 정보공개청구를 통해 공개된 고쿠분지시 내부 문서에 따르면 환경대책과장은 다른 두 지자체의 담당자에게 메일을 보내 고쿠분지시는 해당 자료를 공개 대상에서 제외한다고 밝힌 뒤 이런 말을 덧붙였다.

"같은 문서이니 각 지자체가 보조를 맞출 필요가 있다고 보는데 확인하신 뒤 연락 부탁드립니다."

자료를 공개하지 말자고 부추긴 것이다. 그러나 두 지자체는 응하지 않았다. 그 결과 도쿄도는 그때까지 덮어두고 있던 예전 데이터를 더는 숨길 수 없었고 결국에는 모두 공개하기로 결정했다. 고쿠분지시의 시도는 물거품으로 사라진 셈이다.

<정보공개법> 제1조에는 이렇게 적혀 있다.

"행정기관이 보유하는 정보를 공개하기 위해 힘쓰고 이를 통해 정부가 수행하는 모든 활동을 국민에게 설명하는 책무를 다함과 동시에 국민의 적확한 이해와 비판 아래 공정하고 민주적인 행정을 추진하는 데 이바지한다."

도쿄도의 뜻을 받들어 자료를 공개 대상에서 제외하고 타 지자체에도 동조하도록 촉구한 환경대책과장은 그로부터 3개월 뒤 건설환경부장으로 승진했다. 공교롭게도 <정보공개법> 시행

20주년을 맞이한 2021년 4월 1일의 일이었다.

실종된 주체성

과불화화합물의 뒤를 쫓는 내내 정보공개제도의 취지와 정반대되는 현실과 부딪혔다. 그동안 있었던 일을 확인하기 위해 정보공개청구를 거듭할수록 얄궂게도 행정기관의 폐쇄성을 실감했다. 그리고 그 와중에도 가려져 있던 오염의 윤곽이 서서히 수면 위로 모습을 드러냈다.

우선 지하수 오염이 도쿄에서도 발생했다는 사실이 분명해졌다. 이어 다마 지역 일부에서 지하수를 바탕으로 생산하는 수돗물이 오랜 세월 동안 오염된 상태였다는 사실도 밝혀졌다. 그 물을 식수로 사용하던 주민들의 혈액에서 과불화화합물이 검출되었다. 오사카부 셋쓰시에서도 심각한 지하수 오염과 혈중 농도를 확인했다. 잘 분해되지 않고 쉽게 축적되는 '영원한 화학물질'은 이름에 걸맞게 지하수, 수돗물, 사람의 몸속에 줄곧 머물고 있었다.

한편 오염 문제를 대하는 행정기관의 자세는 초지일관했다. 과불화화합물이 인체에 미치는 영향이 불분명하다는 이유를 대며 조사하지 않거나 조사하더라도 발표하지 않았다. 조사하지 않으면 실태를 파악할 수 없고 조사한 내용을 발표하지 않으면 문제는 없던 일이 된다. 그러는 동안에도 보이지 않는 곳에서 물은 계속 오염되고 있었다.

도쿄도는 취재 과정에서 지하수 취수를 중단한 사실은 인정했지만 과거에 실시한 수질 조사 결과는 2년 가까이 함구했다. 한마디로 말해 눈앞에 놓인 현실을 외면한 셈이다. 이런 부작위의 순환 고리는 약 50년 전 미나마타병 사건 때 노골적으로 나타났다. 현시점에서 과불화화합물이 미치는 영향을 미나마타병과 비교하기에는 무리가 있겠으나 책임감 부재로 긴 시간 동안 오염이 방치됐다는 사실만큼은 똑 닮았다.

　상징적인 예로 수질 관리 목표치를 둘러싼 행정기관의 태도를 들 수 있다. 건강에 미치는 영향을 알 수 없다며 방관하던 후생노동성은 갑자기 말을 바꾸어 2020년 봄에 잠정 목표치를 설정했다. 그러나 어떤 연유로 그 시점에 목표치를 설정했는지는 밝히지 않았다. 결정에 이르기까지 과정을 적은 기록물도 없었다. 따라서 검증 역시 할 수 없다.

　바다 건너에서는 과불화화합물의 규제를 강화하려는 움직임이 나타나고 있다. 2021년 가을, EPA는 물 1L당 PFOS와 PFOA를 더해 70ng을 넘지 않도록 설정한 기존 권고치보다 훨씬 낮은 수치에서도 이들 물질이 건강에 영향을 줄 가능성이 있으며, PFOA는 발암성 물질이라는 의견을 밝혔다. 향후 과학자문위원회의 평가가 완료되는 대로 신속하게 권고치를 재검토하겠다고도 했다.

　이렇게 되면 일본도 잠정 목표치를 수정할 수밖에 없다. 잠정 목표치로 정한 50ng/L는 EPA의 기존 권고치 산출식을 바탕으로 도출한 값이기 때문이다. 미국이 기준을 바꿀 때마다 뒤쫓아 목표치를 수정하기에 급급한 지금의 상황이 과연 바람직한가.

후생노동성이 독자적으로 목표치를 설정하지 못하는 이유는 일본 내 오염 실태를 정확하게 파악하지 못했음은 물론 오염물질이 국민의 몸속에 얼마나 축적되어 있는지 파악하지 않았기 때문이다.

다양한 화학물질이 범람하는 현대 사회에서 이제는 누구든 화학물질을 섭취할 수밖에 없다. 화학물질의 편리함을 누리면서 안전한 삶도 영위하려면 화학물질이 건강에 미치는 영향을 판단하기 위한 객관적인 데이터가 꼭 필요하다. 가뜩이나 바람 가는 대로 흘려보내는 풍조가 만연한 세태 속에서는 더더욱 그렇다.

따라서 바이오 모니터링 제도가 필요하다. 전국 규모의 정기 조사와 오염 지역 내 지속적인 조사가 모두 요구된다. 과불화화합물 오염이 드러난 지역에서는 주민 건강검진이 시급하다. 도쿄도와 오사카부가 뒷짐지고 지켜보는 사이 고농도로 오염된 물을 통해 오랜 세월 동안 유입된 PFOS와 PFOA가 주민들의 몸속에 여전히 쌓여 있기 때문이다.

과제는 또 있다. 우선 오염 처리 대책이다. 도쿄도는 오염된 물을 사람들이 마시지 않도록 수원 취수정의 운영은 중단했지만 지하수 오염은 사실상 방치하고 있다. 게다가 오염원은 다마 지역에 광범위하게 퍼져 있는 상황이다.

<토양오염대책법>은 주민들의 건강 피해가 발생할 우려가 있을 때 조사 요청을 할 수 있다고 하면서도 지자체에 조사 의무를 부과하지는 않았다. 덕분에 도쿄도는 건강 피해에 관한 조사를

수행하지 않으며 당연히 대책도 세우지 않고 있다. 이대로 오염원도 밝혀내지 않고 인체 건강에 미치는 영향도 확인하지 않은 채 오염된 지하수를 그저 흘려보낼 작정인가. 재해 대국의 지하수 활용 대책이라는 관점에서 봤을 때도 반드시 짚고 넘어가야 할 문제가 아닌가.

규제 대상으로 선정되어 사용 금지 상태로 보관 중인 과불화화합물의 폐기도 중요하다. 폐기에 드는 재정 부담을 피하려다 또 다른 오염 사고가 발생하기 전에 말이다.

오염 사고의 주범인 주일미군 기지를 향한 정부와 방위성, 외무성의 태도에도 의문이 남는다. 오키나와에서는 오염 실태 조사를 위한 기지 출입도 승인하지 않을 뿐만 아니라 미군이 방류한 오염수를 처리하기 위해 일본 국민의 세금을 쏟아붓고 있다. 도쿄에서는 도쿄도, 방위성 모두 요코타 기지가 오염원이라는 의혹을 애써 외면한다. 일본 국내에만 다르게 적용되는 미국의 이중 기준을 눈감아 주는 한편 일그러진 주일미군지위협정의 현실을 외면한 채 언제까지 이 부조리를 국민에게 떠넘길 생각인가.

만약 주일미군지위협정을 개정한다면 아마 정치권이나 행정기관의 의지는 아닐 것이다. 시민의 목소리가 무시할 수 없을 정도로 커지고 나서야 비로소 미군을 상대할 동기가 생긴다. 하지만 모처럼 잡은 기회 앞에서 정부, 외무성, 방위성은 미국 편에 설지도 모른다. 이럴 때 언론이 맡아야 할 역할은 작지 않다.

한편 행정기관이 기록 자체를 남기지 않거나 남겼더라도 마치

마지막 장 오염과 은폐

기록이 남아 있지 않은 듯이 구는 행태가 거듭되면서 지금 무슨 일이 일어나고 있는지, 과거에 무슨 일이 있었는지를 확인하는 과정에도 장애물이 있다. 국민 공동의 지적 재산인 공문서를 작성하고 보존하고 공개하고 설명하여 정보 공개의 토양을 끊임없이 일구어 나가지 않으면 '정보 쇄국화'는 점점 더 진행될 수밖에 없다. 이대로라면 머지않은 미래에는 우리가 알고 싶은 진실을 파고드는 일이 불가능해질지도 모른다.

마지막으로 또 하나 커다란 과제가 있다. 앞으로 '영원한 화학물질'을 어떻게 마주할 것인가 하는 문제이다. 제1장 앞부분에서 소개한 영화 <다크 워터스>는 <다크 워터스-거대 기업이 두려워한 남자>라는 제목으로 2021년 말 일본에서도 개봉했다. 영화 막바지에 다음과 같은 자막이 흐른다.

"PFOA는 거의 모든 생물의 혈액 속에 존재한다고 알려져 있다. 인류 99%의 몸속에도."

PFOA와 PFOS로 대표되는 과불화화합물은 물과 기름 어느 쪽에도 쉽게 스며들지 않는 특성 때문에 다양한 제품에 넘치도록 사용되고 있다. '부엌부터 우주까지'라는 말이 있을 정도다. 종류는 수천 가지도 넘는다고 알려져 있다. 따라서 두더지 잡기 게임하듯 개별 물질을 하나씩 규제할 일이 아니라 과불화화합물 그룹 전체, 즉 PFAS를 관리하는 정책으로 전환할 필요가 있다.

미국 바이든 정부는 오염 제거에 약 13조 원에 달하는 예산을 편성하고 2022년 가을에는 PFAS 전체를 규제하는 방침을 발표하겠다는 뜻을 밝혔다. 물론 탈PFAS로 전환하는 일은 쉽지 않다. 그래도 탈플라스틱 기조가 단번에 가속되었음을 상기하면 없음 직한 일도 아니다.

'영원한 화학물질'은 눈에 보이지 않지만 사라지지 않았다. 사라지지 않았을 뿐만 아니라 지금도 우리 곁을 맴돈다. 정치권과 행정기관은 물론 사회도, 그리고 우리도 끊임없이 질문을 받는다. 우리 앞에 드러난 과제들을 이대로 물에 흘려보낼 수는 없다.

맺음말

　자주 꺼내 읽지는 않지만 내 수첩 안에는 빛바랜 신문 기사 하나가 스크랩되어 있다.

　"'한 우물을 파자'라고 후배에게 말했다. 한 현장을, 한 사람을 우물 파듯 깊이 파 내려가다 보면 다양한 광맥을 발견한다. 시대와 사회의 병폐가 보인다. (…) 그는 끊임없이 우물을 파 내려갔다."

　『교도통신사』 기자 사이토 시게오의 타계를 애도하는 1999년 6월 2일 자 『아사히신문』 1면 칼럼 「덴세이진고(天声人語)」의 한 구절이다. 매일 발생하는 뉴스를 쫓기만 해서는 우리 사회에 일어나는 현상의 겉모습밖에 볼 수 없다. 눈에 보이는 현상을 깊게 파 내려가 그 속에 숨겨진 구조를 파헤치는 일이야말로 기자의 사명임을 사이토 기자의 글들을 통해 배웠다.

　운 좋게도, 비록 1년 정도의 짧은 기간이었지만 사이토 기자 은퇴 후 인연을 맺고 지낸 일이 있다. 사이토 기자가 전력을 쏟아 취재했음에도 도중에 단념할 수밖에 없었던 사건을 내가 취재하게 되었기 때문이다. 조언 한마디마다 엿보이는 냉정한 관찰력과 풍부한 호기심이 무척 인상적이었다. 보이지 않는 심층에 무엇이 있는가. 수맥은 어떻게 흐르는가. 암반에 부딪혔을 때 예상을 벗어난 현실을 받아들이고 궤도를 수정할 수 있는가. 광맥에 도달할 때까지 계속 파 내려갈 수 있는가. 만날 때마다 질문을 받는 듯한 기분이 들어 긴장감이 누그러들지 않았다.

그리고 시간이 흘러 나는 미지의 분야, 들어본 적도 없는 화학물질을 취재하게 되었다. 왠지 모르게 분명히 '한 우물'의 가치가 있다는 느낌이 들었기 때문이다. 당시 나는 『아사히신문』 특별보도부에 몸담고 있었다. 스스로 주제를 정하고 조사하여 알릴 만한 가치가 있는 진실을 발굴해 낼 수 있는 시간과 재량이 주어졌다. 하나의 취재 테마를 일단락 짓고 다음 테마를 물색하려는데 주일미군 기지 문제가 머릿속에 떠올랐다.

미군에는 지나친 권한이 주어지는 반면 일본에는 당연한 권리마저 인정되지 않는다. 세계적으로도 전례가 없다시피 한 주일미군지위협정의 불평등함에 예전부터 의문을 품고 있었다. 하지만 오키나와 지역을 제외하면 세상은 미군 기지 문제에 그다지 관심이 없다. 난해한 용어가 연달아 등장하는 기사는 '한 우물'은 될지언정 읽는 이의 외면을 받고 말 것이 뻔했다.

일전에 주간지 편집부에서 일하면서 '돈', '생명', '스캔들'을 다룬 기사가 읽힌다는 사실을 깨달았다. 특히 돈과 생명을 다룬 기사는 누구든 쉽게 제 일처럼 받아들인다. 따라서 먼저 '돈'에 초점을 맞추어 조사해 보기로 했다.

미군 병사가 공무 중에 일으킨 사건·사고로 일본 법정에서 손해 배상 판결이 나면 배상금 전액을 우선 일본이 떠맡는다. 이후 미국 측에 금액의 4분의 3을 청구하는데 미군이 검토해서 타당하다고 판단하면 금액을 지급한다……. 주일미군지위협정 제18조에 명기된 사항이다. 미군이 일으킨 피해를 보상하기 위해 일본 국민의 세금이 얼마나 사용되고 있을까. 정보공개청구를 통해 방위성에서 받은 문서는 온통 검은색으로 칠해져 있었다. 가장 중요한 데이터를 손에 넣지 못하면서 취재는 벽에 부딪혔다.

다음으로 '생명'에 초점을 맞추어 보았다. 오키나와의 가데나 미군 기지 주변에서 심각한 수질오염이 발생했다는 소식이 들려왔기 때문이다. 미국에서는 이미 사회 문제가 되고 있다고 했다. 발암 의심 물질이 수돗물을 오염시키고 있다면 건강에도 영향을 미칠 가능성이 있다. 다시 말해 생명의 문제가 된다.

이리하여 오염의 원인인 과불화화합물을 '한 우물'로 정한 뒤 올림픽 개최 예정지인 도쿄를 무대로 진실을 파헤쳐 보기로 했다. 광맥에 도달하지 못한다 해도 어떻게든 시대와 사회의 병폐를 드러내 보일 수는 있겠다는 생각으로 취재에 나섰고 정보공개청구를 거듭했다.

취재가 막다른 길에 들어설 때마다 들릴 리 만무한 사이토 기자의 목소리를 들었다.

"힘 있는 자의 정보를 의심하라."

"작은 진실에서 시대의 전체 모습을 파악하라."

햇수로 3년 동안 이어 온 취재를 통해 밝혀진 진실은 앞서 서술한 대로다.

과불화화합물에 따른 오염 실태를 조사하면서 우리 사회를 지탱하는 토대가 무너지고 있는지도 모른다는 위기감을 느꼈다. 공문서를 다루는 행정기관의 폐쇄성과 기록을 경시하는 태도, 정책의 전제라고 할 수 있는 조사와 데이터의 부재 혹은 위장, 논리적인 근거 없이 상황에 따라 자의적으로 내려지는 결정, 다른 나라 뒤를 쫓는 사이 잃어버리고 만 주체성, 시민들을 향한 설명을 외면하려는 책임 회피, 그리고 이에 따라 발생하는 공백……. 행정기관 내부 사정과 역학 관계를 상세하게 알지는 못하지만 부정적인 말밖에 떠오르지 않는다.

"한 현장을 깊이 파 내려가다 보면 다양한 광맥을 발견한다. 시대와 사회의 병폐가 보인다."

사이토 기자의 말은 여전히 유효했다.

붕괴하기 시작한 정부와 사회의 모습은 내가 몸담은 언론의 한심한 행태를 비추는 거울이기도 했다. '지금'을 쫓느라 문제의 본질을 놓치고 취재 과정에서 발견한 수많은 의문은 미해결 상태로 남겨져 어느샌가 잊히고 만다. 쫓고 있던 '지금'에 휘둘려 오히려 '지금'에 쫓기고 있는 듯도 하다.

하지만 눈앞에서 벌어지는 일에 휘둘리고 있는 것은 언론만이 아니다. 사회 전체가, 혹은 우리 한 사람 한 사람이 눈앞에 보이는 사소한 이익을 위해 너무 쉽게 타협하거나 포기하기를 반복하고, 한편으로는 현실주의라는 그럴듯한 말로 모순을 덮으려고 하지는 않는가.

물론 눈앞에 닥친 오늘을 살아남아 내일을 맞이하는 일만으로도 벅찬 사람도 적지 않으리라. 이를 고려하면 지금만, 나만 위하는 행동을 마냥 손가락질하기도 어렵다. 하지만 정치학자 마루야마 마사오는 말했다.

"현실적으로 생각하자는 말은 기성 체제에 굴복하자는 말과 같습니다."

그의 말에 따르면 현실이란 늘 '어쩔 도리 없는 과거'일 뿐이다.

영원한 화학물질의 뒤를 쫓은 이 책 한 권이 어쩔 도리 없는 과거를 조금이라도 흔들어 미미하게나마 미래의 걱정을 더는 데 도움이 되길 바란다.

미지의 영역을 이리저리 헤매고 다니던 내가 어떻게든 책을 완성할 수 있었던 것은 모두 취재에서 이야기를 들려주신 분들 덕분이었다. 명함을 세어 보니 백여든 분이 넘는다. 특히 가와무라 마사미 대표님, 존 미첼 기자님, 나카야마 쇼지 실장님, 고이즈미 아키오 교수님, 나카시타 유코 대표님, 우에다 다케노리 기자님, 야라 도모히로 의원님, 미키 유키코 이사장님께는 많은 가르침을 받았고 취재를 이어갈 힘도 얻었다. 지면을 빌려 다시 한 번 감사 인사를 전하고 싶다.

아울러 귀중한 시간을 내 취재에 응해 주셨지만 본문에 미처 소개하지 못한 분들께는 죄송한 마음을 전한다. 들려주셨던 귀한 정보와 증언이 이 책을 떠받치고 있음은 말할 나위가 없다.

답이 보이지 않는 과불화화합물 문제를 진득하게 취재할 수 있었던 이유는 『아사히신문』 특별보도부에 적을 두고 있었기 때문이다. 취재를 관심 있게 지켜봐 주셨던 오구라 나오키 부장님과 노자와 데츠야 부장님, 기사 편집 작업에 힘써 주신 야노 에이키 차장님과 야마자키 다카 차장님, 취재 도중 곧잘 머리끝까지 피가 솟구치도록 흥분하는 나를 진정시키고 냉정하게 보조해 주었던 동료 기자 후지야마 게이와 스즈키 사이코에게 진심으로 감사를 표한다.

이 책의 출발점은 15년쯤 전으로 거슬러 올라간다. 책을 내지 않겠냐는 제안 이후 몇 번이나 주제가 바뀌었고, 주제가 바뀌었는데도 책을 완성하지 못했던 나를 묵묵히 기다려 준 가나자와 도모유키 편집자에게도 깊이 감사드린다.

마지막으로 저녁 식사 이후 편안하게 쉬어야 할 공간에서 글만 쓰던 나를 지지해 준 아내와 딸, 뒷걸음질 치지 않도록 슬쩍 등을 받쳐 주며 격려해 주었던 친구들에게도 다시 한번 감사 인사를 하고 싶다.

2021년 11월 모로나가 유지

역자 후기
더 나은 세상에 보탬이 되기를 바라며

이 책이 일본에서 출간된 지 일 년 하고도 아홉 달이 지났다. 그사이 다마 지역에서는 시민 650명을 대상으로 한 PFOS·PFOA 혈중 농도 검사가 재차 진행되었고 결과적으로 일본 국민 평균치의 2.4배에 달하는 수치가 확인되었다. 시민들의 불안이 커지고 언론 보도도 늘어서였을까. 지난 2023년 7월, 도쿄도는 미군 요코타 기지에서 과불화화합물 유출 사고가 있었다는 사실을 공식적으로 인정했다. 도쿄도지사인 고이케 유리코는 기자회견을 열고 중앙 정부와 미군 측에 "도쿄도를 비롯한 행정기관은 물론 도쿄도민이 수긍할 수 있는 대책"을 요구했다. 그동안 과불화화합물에 따른 지하수의 오염도, 오염원의 정체도 애써 외면해 왔던 도쿄도가 비로소 현실을 직시하려 하고 있는 것이다. 물론 앞으로 얼마나 적극적으로 대응해 나갈지, 밝혀진 사실을 과연 투명하게 공개할지는 두고 보아야 할 일이지만 스스로 문제를 공식화한 만큼 여태껏 취해왔던 태도와는 다르리라는 기대도 해봄직하다.

국내에서는 2023년 10월 현재 PFOS, PFOA, PFHxS 총세 물질을 수돗물 수질 감시 항목으로 지정하고 있다. 본문에 등장하는 일본의 상황에 견주자면 후생노동성의 검토 필요 항목에 해당하는 수준으로, 감시의 필요성은 있으나 따로 강제성을 갖는 기준치는 없고 향후 위해성이 높다고 판단되면 수질 기준 항목으로 상향 조정된다. 책 내용과 마찬가지로 국내에서도 과불화화합물은 지하수를 사용하는 소규모 정수장에서 종종 높은 농도가 검출되는데 하천수와 같은 표층수를 수원으로 삼는 일부 정수장에서도 높은 농도가 측정된다는 사실은 특기할 만한 점이다. 최근 일본과 미국 등 해외 각국에서는 규제 기준을 제정하거나 상향하는 움직임을 보이고 있지만 국내에서는 딱히 두드러진 동향은 없다. 수돗물을 끓여 마시는 나는 책 번역을 시작하며 '혹시 내가 마시는 물에도…?' 하는 불안감에 휩싸였다.

하지만 책은 이내 먹는물 오염의 이면에 가려진 진짜 문제를 파헤치기 시작했다. 먹는물의 안전을 책임져야 할 도쿄도는 정보공개청구제도에 따라 공개하는 서류 내용 일부를 검게 칠해 정보를 은폐하려 했다. 오염원으로 추측되는 미군은 문제가 불거지자 줄곧 허용해 왔던 기지 내 수질 조사를 거부하고 시민과 언론의 사실 규명 요청도 묵살했다. 미군 측에 오염의 진상을 따져야 할 중앙 정부는 미국과의 외교 관계가 틀어질까 전전긍긍하며 눈치 보기에 여념이 없었다. 이런 일들이 일어나는 동안 언론은 잠자코 있기만 했다. 덕분에 문제는 한동안 가려졌다.

주일미군기지 문제를 주시하고 있던 저자 모리나가 유지가 아니었다면 진실이 밝혀지는 데는 훨씬 더 오랜 시간이 걸렸을지도 모른다.

번역 작업이 진행될수록 기시감이 느껴졌던 이유는 정보공개제도나 미군 기지처럼 익숙한 단어 때문만은 아니었을 것이다. 책은 시민 안전을 최우선에 두어야 할 행정기관이 조직의 안위만 생각해 책임을 방기하고 의무를 소홀히 하지는 않았는지, 시민의 눈과 귀가 되어 성실하게 세상을 비추어야 할 언론이 마땅히 해내야 할 역할을 못 하고 있지는 않았는지, 더 나아가 시민 한 사람 한 사람이 눈앞에 놓인 현실과 타협하느라 중요한 본질을 놓치고 있지는 않았는지 묻는 듯했다. 그런 의미에서 현재 우리의 모습을 가늠하게끔 하는 체크리스트처럼 느껴지기도 했다.

번역을 하면서 가장 신경 쓴 부분은 두 가지였다. 우선 요코타 기지 주변을 중심으로 다양한 지명이 등장하는데 어떤 것은 길이가 길고 또 어떤 것들은 발음이 서로 비슷해 일본 지명에 익숙한 사람이라 할지라도 어렵게 느껴질 법했다. 따라서 주요 지명에는 일본어(한자) 표기와 함께 간단한 설명을 보태 조금이나마 쉽게 읽히도록 노력했다. 요코타 기지 주변의 지하수 흐름 방향이 오염원 추적에서 중요한 단서가 되는 만큼 일부 지명에는 위치 설명을 덧붙이기도 했다. 두 번째는 시간 순서였다. 여러 상황이 동시에 일어나는 취재 과정을 글로 풀어쓰다 보니 책은 때로 시간을 거슬러 올라가기도 했다. 그때마다 이전 페이지를 찾지 않고서도 앞 내용을 떠올릴 수 있도록 내 나름대로 신경을 쏟아 번역했다. 필요에 따라 첨가한 설명도 있다. 사소한 노력이었지만 책을 더 쉽게 이해하는 데 도움이 되었으면 좋겠다. 한편, ng/L라는 생소한 단위와 함께 과불화화합물의 농도가 수시로 등장하지만 숫자라고 괜스레 부담을 느끼는 분은 없으시기를 바란다. 수치보다는 책이 전하는 메시지에 귀를 기울여 주셨으면 한다.

번역 작업은 끝이 났지만 책이 던지는 숙제는 여전히 현재 진행형이다. 이미 우리에게는 제2, 제3의 과불화화합물 문제가 산적해 있고 이면에는 표면에 드러난 모습보다 훨씬 더 뿌리 깊은 병폐가 도사리고 있다. 하지만 저자가 취재를 이어가는 동안 조금씩 진실이 세상에 밝혀졌고 급기야 도쿄도지사가 문제 해결 촉구에 나섰듯 우리 사는 세상은 조금씩이지만 더 나은 곳으로 바뀌고 있다는 생각도 든다. 책을 옮기는 내내 이 책이 더 나은 세상을 향한 발걸음에 조금이나마 보탬이 되기를 바랐다.

마지막으로 사사로운 소감을 덧붙이자면 이 책은 나의 첫 역서이다. 시사하는 바가 큰 이야기를 옮길 수 있어서 뜻깊었다. 기획 단계에서부터 정성을 들인 책이라 더욱 애착이 간다. 처음 책을 읽었을 때 내 마음에 일었던 파문이 이 책을 읽은 누군가에게도 전해진다면 그만한 기쁨은 없을 것이다.

늘 나의 길을 응원해 주는 가족에게 지면을 빌려 감사의 마음을 전한다. 바쁜 와중에도 항상 잊지 않고 안부를 물어오는 친

구들에게도 고맙다. 끝으로 아직 서툰 초보 번역가를 잘 이끌어
주신 산지니 출판사 이소영 편집자님께도 감사드린다.

2023년 12월
번역가 정나래

주

1장

1. *Dark Waters*, Universal Studio and Storyteller Distribution Co., 2019
2. C8 Science Panel http://www.c8sciencepanel.org
3. EPA's PFAS Action Plan, 2019 https://www.epa.gov/pfas

2장

1. 西野貴裕, 加藤みか, 下間志正, 北野大, 「東京都内地下水における有機フッ素化合物の汚染実態と土壌浸透実験における挙動の考察」, 『環境化学』 Vol. 25, 2015

3장

1. 도쿄도 환경국 홈페이지(지하수 양수 규제 경과)
   https://www.kankyo.metro.tokyo.lg.jp/water/groundwater/pumping_regulations/outline.html

4장

1. 環境省, 「要調査項目等存在状況調査」 https://www.env.go.jp/water/chosa/
2. 環境省, 「化学物質環境実態調査」 https://www.env.go.jp/chemi/kurohon/index.html
3. 西野貴裕, 「都内水環境における微量有害化学物質について(東京湾底質中の有機フッ素化合物)」
   https://www.tokyokankyo.jp/kankyoken/wp-content/uploads/sites/3/2018/02/2nishino.pdf
4. 西野貴裕ほか, 「都内水環境におけるPFOSの汚染源解明調査」, 『東京都環境科学研究所年報』, 2008
   https://www.tokyokankyo.jp/kankyoken_contents/report-news/2008/ronbun103.pdf

5장

1. 아키시마시 홈페이지

https://www.city.akishima.lg.jp/s108/010/050/20140904152016.html
2. 「昭島市周辺地下水流動調査報告書」
https://www.city.akishima.lg.jp/s108/010/010/010/030/10suidou-houkoku.pdf
3. 小倉紀雄, 「有機塩素化合物による地下水汚染」, 『環境』No. 9, 東京農工大学環境管理施設, 1997
4. 小倉紀雄, 「農学部水道用地下水の有機塩素化合物による汚染の経緯」, 『環境』No. 10, 東京農工大学環境管理施設, 1998

6장

1. 西野貴裕ほか, 「都内水環境におけるPFOSの汚染源解明調査」, 『東京都環境科学研究所年報 2008』, 2008
https://www.tokyokankyo.jp/kankyoken_contents/report-news/2008/ronbun103.pdf
西野貴裕ほか, 「都内水環境における有機フッ素化合物の汚染源解明調査」, 『東京都環境科学研究所 2009』, 2009
2. 空軍特殊作戦 コマンドフロリダ州ハールバート・フィールド, 「CV-22の横田飛行場配備に関する環境レビュー」, 2015
3. *Drinking Water Quality Annual Report for Calendar Year 2016(Yokota Air Base & Tama Hills)*, 2017
https://www.yokota.af.mil/Portals/44/Documents/CCR%202016%20Yokota%20AB%20(Publish_Jun%202017).pdf

7장

1. 西野貴裕, 「都内河川および地下水における有機フッ素化合物の実態調査」, 『東京都環境科学研究所 平成23年度公開研究発表会』, 2011
https://www.tokyokankyo.jp/kankyoken_contents/research-meeting/h23-01/2303-youshi.pdf

8장

1. 오키나와 기업국 홈페이지 https://www.eb.pref.okinawa.jp/water/73/77
2. Maureen Sullivan(Deputy Assistant Secretary of Defense), "Addressing Perfluorooctane Sulfonate(PFOS) and Perfluorooctanoic Acid(PFOA)", *Environment, Safety & Occupational Health*, 2018
https://www.epa.gov/sites/default/files/2018-05/documents/dod_presentation_epa_summit_pfos_pfoa_may2018_final.pptxx_.pdf

3. 横山絢子(参議院外交防衛委員会調査室)、「日米地位協定の環境補足協定-在日米軍に関連する環境管理のための取組」、『立法と調査』No. 376, 2016

9章

1. 沖縄県、「他国地位協定調査報告書(欧州編)」, 2019
   https://www.pref.okinawa.lg.jp/site/chijiko/kichitai/sofa/documents/190411-1.pdf
2. 日本弁護士連合会、「日米地位協定に関する意見書」, 2014
   https://www.nichibenren.or.jp/library/ja/opinion/report/data/2014/opinion_140220_7.pdf

10章

1. EFSA, "Risk to human health related to the presence of perfluorooctane sulfonic acid and perfluorooctanoic acid in food", 2018
   https://www.efsa.europa.eu/en/efsajournal/pub/5194
2. 「最新の科学的知見に基づく今後の水質基準等の改正方針(案)」, 2019年度第1回水質基準逐次改正検討会, 2019
   https://www.mhlw.go.jp/topics/bukyoku/kenkou/suido/kentoukai/dl/kijun100712-b.pdf
3. Annie SNIDER, "White House, EPA headed off chemical pollution study", *POLITICO*, 2018
   https://www.politico.com/story/2018/05/14/emails-white-house-interfered-with-science-study-536950

11章

1. 環境省、「化学物質のヒトへのばく露量モニタリング調査」
   https://www.env.go.jp/chemi/kenkou/monitoring.html
2. 「環境と子どもの健康に関する北海道スタディ」
   https://www.cehs.hokudai.ac.jp/hokkaidostudy/
3. 原田浩二、「沖縄の米軍基地周辺の有機フッ素化合物の環境汚染の状況」、『環境と公害』セミナーストック公害としての米軍基地汚染, 2020
4. 環境省、「令和元年度PFOS及びPFOA全国存在状況把握調査」, 2019
   https://www.env.go.jp/press/108091.html
5. "National Health and Nutrition Examination Survey(NHANES)", 2017
   https://www.cdc.gov/biomonitoring/pdf/fourthreport_updatedtables_volume1_jan2017.pdf

6. 大阪府, 「有機フッ素化合物(PFOA等)に係る地下水質の調査結果(令和2年度)について」, 2020
https://www.pref.osaka.lg.jp/attach/4460/00133686/R207_PFOA.pdf
7. 「多摩地域におけるPFOSPFOA等の有機フッ素化合物についての住民に対する対規模な血液検査バイオモニタリングと健康調査の実施などを求める提言」, ダイオキシン・環境ホルモン対策国民会議, 2020
https://kokumin-kaigi.org/

12장
1. 黒田啓介 외, 「東京都区部における地下水のPFCs汚染」, 第44回水環境学会年会, 2010
Kuroda, K., Murakami, M. etc, "Investigating sources and pathways of perfluoroalkyl acids(PFAAs) in aquifers in Tokyo using multiple tracers", *Science of Total Environment*, 2014
2. 鈴木俊也ほか, 「東京都多摩地域地下水の有機フッ素化合物の存在失態調査」, 『第44回日本水環境学会年会講演集』, 2010

마지막장
1. 東京都水道局, 「多摩地区の有機フッ素化合物の過去の検査結果」
https://www.waterworks.metro.tokyo.lg.jp/suigen/data/tamakako.html

과불화화합물(PFAS) 규제를 둘러싼 세계 주요 움직임

2002년	미국 화학 기업 3M이 PFOA 제조를 중단함.
2004년	미국 웨스트버지니아주에 있는 듀폰 공장을 둘러싼 소송을 계기로 'C8과학패널'이 발족함. 약 7만 명을 대상으로 혈액 검사를 수행한 결과 PFOA가 신장암, 고환암, 궤양성 대장염, 갑상샘 질환 등 6개 질병과 관련이 있음이 밝혀짐.
2006년	미국환경보호청(EPA)이 'PFOS 관리 계획'을 발표함. 8개 화학 기업이 2015년까지 PFOA의 제조·사용을 중단하기로 협정함.
2009년	UN '스톡홀름 협약'에서 PFOS의 제조·사용을 원칙적으로 금지하는 안을 채택함.
2016년	EPA가 먹는물 1L당 PFOS·PFOA 합계 70ng 이하로 생애 건강 권고치를 설정함.
2018년	유럽식품안전청(EFSA)이 의견서를 발표하고 주간섭취허용량(TWI)을 설정함.
2019년	EPA가 'PFAS 행동계획'을 통해 권고치 대신 법적 구속력이 있는 기준치를 설정하겠다고 발표함. UN 스톡홀름 협약에서 PFOA의 제조·사용을 금지하는 안을 채택함.
2020년	일본 후생노동성이 수돗물 1L당 PFOS·PFOA 합계 50ng 이하로 잠정 목표치를 설정함. 일본 환경성이 하천수나 지하수 1L당 PFOS·PFOA 합계 50ng 이하로 잠정 지침을 설정함.
2021년	EPA가 ①PFOA에 발암성이 있고 ②PFOS와 PFOA 모두 권고치보다 훨씬 낮은 농도에서도 건강에 영향을 미친다는 의견을 밝힘. 아울러 2022년 가을에 PFAS를 규제하겠다는 방침을 발표함.

참고 문헌

1장

村上道夫 외, 『基準値のからくり』, 講談社ブルーバックス, 2014

中地重晴, 「化学物質管理に関する国際会議の参加報告(1)」, 『環境監視』127号, 2009

田中周平 외, 「世界10ヵ国21都市の水環境におけるPFOS・PFOAの汚染の現況」, 『水環境学会誌』31, 2008

村上道夫, 滝沢智, 「フッ素系界面活性剤の水環境汚染の現況と今後の展望」, 『水環境学会誌』Vol. 33, 2010

佐々木和明, 鈴木裕識, 田中周平, 斎藤憲光 외, 「我が国における有機フッ素化合物の汚染状況ー河川水と水道水の比較」

(http://www.ee-net.ne.jp/ms/sympo11/abstract/04_sasaki.pdf)

小高良介, 益永茂樹, 「東京湾におけるフッ素系界面活性剤の環境挙動」, 『水環境学会誌』Vol. 29, 2006

Masunaga Shigeki, Zushi Yasuyuki, "Status and Trends of Perfluoroalkyl Substances in Japan with Special Emphasis on the Tokyo Bay Basin", *American Chemical Society*, 2016

Saito, N., Harada, K. 외, "Perfluorooctanoate and perfluorooctane sulfonate concentrations in surface water in Japan", *Journal of Occupational Health*, 46, 2004

Takazawa, Y., Nishino 외, "A mass balance of perfluorooctane sulfonate and perfluorooctanoic acid in the Tama River, Tokyo", *Organohalogen Compounds*, 69, 2007

4장

佐々木和明, 斎藤憲光, 金一和, 原田浩一, 小泉昭夫, 「環境試料中のPFOSの分析」, 『第12回環境化学討論会』, 2003

頭士泰之, 橋本俊次, 益永茂樹, 「東京湾流域におけるPFOS濃度分布の推定と生物蓄積性を考慮したPNECとの比較評価」, 『第14回日本水環境学会シンポ

ジウム構演集』, 2011

西野貴裕,「都内河川および地下水における有機フッ素化合物の実態調査」,『東京
　都環境科学研究所平成23年度公開研究発表会』, 2011

西野貴裕 외,「多摩川水系における有機フッ素化合物の汚染実態の変化とその収
　支」,『環境化学』Vol. 23, 2013

仲摩翔太, 西野貴裕 외,「都内地下水、湧水における有機フッ素化合物(PFCs)の
　環境実態調査」, 2011

西野貴裕 외,「東京都内の湧水におけるPFCsの汚染実態について」

西野貴裕 외,「都内湾生息魚類(スズキ)の生体試料中における有機フッ素化合物
　の実態」,『第16回日本水環境学会シンポジウム構演集』, 2013

長澤彩可, 本田智大 외,「東京都におけるPFCsの地下水汚染実態調査」

三島聡子, 長谷川敦子,「神奈川県内の河川における有機フッ素化合物の実態」,
　『第23回環境化学討論会要旨集』, 2014

5장

守田優,『地下水は語るー見えない資源の危機』, 岩波親書, 2012

榧根勇,『地下水の世界』, NHKブックス, 1992

沖大幹 감수,『水の知』, 化学同人, 2010

地下水を守る回,『やさしい地下水の話』, 北斗出版, 1993

水みち研究会,『井戸と水みち』, 北斗出版, 1998

水みち研究会,『水みちを探る』, けやき出版, 1992

小倉紀雄,『市民環境科学への招待ー水環境を守るために』, 裳華房, 2003

半谷高久, 高井雄, 小倉紀雄,『水質調査ガイドブック』, 丸善出版, 1999

加藤寛久, 小倉紀雄,「東京北多摩地区の湧水、および深井戸水中の揮発性有機
　塩素系化合物」,『水質汚濁研究』13券, 1990

山田啓一,「雨水浸透と湧水保全　武蔵野台地の古水流と地下水流動」(資料)

山田啓一,「多摩川における伏流機構と水質浄化機能評価に関する研究」, 2000

大崎友輔,「GETFLOWSを用いた武蔵野台地における地下水流動シミュレーショ
　ン」, 2017

新藤静夫,「武蔵野台地の地下地質」,『地学雑誌』, 1968

新藤静夫,「武蔵野台地の水文地質」,『地学雑誌』, 1969

新藤静夫,「武蔵野台地の地下水」(資料)

楜根勇,「多摩川水系の地表水と地下水の交流に関する研究」, 1994

小倉紀雄,「農学部キャンパスの水道水について」,『東京農工大学グリーンキャンパス』105号, 1998

小倉紀雄,「トリクロロエチレン地下水汚染調査」,『府中の環境平成30年度報告書』, 2019

6장

ジョン・ミッチェル, 小泉昭夫, 島袋夏子,『永遠の化学物質　水のPFAS汚染』, 岩波ブックレット, 2020

柴田康行,「国立環境研究所: 有機フッ素化合物等POPs様汚染物質の発生源評価・対策並びに汚染実体解明のための基盤技術開発に関する研究(特別研究)」, 2006

頭士泰之 외,「東京湾底質コアサンプルを利用したPFCsの汚染解明」,『第43回日本水環境学会年会構演集』, 2009

8장

梅林宏道,『在日米軍　変貌する日米安保体制』, 岩波新書, 2017

春原剛,『在日米軍司令部』, 新潮文庫, 2008

ジョン・ミッチェル,『追跡・日米地位協定と基地公害「太平洋のゴミ捨て場」と呼ばれて』, 岩波書店, 2018

ジョン・ミッチェル,『追跡・沖縄の枯れ葉剤』, 高文研, 2014

林公則,『軍事環境問題の政治経済学』, 日本経済評論社, 2011

前泊博盛,『もっと知りたい！本当の沖縄』, 岩波ブックレット, 2008

髙橋哲哉,『沖縄の米軍基地「県外移設」を考える』, 集英社親書, 2015

小泉昭夫, 原田浩二,「沖縄の米軍基地周辺の有機フッ素化合物による環境汚染」,『環境と公害』50(2), 2019

原田浩二, 小泉昭夫,「PFOS・PFOA　環境汚染の現状と健康リスク」,『環境技術』Vol. 37, 2008

塩川敦司, 玉城不二美,「沖縄島の河川及び海域における有機フッ素化合物の環境汚染調査」,『沖縄県生環境研究所報』第51号, 2017

Tamon Niisoe, Kouji Harada 외, "Long-Term Simulation of Human Exposure to Atmospheric Perfluorooctanoic Acid(PFOA) and

Perfluorooctanoate(PFO) in the Osaka Urban Area, Japan", *Environ Sci. Techol*, 2010

Yoko Shiwaku 외, "Spatial and temporal trends in perfluorooctanoic and perfluorohexanoic acid in well, surface, and tap water around a fluoropolymer plant in Osaka, Japan", *Chemosphere*, 2016

Saito N., Harada K. 외, "Perfluorooctanoate and perfluorooctane sulfonate concentrations in surface water in Japan", *Journal of Occupational Health*, 46, 2004

9장

伊勢崎賢治, 布施祐仁, 『主権なき平和国家　地位協定の国際比較からみる日本の姿』, 集英社, 2017

前泊博盛, 『日米地位協定入門』, 創元社, 2013

松竹伸幸, 『全条項分析　日米地位協定の真実』, 集英社新書, 2021

山本章子, 『日米地位協定　在日米軍と「同盟」の70年』, 中公新書, 2019

吉田敏浩, 『「日米合同委員会」の研究』, 創元社, 2016

矢部宏治, 『日本はなぜ、「基地」と「原発」を止められないのか』, 集英社インターナショナル, 2014

矢部宏治, 『日本はなぜ、「戦争ができる国」になったのか』, 集英社インターナショナル, 2016

新垣勉,　海老原大祐, 村上有慶, 『日米地位協定　基地被害者からの告発』, 岩波ブックレット, 2001

10장

Annie Snider, "EPA plan stops short of regulating toxic chemical, promises decision later", *POLITICO*, 2019.2.14.
(https://www.politico.com/story/2019/02/14/epa-chemical-plan-1174120)

Annie Snider, "Exclusive: Trump EPA won't limit 2 toxic chemicals in drinking water", *POLITICO*, 2019.1.28.
(https://www.politico.com/story/2019/01/28/epa-toxic-chemicals-drinking-water-1124797)

Valerie VOLCOVICI, "EPA-recommended chemicals levels in water too high", *REUTERS*, 2018.6.21.
(https://www.reuters.com/article/us-usa-epa-chemicals-idUSKBN1JG38Z)

11장

山辺正顕, 『トコトンやさしい　フッ素の本』, 日刊工業新聞, 2012

岸玲子 외, 「2만人規模의 出生コホート와, 500人規模의 小コホート에서 알 수 있는 北海道スタディ가 目指してきたもの」, 『日衛誌』, 2018

岸玲子, 荒木敦子, 「わが国で初めての本格的な出生コホート研究から見た環境化学物質の濃度レベルと次世代影響」, 『保健医療科学』 Vol. 67, 2018

伊藤佐智子, 荒木敦子 외, 「アジアにおける有機フッ素化合物の胎児期曝露が及ぼす児の健康影響」, 『北海道公衆衛生学会雑誌』, 2018

宮下ちひろ, 岸玲子, 「乳幼児のアレルギー・感染症へのダイオキシン類、有機フッ素系化学物質曝露による影響」, 『公衆衛生』 Vol. 79, 2015

池野多美子, 小林澄貴 외, 「ADHD(注意欠如・多動性障害)とASD(自閉スペクトラム症)」, 『公衆衛生』 Vol. 80, 2016

宮下ちひろ, 小林祥子 외, 「胎児期の化学物質曝露による後天的な遺伝子発現抑制への影響」, 『公衆衛生』 Vol. 80, 2016

湊屋街子, 岸玲子, 「胎児期の環境化学物質曝露が出生体重と生後発育へ与える影響」, 『公衆衛生』 Vol. 79, 2015

岸玲子, 「環境化学物質の次世代影響　出生コホート研究による成果と今後の課題」, 『公衆衛生』 Vol. 78, 2014

宮下ちひろ, 「ダイオキシン類、有機フッ素系化合物質の曝露による乳幼児のアレルギー・感染症への影響」, 『北海道公衆衛生学会雑誌』, 2016

稲田康志 외, 「有機フッ素化合物の淀川水系における動向と浄水処理過程における挙動」, 大阪市水道局, 2012

吉村誠司 외, 「淀川水系を取り巻く有機フッ素化合物(PFCs)の変遷と大阪市の取り組み」, 大阪市水道局, 2016

小倉紀雄, 「名水百選の一つである真姿の池湧水に関連する調査研究」, 『日中環境産業 3月号』, 2013

Shoji Nakayama 외, "Worldwide trends in tracing poly – and

perfluoroalkyl substances(PFAS) in the environment, Trends in
Analytical Chemistry", 2019

12장

宇左見美穂子, 鈴木俊也 외, 「東京都多摩地域飲料井戸水における水質検査結
　　果」, 『水環境学会誌』 Vol. 32, 2009

鈴木俊也 외, 「環境水中の有機フッ素化合物の分析法」, 『第17回環境科学討論会
　　ポスター発表』, 2008

谷口真人, 「持続可能な地下水の利用と保全－水循環基本法及び水循環基本計画
　　の制定を受けて」, 『日本地下水学会誌』 58(3), 2016

谷口真人, 「持続可能な社会へ向けた地下水研究の国際動向と方向性」, 『日本地
　　下水学会誌(地下水学会60周年記念特集号)』 61(1), 2019

Murakami, M., Kuroda, K. 외, "Groundwater polluted by perfluorinated
　　surfactants in Tokyo", *Environ. Sci. Technol.*, 43(10), 2009

저자 기사 일람

『아사히신문』
2019년 1월 6일 자,「도쿄도, 요코타 기지 부근 취수정에서 유해물질 검출. 미군은 묵묵부답(横田基地近くの井戸、有害物質　東京都が検出、米軍回答なし)」
https://www.asahi.com/articles/DA3S14316495.html

2019년 1월 8일 자,「수돗물에서 유해물질 검출, 도쿄 다마 지역 취수정 일부 취수 중단(有害物質、水道水で検出　東京・多摩地区　井戸の一部、取水中止)」
https://www.asahi.com/articles/DA3S14319138.html

2021년 1월 30일 자,「2010년 이후 제조 금지된 유해물질 함유 포소화약제 전국에 340만 리터, 폐기는 제자리걸음(泡消火剤、全国に340万リットル　有害物質含有、廃棄進まず　2010年以降は製造禁止)」
https://www.asahi.com/articles/DA3S14783688.html

『디지털아사히신문』
2021년 3월 27일~, A-stories「영원한 화학물질(永遠の化学物質)」(총5편)
https://www.asahi.com/articles/ASP3T3RLJP25UUPI00Q.html(제1편)

2021년 4월 1일,「2005년~2010년 사이 후추시 정수장에서 고농도 화학물질 검출(府中の浄水所で高濃度の化学物質検出　05年~10年度)」
https://www.asahi.com/articles/ASP3051Z8P3SUUPI001.html

『분슌 온라인』
2021년 7월 1일~,「추적 "영원한 화학물질 PFOS"(追跡「永遠の化学物質PFOS」)」(총4편)
https://bunshun.jp/articles/-/46467(제1편)

먹는물이 위험하다

과불화화합물을 쫓는 집념의 르포

초판 1쇄 발행 2024년 2월 15일

지은이 모로나가 유지
옮긴이 정나래
펴낸이 강수걸
편집 이소영 강나래 오해은 이선화 이혜정
디자인 권문경 조은비
펴낸곳 산지니
등록 2005년 2월 7일 제333-3370000251002005000001호
주소 부산시 해운대구 수영강변대로 140 BCC 626호
전화 051-504-7070 | 팩스 051-507-7543
홈페이지 www.sanzinibook.com
전자우편 sanzini@sanzinibook.com
블로그 http://sanzinibook.tistory.com

ISBN 979-11-6861-225-9 03330

* 책값은 뒤표지에 있습니다.
* 잘못 만들어진 책은 구입처에서 교환해드립니다.